H. TAINE

SA VIE

ET SA

CORRESPONDANCE

TOME I

Correspondance de jeunesse 1847-1853

QUATRIÈME ÉDITION

PARIS

LIBRAIRIE HACHETTE ET Cie

79, BOULEVARD SAINT-GERMAIN, 79

1914

H. TAINE

SA VIE

ET SA

CORRESPONDANCE

OUVRAGES DE H. TAINE

PUBLIÉS PAR LA LIBRAIRIE HACHETTE ET Cⁱᵉ

Essai sur Tite-Live ; 8ᵉ édition. Un vol. in-16, broche. . . .	3 fr. 50
Ouvrage couronné par l'Académie française.	
Essais de critique et d'histoire ; 12ᵉ édition. Un vol. in-16, broché.	3 fr. 50
Nouveaux Essais de critique et d'histoire, 9ᵉ édition. Un vol. in-16, broché.	3 fr. 50
Derniers Essais de critique et d'histoire ; 4ᵉ édition. Un vol. in-16, broché.	3 fr. 50
Histoire de la littérature anglaise ; 13ᵉ édition. Cinq vol. in-16, brochés.	17 fr. 50
La Fontaine et ses fables ; 19ᵉ édition. Un vol. in-16, broche.	3 fr. 50
Les Philosophes classiques du XIXᵉ siecle en France ; 11ᵉ édition. Un vol. in-16, broché	3 fr. 50
Voyage aux Pyrénées ; 19ᵉ édition. Un vol. in-16, broche. . .	3 fr. 50
Le même, avec gravures. Un vol. in-16, broché.	4 fr. »
Notes sur l'Angleterre ; 14ᵉ édition. Un vol. in-16, broche.	3 fr. 50
Le même, avec gravures. Un vol. in-16, broché.	4 fr. »
Notes sur Paris, vie et opinions de M. Fred.-Th. Graindorge ; 18ᵉ édition. Un vol. in-16, broché.	3 fr. 50
Carnets de voyage : notes sur la province ; 2ᵉ édition. Un vol. in-16, br.	3 fr. 50
Un Séjour en France de 1792 a 1795 ; 7ᵉ édition. Un vol. in-16, broché.	3 fr. 50
Voyage en Italie ; 14ᵉ édition. Deux vol. in-16, broches . . .	7 fr. »
Le même, avec gravures. Deux vol. in-16, brochés.	8 fr. »
De l'Intelligence ; 12ᵉ édition. Deux vol. in-16, broches . . .	7 fr. »
Philosophie de l'art ; 14ᵉ édition. Deux vol. in-16, brochés..	7 fr. »
Les Origines de la France contemporaine ; 27ᵉ édition. Douze volumes	39 fr. 50
1ʳᵉ partie. — L'Ancien Régime. Deux volumes.	7 fr. »
2ᵉ partie. — La Révolution. Six volumes.	21 fr. »
L'Anarchie. Deux volumes.	
La Conquête jacobine. Deux volumes.	
Le Gouvernement révolutionnaire. Deux volumes.	
3ᵉ partie. — Le Régime moderne. Trois volumes.	10 fr. 50
Napoléon Bonaparte. Deux volumes.	
L'Église, l'Ecole. Un volume.	
Table analytique. Un vol.	1 fr. »
Correspondance. 4ᵉ édition. Quatre volumes. Chaque volume	3 fr. 50
Pages choisies, par M. V. Giraud. Un vol.	3 fr. 50

H. TAINE

SA VIE

ET SA

CORRESPONDANCE

TOME I

Correspondance de jeunesse 1847-1853

QUATRIÈME ÉDITION

PARIS
LIBRAIRIE HACHETTE ET Cie
79, BOULEVARD SAINT-GERMAIN, 79

1914

AVANT-PROPOS

La correspondance de jeunesse que nous publions aujourd'hui sera suivie de deux autres volumes qui paraîtront ultérieurement.

Nous serions profondément reconnaissants si les détenteurs inconnus des lettres de M. Taine voulaient bien nous les communiquer et nous permettre d'en prendre copie, afin que la suite de cette publication soit aussi complète que possible, et que l'histoire de sa pensée s'y montre sans lacune.

Nous adressons ici l'expression de notre gratitude à tous ceux qui nous ont aidé de leurs recherches, ou qui nous ont accordé des autorisations pour la publication du présent volume : notamment MM. Dupuy, surveillant général à l'École normale; Paul Pellot, archiviste à Rethel; Meyer, secrétaire de la mairie de Rethel, et les héritiers ou exécuteurs testamentaires de MM. Garnier, Guizot, Prévost-Paradol, Jules Simon et Vacherot.

H. TAINE

SA VIE ET SA CORRESPONDANCE

INTRODUCTION

Nous n'avons pas l'intention de présenter au public une biographie détaillée d'Hippolyte Taine : nous désirons seulement lui fournir des points de repère qui faciliteront la lecture des lettres et fragments inédits, objets de cette publication. — Beaucoup d'amis de sa pensée ont déjà parlé de lui en meilleurs termes que nous ne le pourrions faire[1]. D'autres en parleront sans doute encore,

1. Citons en première ligne la belle étude de M. Émile Boutmy : *Taine, Schérer, Laboulaye*; les livres de M. G. Monod : *Renan, Taine, Michelet*; de M. de Margerie : *H. Taine*; de M. Barzellotti : *La Philosophie d'Hippolyte Taine* ; les articles de Sainte-Beuve : *Causeries du Lundi*, t. XIII, et *Nouveaux Lundis* t. VIII; de M. Paul Bourget : *Essais de psychologie*; du vicomte de Vogüé · *Devant le siècle*; de M. André Chevrillon, en tête du volume posthume des *Origines de la France contemporaine*; les *Discours* de M. A. Sorel et du duc de Broglie à l'Académie française; des articles de MM. Bourdeau, Faguet, Anatole et Paul Leroy-Beaulieu, etc., et surtout l'excellent et consciencieux travail de M. Victor Giraud : *Essai sur Taine*, où l'on trouvera, outre une biographie très fidèle, la bibliographie des œuvres de M. Taine (1re édition), et une liste des principaux articles écrits sur lui de son vivant et après sa mort.

lorsque les documents que nous donnons aujourd'hui permettront une étude plus complète sur l'homme et sur l'œuvre; ils rempliront cette tâche avec un esprit plus dégagé que le nôtre; notre devoir à nous est de leur en faciliter l'accomplissement tout en restant fidèle aux instructions laissées par M. Taine.

C'était un des traits dominants de son caractère que l'horreur de la publicité et des indiscrétions sur la vie intime; il dérobait aux étrangers, avec un soin jaloux, l'existence la plus digne et la plus noble. Il ne pouvait souffrir la pensée qu'une photographie, une interview donnant une idée de son foyer domestique, pourraient s'étaler aux yeux du public. Il refusait toutes les autorisations d'éditer son portrait dans les journaux illustrés [1]; ce fut un grand sacrifice qu'il fit à ses confrères des *Débats*

1. Lettre à M. Émile Planat (*Marcelin*) à propos d'un article de *la Vie parisienne* dont on lui soumettait le texte : « Mais, mon cher Émile, est-ce que nous n'étions pas convenus que *non*? Cela est tout physique de ma part, tu le sais bien. Tout ce qu'on voudra sur l'écrivain, l'être abstrait composé d'idées et de phrases, qui se donne au public. Rien, rien du tout sur le reste, sur l'homme cela, je t'en prie instamment. Je viens de relire l'article; si aimable qu'il soit, c'est la même chose. Je souhaite avant tout que le moi, la personne vivante avec son ton de voix, son geste, ses meubles, échappe au public! Et ce n'est pas toi, mon meilleur ami, qui me donneras le désagrément de m'étaler devant lui. Tu sais bien que je n'ai pas même voulu laisser vendre ma photographie, ni faire ma charge. Ainsi *rien, rien*, encore une fois, tout à fait sérieusement; rien ne me contrarierait davantage. »

que de consentir à figurer dans le tableau de Jean Béraud, reproduit en 1889 dans le livre du Centenaire[1]; et quand son ami Léon Bonnat fit de lui à la même époque l'admirable portrait qu'on a pu voir à l'Exposition de 1900[2], ce fut à la condition expresse qu'il ne serait pas exposé de son vivant. Enfin ses dispositions testamentaires interdisent formellement toute reproduction de « lettres intimes ou privées ». « Les seules lettres ou correspondances qui pourront être publiées, ajoute-t-il, sont celles qui traitent de matières purement générales ou spéculatives, par exemple de philosophie, d'histoire, d'esthétique, d'art, de psychologie; encore devra-t-on en retrancher tous les passages qui, de près ou de loin, touchent à la vie privée, et aucune d'elles ne pourra être publiée que sur une autorisation donnée par mes héritiers et après les susdits retranchements opérés par eux. »

On ne trouvera donc ici, comme faits d'ordre privé, que ce qui a été jugé indispensable pour l'histoire de ses idées et pour montrer dans quel milieu elles s'étaient développées. — Il avait du reste souvent approuvé sans restriction, devant sa

---

1. *Le livre du Centenaire du Journal des Débats*, 1 vol. grand in-8, 1889.
2. Le portrait, photographié par Braun, a été reproduit en tête de l'édition in-16 des *Origines de la France contemporaine.*

famille et ses amis, les belles et copieuses biographies anglaises contemporaines, telles que la vie de Charlotte Brontë[1], celle de lord Macaulay[2], de lord Palmerston[3], etc. C'est à ces modèles que nous tentons de nous conformer, tout en demeurant dans les limites qui nous ont été imposées par sa volonté suprême.

1. *Life of Charlotte Brontë* (Currer Bell), by Mrs Gaskell. — Tauchnitz edition, 1 volume.
2. *The life and letters of lord Macaulay*, by his nephew George Otto Trevylian, M. P. — Tauchnitz edition, 4 volumes.
3. *The life of viscount Palmerston*, by sir Henry Lytton Bulwer (Lord Dalling). — Tauchnitz edition, 4 volumes.

PREMIÈRE PARTIE

L'ENFANCE ET L'ÉDUCATION

CHAPITRE I

La famille et la première éducation.

Hippolyte-Adolphe Taine naquit à Vouziers le 21 avril 1828, de vieille souche ardennaise. Sa famille était originaire du village de Barby, arrondissement de Rethel ; un de ses ancêtres, Joseph Taine[1], vint s'établir à Rethel vers 1675 et y remplit les fonctions d'échevin gouverneur. Pendant plusieurs générations, ses descendants menèrent dans la petite ville la vie honorable et modeste de la bonne bourgeoisie provinciale. L'arrière-grand-père d'Hippolyte Taine, Pierre Taine[2], homme d'une haute intelligence, avait été surnommé *le philosophe* par ses concitoyens, et nous ferons remarquer pour les adeptes de la théorie de l'hérédité que, par suite des mariages consanguins de sa lignée, il est représenté plusieurs fois parmi les ascendants de M. Taine. Son grand-

---

1. Taine (Joseph), maître-serger, fils de Gérard Taine, laboureur, et de Geneviève Vaucher, né à Barby en 1645, décédé à Rethel en 1732. — Beaucoup des détails ci-dessous sont dus aux recherches de M. Hippolyte Billaudel, inspecteur général des Ponts et Chaussées, cousin de M. H. Taine, et de M. P. Pellot, archiviste à Rethel. Une généalogie complète de la famille Taine, due aux patientes recherches de M. Pellot, va paraître prochainement dans la *Revue historique ardennaise*. L'auteur nous apprend qu'au xvii⁰ siècle les actes authentiques orthographiaient le nom : *Thène, Thaine,* ou *Tène.*

2. Taine (Pierre), manufacturier, arrière-petit-fils du précédent, fils de Joseph Taine et de Jeanne-Françoise Fournival, né à Rethel en 1736, décédé en 1784.

père maternel, M. Bezanson[1], avait un tour d'esprit très scientifique : il s'était beaucoup occupé de magnétisme avec le docteur Chapelain, et son petit-fils a gardé soigneusement des traités de philosophie, de mathématiques et d'algèbre, écrits par l'aïeul dans les dernières années de sa vie. Enfin les tantes paternelles[2] d'Hippolyte Taine, vieilles demoiselles de province, menant dans leur petite ville natale la vie la plus pieuse, la plus retirée, la plus étroitement austère, n'en avaient pas moins le goût héréditaire pour les idées abstraites et nous trouvons les lignes suivantes dans la correspondance de leur neveu, alors professeur à Nevers : « Ma tante Eugénie m'a écrit une lettre dans laquelle elle me donnait des conseils sur la manière de diriger mes études métaphysiques, avec une argumentation en forme pour soutenir le système philosophique qu'elle me proposait. »

Le père[3] d'Hippolyte Taine, décédé quand son fils entrait dans sa treizième année, était un homme d'un esprit cultivé, plein de verve et de talent naturel, composant de jolis vers et de joyeuses chansons qu'on redisait encore chez ses compatriotes plus de cinquante ans après sa mort. Il aimait passionnément la campagne et emmenait

---

1. Bezanson (Nicolas), sous-préfet de Rocroy sous la Restauration, fils de Jean-Baptiste Bezanson, avocat au Parlement et de Marie-Anne-Angélique Quinart, né à Reims en 1774, décédé à Poissy en 1850. Voir p. 161, lettre du 25 novembre 1851. — Son neveu, M. J.-B.-B. Billaudel, ingénieur des plus distingués, père de M. Hippolyte Billaudel, écrivait en 1823 : « Personne n'avait des idées plus philosophiques que mon oncle Bezanson ; c'est lui qui m'a fait balbutier les premiers éléments d'algèbre.

2. Mlles Eugénie et Denise Taine, nées et décédées à Rethel.

3. Taine (Jean-Baptiste-Antoine), avocat et avoué, né à Rethel le 26 février 1801, mort à Vouziers le 8 septembre 1840 ; fils de Marie-Jacques Taine, manufacturier, et de Marie-Anne Quinart-Taine. Il avait acheté son étude d'avoué à Vouziers en 1826 et se maria, le 23 mars 1827, avec Mlle Virginie Bezanson, sa cousine germaine. Un arrière-grand-père maternel de M. J.-B.-A. Taine, M. Sarlet, était notaire à Vouziers sous Louis XV.

souvent son petit garçon lorsque, pour remplir les devoirs
de sa profession, il parcourait en voiture ces beaux bois des
Ardennes[1], qui sont la parure des environs de Vouziers.
C'est sans doute à ces premières impressions d'enfance qu'il
faut faire remonter le sentiment si vif des beautés naturelles et l'amour profond de la forêt qu'on voit transparaître
dans l'œuvre et dans la correspondance d'Hippolyte Taine.
C'est aussi ce jeune père trop vite disparu qui lui enseigna
les rudiments du latin; lorsque sa santé chancelante le
contraignit à suspendre ses leçons et à se séparer de l'enfant, celui-ci avait déjà acquis le solide fondement de ses
études ultérieures. — Ce que fut la mère[2] de M. Taine, avec
quelle sollicitude et quel dévouement elle a rempli auprès
de lui la plus douce des tâches, on le verra dans la suite de
cette correspondance. Rien n'était plus touchant que la
profonde affection, la parfaite confiance qui unissaient ce
fils à cette mère, et nous ne pouvons la mieux louer qu'en
reproduisant le fragment suivant d'un testament que M. Taine
écrivit en décembre 1879, quelques mois avant de la perdre :

« Si ma mère me survit, ma femme et mes enfants se sou-
viendront que pendant quarante ans elle a été mon unique
amie, qu'ensuite avec eux elle a toujours eu la première
place dans mon cœur, que sa vie n'a été que dévouement
et tendresse; ils tâcheront de me remplacer auprès d'elle,
de l'amener ici[3]; quoi que j'aie fait et quoi qu'ils fassent, ils
ne pourront jamais m'acquitter envers elle; aucune femme
n'a été mère si profondément et si parfaitement. »

Deux des frères de Mme Taine s'intéressèrent aussi particulièrement à l'éducation de leur neveu : l'aîné, M. Adolphe

1. Voir, dans les *Derniers essais de critique et d'histoire*, l'article intitulé *les Ardennes*.
2. Mme J.-B.-A. Taine, née Marie-Virginie Bezanson, fille de
M. Nicolas Bezanson et de Mlle Norbertine Taine; née à Rethel en
1800, décédée à Paris le 2 août 1880.
3. A Boringe, la propriété de Savoie où le testament fut écrit.

Bezanson[1], fut depuis la mort de son beau-frère le conseil et le guide de la veuve et des orphelins. Le plus jeune, Alexandre[2], qui avait passé plusieurs années aux États-Unis, se fit un plaisir d'enseigner au retour l'anglais à son jeune neveu, et il lui rendit ainsi le plus signalé des services. M. Taine lui resta profondément attaché et reconnaissant, et lui dédia les *Notes sur l'Angleterre* « en témoignage de sa gratitude ».

La première éducation d'Hippolyte Taine fut donc faite uniquement par la famille, à Vouziers; il passait seulement quelques heures chaque jour dans une petite pension tenue par M. Pierson. Il fit sa première communion fort jeune, en août 1838; en 1839, lorsque la maladie força M. J.-B.-A. Taine à chercher d'autres maîtres pour son fils, il fut envoyé dans un pensionnat de Rethel, dirigé par un vieux prêtre et sa sœur, ancienne religieuse; il y resta dix-huit mois, jusqu'à la mort de son père. Il y était interne, mais sous la surveillance immédiate de sa grand'mère, Mme M.-J. Taine[3], et des deux tantes célibataires dont nous avons parlé plus haut[4]; il passait ses jours de congé dans la vieille maison de famille, cherchant sa pâture intellectuelle sur les rayons poudreux d'une ancienne bibliothèque, dans une chambre écartée. Il dévorait déjà tout ce qui lui tombait sous la main, surtout les auteurs classiques du XVII° et du XVIII° siècle[5], qui faisaient le fond de toutes les lectures pour la bourgeoisie

1. Bezanson (Adolphe), notaire à Poissy, représentant du peuple à l'Assemblée de 1848, né à Rethel en 1804, décédé à Poissy en 1860.

2. Bezanson (Alexandre), ingénieur civil, né à Rethel en 1818, décédé à Lagny en 1879. Un troisième frère de Mme Taine, Auguste Bezanson, notaire à Sedan, se trouvait par sa résidence moins mêlé à la vie de famille pendant la jeunesse de son neveu.

3. Mme Marie-Anne Quinart, veuve de Marie-Jacques Taine, fille de J.-B. Norbert Quinart et de Marie-Marguerite Taine, née vers 1780, décédée à Rethel en 1857.

4. Voir p. 8.

5. Voir p. 143, lettre du 29 octobre 1851.

sérieuse de la Restauration. Ses oncles lui avaient en outre fait présent vers cette époque des œuvres de Washington Irving[1] en anglais, et des deux gros volumes des *Voyages de Dumont d'Urville*[2] : ils sont toujours dans sa bibliothèque ; il les lisait et relisait sans cesse, il traduisait des récits de Washington Irving, et, quarante ans plus tard, il parlait encore avec joie de cette ouverture sur le plus vaste monde que les conversations de son oncle d'Amérique lui avaient déjà fait entrevoir. — Il a toujours conservé un bon souvenir de cette période de son enfance et de ses congés chez sa grand'mère. Le dimanche, on ne lui faisait grâce ni de la grand'messe ni des vêpres, et les sermons paraissaient bien longs au petit écolier avide de liberté ; mais, au retour, il y avait les chatteries dominicales, les tourtes de la vieille servante et surtout les bonnes heures de lecture où l'on pouvait se délecter silencieusement avec les *Mille et une Nuits* ou *Rip van Winckle*[3]. Il écrivait treize ans plus tard au retour d'une visite à ses parentes :

« Je suis content d'avoir passé un jour à Rethel : ce sont des mœurs antiques, mais elles me plaisent, parce qu'elles sont naturelles et que rien n'y manque. Ensuite, ce sont des personnes très bonnes et je trouve au fond de moi-même quelque chose de Rethelois, l'esprit de famille. »

M. Taine père ayant succombé pendant les vacances de 1840 au mal qui le minait, M. Adolphe Bezanson décida sa sœur à chercher un mode d'instruction moins imparfait et plus approprié à la précoce intelligence du jeune Hippo-

1. Irving (Washington), né à New-York en 1783, mort à Terry-Town (E. U.) en 1859, auteur de *Bracebridge Hall, Tales of a traveller, Tales of the Alhambra*, etc.
2. *Voyages pittoresques autour du monde*, publiés en 1831 sous la direction du capitaine (depuis contre-amiral) Dumont d'Urville, né en 1790, tué en 1842, à Meudon, dans l'accident du chemin de fer de Versailles.
3. De Washington Irving.

lyte; il choisit pour lui l'institution Mathé[1], dont les élèves suivaient les classes du collège Bourbon. Il y entra, en 1841, à treize ans et demi. Mme Taine, retenue à Vouziers par le règlement de la succession de son mari, dut consentir à envoyer son fils seul à Paris; mais le jeune garçon très tendre et assez frêle ne put supporter le chagrin de la séparation et le médiocre régime de l'internat parisien; sa santé s'altéra, et sa mère, alarmée, hâta la liquidation de ses affaires pour venir s'installer auprès de lui avec ses deux filles[2]. — Alors commença, dans ce quartier des Batignolles qui était presque un coin de province[3], la vie de labeur acharné et d'austère recueillement que devait mener le jeune Taine jusqu'à son entrée à l'École Normale. Il ne songeait guère à cette époque à une carrière pédagogique ou littéraire et l'on n'y songeait pas pour lui. Sa mère désirait qu'il fût notaire, comme ses deux oncles; lui ne pensait qu'à bien travailler et à beaucoup apprendre. Lorsque, quelques années plus tard, la question de carrière fut sérieusement discutée dans le conseil de famille, ce ne fut pas à cause de ses dons remarquables qu'on renonça au notariat; mais parce que la prudence ne permettait pas de placer en une seule main toute la modeste fortune de la famille Taine, comme l'aurait exigé l'achat d'une étude.

Les grandes distractions de cette studieuse jeunesse étaient des promenades au Parc Monceau, alors à l'état de complet abandon, et dont Mme Taine avait l'entrée permanente : c'était presque la forêt retrouvée. Puis, aux jours de vacances, on allait à Poissy, chez M. Adolphe Bezanson; le jeune Hippolyte passait alors de longues journées sur la Seine à pêcher à la troublette avec ses oncles; ceux-ci lui

1. Dans le faubourg Saint-Honoré.
2. Mlle Virginie Taine, mariée en 1853 au Dr Letorsay et Mlle Sophie Taine qui épousa en 1863 le commandant Chevrillon.
3. Les Batignolles faisaient alors partie de la commune de Neuilly.

apprenaient à nager, exercice qu'il aima et où il excella toute sa vie ; mais ce qui lui avait laissé les plus charmants souvenirs, c'étaient les longues stations au bord de l'eau luisante et mouvante sous l'ombre délicate des saules et les grandes courses solitaires dans la forêt de Saint-Germain.

Dès son arrivée à Paris, Hippolyte Taine s'était fait un plan d'études[1] qu'il observait rigoureusement et dont l'exécution lui était rendue facile dans le milieu grave et éclairé qui l'entourait. Son grand-père, M. Nicolas Bezanson[2], habitait la même maison que Mme Taine et ses conversations ne contribuaient pas peu au développement scientifique de l'adolescent. Toute la famille était pleine d'ardeur pour le travail ; les jeunes sœurs, dirigées par leur frère, acquéraient à ses côtés une culture littéraire peu commune chez les femmes de cette époque. Les arts n'étaient pas négligés ; Hippolyte et sa sœur cadette aimaient passionnément la musique et se disputaient le piano pendant les heures de récréation. La sœur aînée Virginie, très douée pour la peinture, excitait par sa libre discussion les curiosités artistiques de son frère et l'accompagnait dans ces promenades au Musée du Louvre où il trouvait tant de plaisir et de profit. — Au lycée Bonaparte se formaient des camaraderies qui devenaient plus tard de solides amitiés avec Planat[3], Crosnier de Varigny[4], Prévost-Paradol[5].

---

1. Voir le livre de M. Monod : *Renan, Taine, Michelet*, p. 50.

2. Voir p. 8.

3. Planat (Émile-Marcelin-Isidore), dit *Marcelin*, fondateur de la *Vie Parisienne*, né à Paris en 1829, décédé en 1887. — Voir dans les *Derniers essais de critique et d'histoire* l'article que M. Taine lui a consacré après sa mort.

4. Crosnier de Varigny (Charles), ministre aux iles Hawaï, publiciste, né à Versailles en 1829, décédé à Montmorency en 1899.

5. Prévost-Paradol (Lucien-Anatole), de l'Académie française, né à Paris en 1829, entré à l'École normale en 1849, mort à Newport en 1870. — Voir, de 1848 à 1856, les nombreuses lettres que lui adressa M. Taine.

Cornelis de Witt[1], Émile Durier[2], Émile Saigey[3], etc., etc.

Hippolyte Taine, dont les nombreux succès scolaires étaient un triomphe pour la pension Mathé, y fit ses études de rhétorique et de philosophie sous la direction d'un jeune professeur très distingué, M. Hatzfeld[4], qui devint vite un ami. Celui-ci a gardé précieusement les meilleurs devoirs de son brillant élève; il était très fier d'avoir peut-être donné à Hippolyte Taine la première idée d'un travail sur La Fontaine; un résumé sur Andromaque est probablement l'origine d'un opuscule inédit sur les trois Andromaque (Euripide, Racine, Virgile) écrit à Nevers en janvier 1852[5].

Pendant cette année scolaire de 1846-1847, outre les devoirs ordinaires du lycée, Hippolyte Taine se livrait à de nombreux exercices personnels dont quelques-uns ont été conservés, entre autres une « Histoire de l'Église en France du XIe au XVIe siècle[6] », suivie d'un chapitre sur

1. Witt (Cornelis-Henri de), né à Paris en 1828, mort au Val-Richer en 1892, gendre de M. Guizot. — Voir dans les *Essais de critique et d'histoire* l'article de M. Taine sur *Jefferson*, et dans la *Revue de l'Instruction publique* du 12 avril 1855, un article non recueilli sur l'*Histoire de Washington*.

2. Durier (Louis-Émile), avocat, bâtonnier de l'Ordre en 1887-1888, né à Paris en 1828, décédé en 1890.

3. Saigey (Émile), ingénieur des Postes et Télégraphes.

4. Hatzfeld (Adolphe), né en 1824, mort en 1900, entré à l'École normale en 1843. — M. Hatzfeld fut plus tard professeur de rhétorique au lycée Louis-le-Grand, et ses nombreux élèves ont gardé un souvenir très vif de son enseignement. Les devoirs de M. Taine qu'il avait conservés sont, pour 1846-1847 : Rhétorique (vétérans) « Discours de sir B. Rudyard aux Communes, 1640 »; « Lettre de Richelieu à Marie de Médicis »; « Résumé sur *Andromaque* et *Mérope* »; « Explication sur *La Fontaine* ». En 1847-1848 (Philosophie) : « Réfutation du sensualisme de Platon (Théétète, Descartes, Jouffroy) »; « Analyse et réfutation de Locke »; « Des trois dimensions des corps ».

5. Voir p. 197.

6. Environ 30 pages grand format avec des corrections qui pa-

« la Réforme »; une « Histoire du Tiers-État et du Parlement[1] », une « Histoire du parti français en France[2] » depuis le commencement des guerres de religion jusqu'à la mort de Richelieu; des « Notes sur la littérature française au XVIe siècle[3] ». Nous avons aussi de cette année une pièce de vers humoristiques composée pour un banquet de la Saint-Charlemagne et quelques compositions d'histoire, dont l'une sur « Les origines, le développement et la chute de la Ligue », classée première au lycée Bourbon, était restée gravée dans la mémoire des jeunes condisciples d'Hippolyte Taine. — En souvenir de cette année d'études fécondes, il disait vingt et un ans plus tard[4] :

« Si nous avons entrevu quelques idées en critique et en histoire, c'est la rhétorique qui nous les a suggérées. On nous disait que le discours doit être approprié au caractère de l'orateur, cela nous conduisait à étudier ce caractère : nous allions à la Bibliothèque, au Musée du Louvre, au Cabinet des Estampes[5], nous découvrions par degré en quoi un moderne diffère d'un ancien, un chrétien d'un païen, un Romain d'un Grec, un Romain contemporain d'Auguste d'un Romain contemporain de Scipion. Nous tâchions d'exprimer ces différences, nous commencions à deviner la véritable histoire, celle des âmes, la profonde

raissent de la main de M. Hatzfeld ; quelques notes ont été ajoutées par M. Taine à une date ultérieure. Pour se rendre compte de l'étendue de ces travaux, voir, p. 115, un spécimen de la fine écriture de M. Taine.

1. 42 pages grand format.

2. 11 pages grand format.

3. 26 pages grand format.

4. Discours prononcé en 1878 au 19e banquet du lycée Condorcet, qu'il présidait.

5. M. Taine disait souvent que son ami Marcelin (Émile Planat) l'avait le premier initié à ce trésor du Cabinet des Estampes et qu'il lui devait ainsi le meilleur de son éducation historique. — Voir *Derniers essais de critique et d'histoire*, p. 222, 228.

altération que subissent les cœurs et les esprits seion les changements de milieu physique et moral où ils sont plongés. »

C'est à M. Hatzfeld que sont adressées les premières lettres de la correspondance.

A M. HATZFELD

Paris, 13 août 1847

Monsieur,

Vous savez probablement aujourd'hui que j'ai eu le prix d'honneur au Concours général. Je n'ai pu vous en informer d'avance. Je ne l'ai appris moi-même que le mercredi soir, et, quand je vous aurais écrit à l'instant même, vous l'auriez su par les journaux avant de le savoir par ma lettre. J'ai eu de plus trois accessits au concours et tous les premiers prix au collège.

Tous ces heureux succès, je vous les dois et je vous en remercie. Sans vous je n'aurais jamais eu ni ordre, ni clarté, ni méthode. On me disait au collège : soyez clair, régulier, méthodique ; vous seul, vous ne vous en êtes point tenu aux paroles, vous m'avez donné les moyens. Si je réussis plus tard, ce sera grâce à vos leçons, car vous m'avez appris à travailler et à conduire mon esprit et vous me serez utile dans l'avenir autant que dans le présent

Je vais mettre à profit les conseils que vous m'avez laissés pour ces vacances. J'ai Descartes en main et je viens de recevoir dans mes prix de collège le Cours de

Droit naturel de M. Jouffroy. L'an prochain, nous nous retrouverons, je l'espère : je crois pouvoir vous promettre un grand goût pour la philosophie et peut-être un peu d'aptitude : si je ne me trompe, il me semble que j'ai toujours eu assez de facilité à comprendre les choses abstraites et à trouver les généralités. Peut-être est-ce le propre d'un esprit sérieux et froid d'aimer les spéculations de la philosophie. Du moins, je me souviens que l'an dernier j'étais fort heureux d'écouter vos leçons.

Recevez encore une fois, Monsieur, mes remerciements ; si pour s'acquitter envers quelqu'un il suffit de sentir vivement ses services et sa bienveillance, je suis quitte envers vous.

AU MÊME

Paris, 7 octobre 1847

Monsieur,

Nous espérions vous trouver aujourd'hui jeudi à la pension, selon votre habitude, sinon pour nous donner une leçon, du moins pour fixer les heures et les jours de nos conférences. M. Lemeignan[1] vous prie de venir samedi ou lundi, comme il vous plaira, pour vous entendre avec lui et avec nous. Pour moi en particulier, je désire plus que jamais votre présence. M. Jourdain[2]

1. M. Lemeignan était le successeur de M. Mathé.
2. Jourdain (Charles-Marie-Gabriel Bréchillet), philosophe, né en 1817, mort en 1886.

ne vient pas cette année au collège Bourbon ; et d'après ce que j'ai vu à la première classe, je crois bien que sans votre secours je travaillerai en pure perte. Vous seul pouvez m'indiquer ce que je dois lire, donner une direction à mes études et les rendre profitables, comme vous avez rendu utiles celles de l'année dernière.

CHAPITRE II

L'année de Philosophie. — Introduction de la Destinée humaine

Les études de cette année 1847-1848 furent profitables
en effet : à Bourbon, Hippolyte Taine avait pour professeur
de physique M. Desains[1], pour professeurs de philosophie
MM. Bénard[2] et Lorquet[3]; il a conservé d'excellentes rédac-
tions de leurs cours ainsi qu'un certain nombre de dissertations[4]. Pendant ses heures de liberté, il entreprenait en
outre des travaux personnels : nous avons pu recueillir
trois études sur Jouffroy[5]; des dissertations sur les facultés
de l'âme[6], sur la perception extérieure[7], sur le panthéisme

1. Desains (Quentin-Paul), physicien, né en 1812, entré à l'École
normale en 1835, mort en 1885.

2. Bénard (Charles), né en 1807, entré à l'École normale en 1828,
mort en 1899, traducteur de l'*Esthétique* de Hegel, etc. C'est lui
qui prêta au jeune Taine les premiers volumes de Hegel, qu'il lut
à l'École normale.

3. Lorquet (Alfred-Hyacinthe-Nicolas), né en 1815, entré à l'École
normale en 1833, mort en 1883. Presque toutes les corrections
des dissertations de cette année de philosophie sont de la main
de M. Lorquet.

4. L'une d'elles était intitulée *l'État et le Gouvernement*. Voir,
p. 36 note, un résumé de ce petit travail.

5. « Cours de droit naturel », 3 pages (Voir, p. 16, lettre du 13 août
1847). — « Introduction aux esquisses de Philosophie de Dugald
Stewart », 8 pages grand format. — « De la philosophie et du
sens commun », 8 pages grand format, et en tête : « Non excogi-
tare, sed reperire ».

6. 4 pages grand format.

7. 4 pages grand format.

le Spinoza[1] ; un dialogue sur l'immortalité de l'âme[2] ; un traité du Beau[3] sous forme de lettre à Émile Planat ; enfin un traité de la Destinée humaine[4]. Ce dernier travail, daté de mars 1848, débute par une sorte de confession intellectuelle qui montre l'évolution de ses idées depuis l'âge de quinze ans jusqu'au milieu de son année de philosophie. Nous pensons qu'on lira ce document avec intérêt :

DE LA DESTINÉE HUMAINE

Introduction.

6 mars 1848

« Ce travail n'a pas été fait par hasard ni par curiosité ; ce n'est ni un amusement philosophique ni une recherche oiseuse. C'est la réponse à une question que je me suis faite depuis longtemps ; c'est le terme d'une lente révolution qui s'est passée dans mon esprit.

Il est certains esprits qui vivent renfermés en euxmêmes et pour qui les passions, les douleurs, les joies, les actions sont tout intérieures. Je suis de ce nombre et si je voulais repasser ma vie en moi-même, je n'aurais

1. 8 pages grand format commençant ainsi : « La doctrine de Spinoza a sa racine dans sa méthode. La méthode admise, le système est invincible ou à peu près. »
2. 18 pages grand format : dialogue entre A et B.
3. 52 pages grand format, datées du 29 avril 1848.
4. 52 pages grand format. Une note marginale indique que ce manuscrit fut communiqué à Prévost-Paradol ; on verra par la suite de cette correspondance avec quelle ardente sollicitude Hippolyte Taine s'occupait de son jeune camarade. — Le document a été écrit quelques jours après la Révolution de Février ; contrairement aux suppositions de quelques critiques, cet événement semble avoir tenu peu de place dans ses préoccupations d'alors. Sa vie était tout intérieure et intellectuelle et les bruits de la rue n'arrivaient pas à le troubler ni à détourner sa pensée.

qu'à me ressouvenir des changements, des incertitudes et des progrès de ma pensée. Si j'écris ceci en ce moment, c'est pour le retrouver plus tard et savoir alors quel j'étais aujourd'hui.

Jusqu'à l'âge de quinze ans j'ai vécu ignorant et tranquille. Je n'avais point encore pensé à l'avenir, je ne le connaissais pas ; j'étais chrétien et je ne m'étais jamais demandé ce que vaut cette vie, d'où je venais, ce que je devais faire....

La raison apparut en moi comme une lumière ; je commençai à soupçonner qu'il y avait quelque chose au delà de ce que j'avais vu ; je me mis à chercher comme à tâtons dans les ténèbres. Ce qui tomba d'abord devant cet esprit d'examen, ce fut ma foi religieuse. Un doute en provoquait un autre ; chaque croyance en entraînait une autre dans sa chute.... Je me sentis en moi-même assez d'honneur et de volonté pour vivre honnête homme, même après m'être défait de ma religion ; j'estimai trop ma raison pour croire à une autre autorité que la sienne ; je ne voulus tenir que de moi la règle de mes mœurs et la conduite de ma pensée ; je m'indignai d'être vertueux par crainte et de croire par obéissance. L'orgueil et l'amour de la liberté m'avaient affranchi.

Les trois années qui suivirent furent douces ; ce furent trois années de recherches et de découvertes. Je ne songeais qu'à agrandir mon intelligence, à augmenter ma science, à acquérir un sentiment plus vif du beau et du vrai ; j'étudiai avec ardeur l'histoire et l'antiquité, cherchant toujours les vérités générales, aspirant à connaître l'ensemble, à savoir ce qu'est l'homme et la société. Je me souviens encore du transport extraordinaire où je fus, lorsque je lus les leçons de M. Guizot sur la civilisation européenne [1]. Ce fut comme une révélation ; je me mis à chercher les lois générales de l'histoire [2], puis les lois générales de l'art d'écrire. J'osai, dans mon inexpérience et dans mon audacieuse confiance, essayer une foule de questions [3] qui ne peuvent être traitées que par des hommes d'un esprit mûr et très instruits. Mais la vanité des efforts et l'insuffisance de mes découvertes me rappelèrent bientôt au bon sens. Je compris qu'avant de connaître la destinée de l'homme, il fallait connaître l'homme lui-même. Alors naquirent mes premières idées de philosophie. — Elles se développèrent pendant tout le temps que je passai dans la classe de rhétorique : cela vint du besoin où je me trouvai de connaître le caractère des personnages que je faisais parler, d'apprécier la valeur de leurs motifs, de juger des passions qui devaient les émouvoir et du ton qu'ils devaient prendre. Il fallait à tout prix s'occuper de philosophie, pour sortir de la monotonie des lieux communs. En même temps beaucoup de travaux particuliers et des lectures sérieuses excitaient l'activité de mon esprit et me donnaient les matériaux de mes recherches.

1. *La Civilisation en Europe.*
2. Quelques feuilles détachées sont peut-être de cette époque ; mais les premières notes datées sur les Lois en histoire portent le millésime de 1850.
3. Voir, p. 14, l'énumération de ses travaux personnels pendant l'année de rhétorique.

Ce fut alors que je revins à la vraie philosophie et aux questions importantes que j'avais déjà considérées au début de ma raison. Malgré la chute de mon christianisme, j'avais conservé les croyances naturelles, celle de l'existence de Dieu, celle de l'immortalité de l'âme, celle de la loi du devoir. J'en vins à examiner sur quels fondements j'appuyais ces croyances : je trouvai des probabilités et aucune certitude ; je trouvai faibles les preuves qu'on en donnait ; il me sembla que l'opinion contraire pouvait contenir une part égale de vérité ; ou plutôt il me sembla que toutes les opinions étaient probables ; je devins sceptique en science et en morale ; j'allai jusqu'à la dernière limite du doute ; et il me sembla que toutes les bases de la connaissance et de la croyance étaient renversées.

Je n'avais lu encore aucun philosophe ; j'avais voulu conserver une liberté entière à mon esprit, une indépendance complète à mon examen. Aussi j'étais plein à ce moment d'une joie orgueilleuse ; je triomphais dans mes destructions ; je me complaisais à exercer mon intelligence contre les opinions vulgaires ; je me croyais au-dessus de ceux qui croyaient, parce que lorsque je les interrogeais, ils ne me donnaient aucune bonne preuve de leur croyance ; j'allais toujours plus avant, jusqu'à ce qu'un jour je ne trouvai plus rien debout.

Je fus triste alors ; je m'étais blessé moi-même dans ce que j'avais de plus cher ; j'avais nié l'autorité de cette intelligence que j'estimais tant. Je me trouvais dans le vide et dans le néant, perdu et englouti. Que pouvais-je faire? Toutes mes croyances étant abattues, la raison me conseillait l'immobilité, et la nature m'ordonnait l'activité. L'homme ne peut rester sans agir, sa vie est une aspiration et un mouvement continuels; ne pas agir, pour lui, c'est mourir. J'étais d'ailleurs à cette époque où la vie est puissante, où l'activité surabonde, où l'âme cherche quelque chose à quoi elle puisse s'attacher, comme ces plantes grimpantes qui, au retour du printemps, saisissent avec force le tronc des arbres pour sortir de l'ombre et aller épanouir leurs fleurs dans l'air pur et au soleil. J'avais un amour ardent de la science et de l'art, du beau et du vrai. Je me sentais capable de grands efforts, d'une longue persévérance, dès que j'aurais un objet à atteindre, un dessein à accomplir. J'éprouvais des admirations violentes et passionnées en face des belles choses et surtout en face de la campagne; et je souffrais en songeant que je ne savais comment employer cette force et cette ardeur. D'ailleurs, j'étais maître de moi-même, j'avais accoutumé mon corps et mon âme à faire ma volonté; et ainsi je m'étais préservé de ces passions brutales qui aveuglent et étourdissent l'homme, l'enlèvent à l'étude de sa destinée et le font vivre comme un animal, ignorant du présent, insoucieux de l'avenir. Toute mon âme se tournait donc vers le besoin de connaître, et elle se consumait d'autant plus qu'elle réunissait toutes ses forces et tous ses désirs sur un seul point.

Pendant les premiers mois de la classe de philosophie, cet état me fut insupportable; je ne trouvais que

des doutes et des obscurités. Je ne voyais que des contradictions dans les philosophes ; je jugeais leurs
preuves puériles ou incompréhensibles ; il me semblait
que la métaphysique obscurcissait le bon sens, et que
les philosophes, du haut de leurs spéculations, n'avaient
pas prévu les objections simples et naturelles qui rui-
naient leurs systèmes. — Moi-même, irrité de l'inutilité
de mes efforts, je me jouais de ma raison ; je me complus à soutenir le pour et le contre ; je mis le scepticisme
en pratique. Puis, fatigué des contradictions, je mis
mon esprit au service de l'opinion la plus nouvelle et la
plus poétique ; je défendis le panthéisme à outrance[1] ; je
m'attachai à en parler en artiste ; je me complus dans
ce monde nouveau et, comme par jeu, j'en explorai
toutes les parties. Ce fut mon salut.

En effet, dès lors, la métaphysique me parut intelli-
gible et la science sérieuse. J'arrivai, à force de chercher, à une hauteur d'où je pouvais embrasser tout
l'horizon philosophique, comprendre l'opposition des
systèmes, voir la naissance des opinions, découvrir le
nœud des divergences et la solution des difficultés. Je
sus ce qu'il fallait examiner pour trouver le faux ou le
vrai. Je vis le point où je devais porter toutes mes
recherches. Je possédais d'ailleurs la méthode ; je
l'avais étudiée par curiosité et amusement. Dès lors je
me mis avec ardeur au travail ; les nuages se dissipè-
rent ; je compris l'origine de mes erreurs ; j'aperçus
l'enchaînement et l'ensemble. — Aujourd'hui, j'expose

1. Voir note 1, p. 20.

ce que je crois avoir trouvé ; mais en ce moment même je prends l'engagement de continuer mes recherches, de ne m'arrêter jamais, croyant tout savoir, d'examiner toujours de nouveau mes principes ; c'est ainsi seulement qu'on peut arriver à la vérité [1]. »

On sait si cet engagement moral de l'étudiant de vingt ans fut rempli par l'homme jusqu'à son dernier souffle.

[1]. Cette introduction formait environ le huitième du travail. La dernière date, en tête de la page 57, est du 10 mars ; il est donc probable que le travail complet (52 pages) a été fait en huit ou dix jours. Il y a de nombreuses notes et additions qui doivent être de très peu ultérieures.

CHAPITRE III

Examens d'entrée à l'École normale. — Correspondance.

Comme couronnement de cette année de philosophie, Hippolyte Taine passa ses deux baccalauréats ès-lettres et ès-sciences et soutint brillamment les examens d'admission à l'École normale supérieure[1]. Il fut classé second aux examens d'admissibilité et fut reçu définitivement le premier d'une promotion dans laquelle il avait pour émules About[2], Sarcey[3], Libert[4], Édouard de Suckau[5], Lamm[6], Paul Albert[7],

1. Sa composition française d'entrée à l'École normale : « Lettre de Voltaire à son ami Cideville » a été reproduite d'abord dans les *Annales politiques et littéraires* du 12 mai 1889, puis en appendice dans le livre de M. Victor Giraud, *Essai sur Taine, son œuvre et son influence* (1re édition).

2. About (Edmond-François-Valentin), de l'Académie Française, né à Dieuze en 1828, mort à Paris en 1885.

3. Sarcey (Francisque), littérateur, né à Dourdan en 1828, mort à Paris en 1899. — On trouvera dans ses *Souvenirs de jeunesse* de nombreux détails un peu arrangés sur son séjour à l'École normale et sur ses anciens camarades.

4. Libert (Adam-Charles-Jules), né à Joigny en 1827, mort à Montpellier en 1858. Il sera souvent question, dans la correspondance, du jeune professeur à qui l'on doit une *Histoire de la Chevalerie*.

5. Voir p. 137.

6. Lamm (Auguste), né en 1828, mort tragiquement en 1853. M. Gréard attribue son suicide aux déboires de sa carrière causés par sa qualité d'israélite. (Voir Gréard, *Prévost-Paradol*.)

7. Albert (Paul), professeur au Collège de France, né à Thionville en 1827, décédé à Paris en 1880.

Gustave Merlet[1], Rieder[2], etc. — Prévost-Paradol ne devait
l'y suivre qu'une année plus tard ; Hippolyte Taine fit tout
ce qu'il put pour l'entraîner dans cette voie et ils commen-
cèrent, dès leur séparation d'août 1848, l'intéressante correspondance dont on trouvera ici de nombreux extraits[3].

A PRÉVOST-PARADOL

Poissy, 20 août 1848

Mon cher Prévost,

Je suis en vacances depuis deux jours ; j'ai travaillé
depuis le 11 jusqu'au 17 pour mon baccalauréat ès-
sciences, je suis reçu enfin, Dieu merci, après avoir
passé un examen tel quel : et je vais maintenant employer convenablement les deux mois de vacances qui
me restent, et reprendre de la vigueur et de la santé : je
ne lis plus, je n'étudie plus, je ne pense plus, je deviens huître, mollusque, tout ce que tu voudras. Je
jouis de la campagne et de l'air libre ; je savoure le repos
et l'indolence, et je cours les champs et les bois, sans
emporter d'autre livre avec moi qu'un Platon et quelquefois un Euripide. Ma philosophie ne m'est pas inutile pour mes plaisirs ; je trouve la nature cent fois plus

1. Merlet (Gustave), professeur de rhétorique au lycée Louis-le-
Grand, né à Paris en 1828, décédé en 1891.
2. Rieder (Frédéric-Émile), fondateur de l'École Alsacienne, né
en 1828, mort en 1896.
3. Les lettres de Prévost-Paradol à H. Taine ont été publiées en
grande partie dans la belle étude que M. Octave Gréard a consacrée
à son ami. (*Prévost-Paradol*, par Octave Gréard, de l'Académie
Française. Hachette, 1894.)

belle depuis que j'ai réfléchi à ce qu'elle est ; quand maintenant je regarde les longs mouvements des arbres, le jeu de la lumière, la richesse et le luxe de toutes ces formes et de toutes ces couleurs, quand j'écoute ce bruit sourd, incertain, continuel, harmonieux, qui s'enfle et diminue tour à tour dans les bois, je sens la présence de la vie universelle ; je ne regarde plus le monde comme une machine, mais comme un animal ; je trouve que la solitude est animée et parlante, et que l'âme se met facilement à l'unisson de cette vie simple et comme endormie, qui est celle des êtres inférieurs à l'homme.

Aurais-tu cru que la philosophie pût servir à cela ? Occupe-t'en donc, je te prie, et fais-en l'année prochaine sérieusement et courageusement. Sinon, mon cher, ton année ne te servira à rien, ou même te nuira ; je te vois d'avance ; si tu te livres à toi-même et ne résistes pas à tes goûts, tu ne chercheras dans la philosophie, comme tu l'as fait dans l'histoire, qu'un moyen de prouver tes théories préconçues ; tu emploieras le raisonnement et la métaphysique pour attaquer toutes les opinions communes et ordinaires ; tu embrasseras avec ardeur tous les systèmes qui te paraîtront hardis et audacieux, et il suffira qu'une chose te paraisse belle pour que tu dises : elle est vraie. Je parierais, par exemple, que tu vas travailler pendant six mois à démontrer que Dieu n'existe pas : et sais-tu pourquoi ? C'est parce que la race humaine y a cru jusqu'à toi. Songe, mon ami, que ce Dieu dont l'existence me semble mathématiquement démontrée, n'est point ce tyran absurde et cruel que les reli-

gions nous enseignent, et que le vulgaire adore ; songe
encore qu'il n'est point non plus ce *Dieu-Homme* de
Bossuet, occupé à sauver ou à détruire les Empires et à
fonder son Église ; enfin, n'oublie pas que si j'y crois,
ce n'est pas faute d'avoir douté, ni par habitude, ni par
sentiment, mais par démonstrations et raisonnements
plus rigoureux que ceux de la géométrie. Ainsi, travaille
sans prévention ; que ton inclination pour les choses
nouvelles ne préjuge point la question ; ne cède qu'à la
raison et à l'évidence ; et tu finiras, j'espère, par partager mes convictions. Ce qui t'empêchait cette année de
les admettre, c'est que ton esprit n'était point accoutumé à l'évidence métaphysique ; c'est que tu ne croyais
que ce que tu pouvais sentir et toucher ; mais dès que tu
auras habitué ton intelligence à réfléchir, à considérer
les idées pures, dégagées de toutes leurs enveloppes ma-
térielles, dans leur simplicité et dans leur clarté, tu verras la vraie lumière et tu auras la parfaite conviction.

J'insiste beaucoup sur cette question de l'existence et
de la nature de Dieu, parce que c'est en réalité la seule
question de la philosophie ; si tu es un peu sévère dans
tes recherches, si tu aspires à remonter aux sources, tu
seras toujours forcé d'en revenir à Dieu ; si tu veux savoir ce qu'est le Beau, le Bien, le Vrai, si tu veux prouver qu'il y a pour l'homme une règle de conduite, un
but immuable pour l'artiste, une certitude absolue pour
le savant, tu seras obligé d'examiner la nature de Dieu
et de croire en lui. Si ce mot de Dieu te choque, ôte-le,
et dis à la place : l'Être ; mais, quelque nom que tu lui

donnes, crois en l'existence d'un Être, qui a toute la plénitude de l'Être, et en qui il n'y a nul manque, nul défaut. En voici une démonstration de six lignes, médite-la, et trouve, si tu peux, si elle est fausse en quelque point : vois comme elle est simple ; elle ne pose aucune prémisse et ne demande qu'on lui accorde l'existence de rien.

Il n'y a que trois possibilités : 1° qu'il n'existe rien ; 2° qu'il existe un être ou des êtres imparfaits ; 3° qu'il existe un Être ayant la plénitude de l'être. Car plusieurs êtres ayant la plénitude de l'être sont impossibles, puisqu'ils se limitent.

La première hypothèse est, dans ses termes mêmes, absurde ; car l'existence du néant est contradictoire. Le rien est incompréhensible. C'est dire que le non-être est, et que ce qui n'existe pas existe.

La seconde hypothèse est aussi absurde. Si l'Être existant est imparfait ou manque d'une partie de l'être, on peut en concevoir un autre à la place ayant plus ou moins d'être ; il y aura donc un Être possible à la place de celui qui est actuellement. Il n'y aura donc pas de raison, pour que celui qui existe existe plutôt que cet autre, puisque tous les deux sont également possibles. L'Être existant n'aura donc pas de raison d'exister. Il sera donc sans cause, ce qui est absurde ; car tout a sa raison d'être, soit en soi, soit hors de soi.

Donc la troisième hypothèse existe nécessairement. Et la raison d'être de Dieu est l'impossibilité de toute autre existence.

Tu vois que je ne considère rien de ces choses qui sont peut-être obscures, comme le mouvement, les idées, la matière, et que toute ma preuve se tire des termes mêmes de la question.

Je t'ennuie, sans doute, mon ami ; mais pardonne-moi, c'est dans l'intérêt de notre amitié que j'agis ainsi. Car, comment notre intimité pourrait-elle durer, si nous n'avions pas la même opinion sur une question de laquelle dépendent non seulement nos opinions, mais nos actions et la conduite de notre vie ? On voit des dissentiments politiques rompre des amitiés étroites et sincères ; et comment notre liaison ne serait-elle pas refroidie, si nous avions des convictions contraires sur Dieu, sur le monde, sur la vie humaine, sur tout enfin ?

A propos de politique, tu m'as fait bien rire la dernière fois. Es-tu fou avec ton N. ? Pourquoi déranges-tu cette pauvre cervelle ? Il se croit profond en pensant comme toi. Et tu oses le corrompre, quand tu m'as avoué que tu ne comprenais rien aux théories de M. Proudhon[1] ? Si tu es devenu Proudhoniste, envoie-moi, si tu peux, une démonstration du droit au travail, ou sinon, tais-toi.

Envoie-moi une lettre aussi longue que la mienne. Farewell.

1. Voir p. 35.

AU MÊME

Paris, 1er septembre 1848

Mon cher Prévost, voici bien la lettre la plus satirique que j'aie jamais reçue. Sais-tu qu'il est bien dur pour un apprenti philosophe d'entendre traiter ses démonstrations de calembours théologiques, de jeux de mots en robe noire, de pédanterie inintelligible, etc. J'ai reconnu là ta verve ordinaire ; j'y ai même reconnu ton amitié ; car on sent dans toute ton épître que tu ne te moques qu'à demi, que tu m'épargnes et que tu retiens la moitié de tes sarcasmes et de tes injures. C'est bien, mon ami ; frappe, mais écoute.

Tu commences par me reprocher ce que tu appelles une petite contradiction et tu m'ordonnes, sous peine d'inconséquence, de ne plus croire en Dieu ou de ne plus appeler le monde un animal. Il me semble qu'ici tu fais peu d'usage de cette logique que tu méprises. Je ne vois pas que ces deux croyances soient incompatibles. Qu'y a-t-il d'absurde à dire que le monde, émané de Dieu et produit par lui, est un être vivant qui se développe et tend perpétuellement à ressembler au modèle éternel des mains duquel il est sorti ?

Tu te déclares panthéiste et sceptique. Permets-moi d'observer que c'est toi qui te contredis, puisqu'il est impossible d'être en même temps panthéiste, c'est-à-dire d'avoir une croyance, et sceptique, c'est-à-dire de n'en avoir pas. A moins pourtant que tu ne te dises panthéiste par provision, et sous bénéfice d'inventaire, et

parce que ce système est beau et hardi. Si cela est, tu
te trompes encore, car ce système est laid et étroit,
puisqu'il retranche à l'être tous ses attributs et met à
la place du modèle parfait et absolu une substance
aveugle et marchant sans cesse vers un développement
infini, qu'elle ne peut atteindre que dans l'infini, c'est-
à-dire qu'elle n'atteindra jamais.

Que si je t'ai exhorté à t'occuper de philosophie, ce
n'est pas parce que je craignais de te voir devenir un
malhonnête homme. M'as-tu pris, par hasard, pour un
moine enfroqué ou pour un benêt de prédicateur?
Point du tout: mais c'est que je sais que pour entrete-
nir une intimité véritable, il faut avoir des opinions
semblables, et que deux hommes qui ont des convic-
ions entièrement contraires ne peuvent être bien unis.

Voyons maintenant mes opinions et regardons si mes
recherches métaphysiques sont aussi ridicules que tu le
dis. Voici à peu près le discours que tu tiens : « Je ne
sais rien sur le principe et l'origine de ce monde dont
je fais partie ; je n'ai jamais examiné sérieusement si
Dieu existe ou non, je ne sais pas où va ce monde, ni
quelle est la fin et la destinée du genre humain. Je ne
sais pas si j'ai une âme spirituelle, ou si tout se fait en
moi mécaniquement par le jeu des organes, je ne sais
pas ce que c'est que la mort, ni si j'y survivrai. Tout
cela ne m'embarrasse point, et je ne veux seulement
pas m'en occuper. — J'ai des opinions politiques très
passionnées, et il y a un parti dont je souhaite ardemment le triomphe, à tel point que je prendrais peut-être

le fusil pour le lui assurer ; je veux des réformes pro-
fondes dans la société et le gouvernement ; je veux
l'avènement du règne de la justice ; et je ne sais pas ce
que c'est qu'une société, qu'un gouvernement, que la
justice, que le droit ; je règle ma vie d'après un sentiment intime ; et je ne sais pas si j'ai raison d'agir ainsi.
Il y a quelqu'un qui était dans la même incertitude que
moi, et qui maintenant dit avoir trouvé une série de démonstrations géométriques sur toutes ces matières. Ce
quelqu'un m'invite à suivre la même voie que lui, et à
étudier la science qui l'a guéri de ses doutes ; mais moi,
je méprise cette science ; sans y avoir réfléchi deux
heures, je déclare qu'elle est bonne tout au plus à faire
pivoter des assiettes sur des pointes d'aiguilles. Je pré-
fère l'incertitude de mon doute au repos des convictions,
je veux vivre d'instinct comme un animal. Je risque ma
vie, et je m'expose à prendre le plus mauvais et le plus
malheureux de tous les partis : je ferme les yeux pour
ne pas voir et, heureux de mon ignorance et de ma misère, je raille l'homme inepte et ridicule qui m'engage
à en sortir. »

Dis, mon ami, trouves-tu ce discours bien conséquent ? Tu n'en étais point là cependant, il y a un mois ;
tu m'avouais en confidence que tu ne croyais point
M. Proudhon[1], et que, si tu le lisais, c'était pour con-

1. Proudhon (Pierre-Joseph), publiciste, né à Besançon en 1809,
décédé à Passy en 1865. Ses principales œuvres : *Avertissement
aux propriétaires*, *Système des contradictions économiques*, *Solution du problème social*, *Le droit au travail*, etc., avaient déjà
paru à cette époque et étaient ardemment discutées.

templer l'élan d'un esprit puissant et logique et non pour chercher des convictions. Tu me promettais de t'abstenir jusqu'au moment d'entrer en philosophie et de travailler là à asseoir tes doctrines. Tu étais sceptique absolu, et je m'en réjouissais, parce que c'est la meilleure disposition pour s'occuper de métaphysique. Quelle mouche t'a donc piqué depuis? D'où t'ont germé ces convictions matérialistes, cette nonchalance pour la vérité? Ne sais-tu pas qu'il n'y a rien de plus vulgaire qu'un tel état et que cette disposition est celle de tous ceux qui ne se sentent pas assez de force pour chercher et pour trouver? T'estimes-tu assez peu pour confier ta vie aux hasards d'une opinion douteuse? Et ne sais-tu pas que le doute, si ce n'est celui de Pascal, est une lâcheté?

Pardonne-moi d'être si dur; je veux te secouer et te rendre à toi-même; encore une fois, ce n'est pas être homme que de parler comme tu fais.

Je ne réponds pas à tes opinions politiques; ce ne sont que des opinions sans preuves; et moi, je n'accepte rien sans démonstration. Tu te contredis d'ailleurs; n'as-tu pas admis sans réserve un travail que je t'ai montré sur l'État et le Gouvernement[1]? Ce travail était

---

1. Voir p. 19, note 4; en voici le résumé, écrit en marge, par Hippolyte Taine : « 1° L'État a pour *origine* l'agrégation d'un certain nombre d'hommes placés dans des conditions de développement semblables, ayant entre eux des ressemblances particulières. 2° L'État se *forme* quand la nation prend conscience de son unité. 3° L'État *est* une personne vivante et publique, formée par l'assemblage d'une certaine portion de l'*être* de tous les particuliers, lesquels existent en lui. 4° L'État a divers degrés d'*être*, selon que les particuliers

absolument contraire à ce que tu dis aujourd'hui, et tout ce que j'y affirmais, je le prouvais.

Adieu, et, encore une fois, pardonne-moi la vivacité de mon langage, puisque je n'ai été si vif que parce que je t'aime et que je te suis sincèrement attaché.

Je suis admissible le second à l'École, Libert premier, About troisième [1].

Tout à toi.

mettent en commun une plus grande partie de leur *moi*. L'*être* de l'État s'augmente par la loi du progrès. 5° Le Gouvernement est la réalisation sensible et active de l'État qui acquiert une unité précise et un centre d'action. Il est l'effet de l'État. 6° Son action doit être mesurée et appropriée au degré d'*être* de la personne publique. Son devoir est de conserver exactement cette appropriation. Son droit est le même que celui d'un individu, puisqu'il est l'assemblage de plusieurs *moi*. 7° Ces unités individuelle, sociale, humaine, ont les mêmes lois et se forment progressivement, la seconde de la première, et la troisième de la seconde (1er juin 1848.) »

1. Au classement définitif, H. Taine fut classé premier, Libert second, About troisième, Lamm quatrième, Sarcey cinquième, sur 24 élèves de la section des lettres.

DEUXIÈME PARTIE

L'ECOLE NORMALE

CHAPITRE I

Première année : Le nouveau milieu. — La préparation
à la licence ; travaux particuliers. — Correspondance.

Hippolyte Taine entra à l'École normale en novembre 1848,
avec la brillante promotion dont il était le chef[1] ; il y
rencontra parmi les élèves des deux années précédentes
d'autres camarades très distingués dont plusieurs devinrent
ses amis : MM. Assolant[2], Challemel-Lacour[3], J.-J. Weiss[4],
E. Yung[5], le cardinal Perraud[6], etc. Malgré la satisfaction
de se trouver dans un centre si fait pour lui, les premiers
mois furent tristes ; il avait une réserve naturelle qui lui

1. Voir p. 37.
2. Assolant (Jean-Baptiste-Alfred), littérateur, né en 1827, entré
à l'École normale en 1847, mort en 1880.
3. Challemel-Lacour (Paul-Armand), de l'Académie Française,
publiciste et homme politique, né en 1827, entré à l'École normale en 1846, mort en 1896.
4. Weiss (Jean-Jacques), professeur et journaliste, né en 1827 ;
prix d'honneur de philosophie en 1847 ; entré à l'École normale la
même année, mort en 1896.
5. Yung (Godefroy-Eugène), fondateur de la Revue des Cours
littéraires, né en 1827, entré à l'École normale en 1847, mort
en 1887.
6. Le Cardinal Perraud (Adolphe-Louis-Albert), de l'Académie
Française, évêque d'Autun, né en 1828, entré à l'École normale
en 1847

rendait difficile toute accommodation à un nouveau milieu :
il lui fallait se réhabituer à l'internat, apprendre à connaître
tous ces jeunes gens de natures et de provenances si diverses : il n'osait se livrer à eux, leur montrer, comme à
Prévost-Paradol et à Planat, la fermentation de ses idées et
la passion, nous pourrions presque dire l'ivresse philosophique, qui l'animait. On verra dans ses lettres [1] que cette
solitude morale devint une vive souffrance. Il se retrempait
aux jours de congé dans la société de ses deux chers amis
du lycée Bourbon ; il n'avait pas d'autre consolation, car il
avait dû se résigner à voir se fermer la maison maternelle :
Mme Taine, ayant accompli sa tâche auprès de son fils, était
retournée dans les Ardennes, appelée par d'autres devoirs.
Malgré son absence, le jeune normalien allait passer presque
tous ses moments de liberté dans l'appartement désert des
Batignolles, pour y retrouver, avec la douceur des souvenirs,
ces heures de solitude où sa pensée pouvait librement se
concentrer et qui lui faisaient si cruellement défaut à
l'École. — L'accoutumance au nouveau milieu vint cependant ; il s'habitua à l'exubérance un peu trop bruyante [2] de
ses jeunes condisciples, et ceux-ci, de leur côté, apprirent
à apprécier et à respecter ce grand laborieux [3] dont ils
aimaient la modestie, la douceur et la courtoisie, autant
qu'ils admiraient sa précoce érudition et son incontestable
talent. Hippolyte Taine ne tarda pas à tenir une place pré-

1. Voir p. 45 et suivantes, lettres à Prévost-Paradol.
2. Voir p. 88, lettre du 10 juillet.
3. Le grand bûcheron, comme l'appelait Edmond **About**. Voir
aussi pour ces années d'École, les *Souvenirs de jeunesse* de
M. F. Sarcey et le livre de M. G. Monod, *Renan, Taine, Michelet*.
— Un autre de ses condisciples, M. Charaux, dépeint dans une lettre
à M. V. Giraud « le Taine des jeunes années dont le pur et calme
visage, le regard doux et un peu voilé, la tête légèrement penchée,
l'attitude ordinaire, celle du disciple qui écoute et qui médite, sont
encore aussi présents à mon esprit que si je venais de le quitter
hier. » (Victor Giraud. *Essai sur Taine*. 2e édition, p. 25).

pondérante dans les discussions de cette ardente jeunesse :
il se passionnait pour les idées comme d'autres pour le
plaisir ; ces trois années d'École, si fécondes pour sa pensée, lui laissèrent plus tard les souvenirs les plus précieux
et furent toujours considérées par lui comme le meilleur
temps de sa vie.

L'École avait alors M. P.-F. Dubois[1] comme directeur, et
M. E. Vacherot[2] pour directeur des études. C'est dire quel
libéralisme y présidait ; rien ne pouvait être plus favorable au
développement d'un esprit aussi original et aussi consciencieux que celui du jeune Taine. Les maîtres de conférences de
première année étaient, en 1848, M. Philippe Le Bas[3] pour
la langue et la littérature grecques, M. Gibon[4] pour la langue
et la littérature latines, M. Jacquinet[5] pour la langue et la
littérature françaises, M. Wallon[6] pour l'histoire, M. Kastus[7]
pour la philosophie, M. Adler-Mesnard[8] pour l'allemand.

Mais en dehors des travaux imposés par le règlement,
Hippolyte Taine continuait, comme au lycée, ses études
personnelles[9] de littérature, d'histoire et de philosophie.

1. Dubois (Paul-François), professeur et publiciste, né à Rennes
en 1793, mort à Valence en 1874, entré à l'École normale en 1812,
fondateur du *Globe*, député, directeur de l'École normale de 1840
à 1850.

2. Vacherot (Étienne), philosophe, membre de l'Institut, né à
Langres en 1809, entré à l'École normale en 1827, directeur des
Études de 1837 à 1851, mort en 1897.

3. Le Bas (Philippe), né en 1794, mort en 1860.

4. Gibon (Alexandre-Edme), né en 1798, entré à l'École normale
en 1816, mort en 1871.

5. Jacquinet (Paul), né en 1815, entré à l'École normale en 1855.

6. Wallon (Henri-Alexandre), membre de l'Institut, né en 1812,
entré à l'École normale en 1831.

7. Kastus (Charles Tzaunt Waddington), né à Milan en 1819,
entré à l'École normale en 1838.

8. Adler-Mesnard (Édouard-Henri-Emmanuel), né à Berlin en 1807,
mort à Paris en 1868.

9. Voir p. 56, lettre du 20 mars 1849.

En littérature, il travaillait surtout à préparer la licence ès-lettres qu'il devait passer au mois d'août; il prenait de nombreuses notes sur les auteurs grecs, latins et français; il écrivait une étude spéciale sur la rhétorique de Pascal, et faisait une excellente analyse des chapitres du *Port-Royal* de Sainte-Beuve consacrés au grand écrivain janséniste. Il complétait le cours régulier d'histoire ancienne[1] par l'histoire des peuples d'Orient, Inde, Égypte, Perse, Judée; par des analyses d'Hérodote et de la *Symbolique* de Creutzer[2]; par un travail sur la civilisation des Hébreux, et des notes sur les langues primitives, d'après un article d'Ernest Renan[3]. Pour la philosophie, nous avons retrouvé des commentaires sur Spinoza[4], des notes sur l'objet et la méthode de la philosophie, sur la psychologie, la conscience, la pensée en général, la raison, la perception extérieure, l'induction, la mémoire; des analyses de l'*Esthétique* de Hegel, et enfin un plan de la *théorie de l'Intelligence* daté de 1849; c'est la trace la plus ancienne du grand travail qui fut pendant plus de vingt ans le but constant de toutes ses pensées. — Entre temps, il suivait avec assiduité la conférence de M. Adler-Mesnard, et apprenait l'allemand pour lire dans le texte original Gœthe et

1. Les nombreuses notes marginales de ses cahiers d'histoire témoignent d'un travail subséquent très considérable.

2. Creutzer (George-Frédéric), philologue allemand, né à Marbourg en 1771, mort à Heidelberg, en 1858. La *Symbolique* avait été traduite par M. Guigniaut.

3. Publié dans *la Liberté de penser* de décembre 1848.

4. Notes interfoliées dans son exemplaire de Spinoza et numérotées de A à Z. Quelques-unes sont perdues. Ce sont parfois des réfutations. Ex. : note B : « Voici le point faible du système (proposition 28). Il y a là une double impossibilité. Le mouvement chez Spinoza manque de cause. Le premier moteur d'Aristote n'existe pas. » Note Y : « L'erreur fondamentale de Spinoza est d'avoir détruit le monde. Au fond, il l'engloutit en Dieu. Sa philosophie aboutit à cette proposition que les choses particulières ne sont distinctes qu'au regard de l'esprit et non en soi. »

Hegel. Sa curiosité se portait sur tous les sujets, et nous voyons par les analyses de ses lectures qu'il étudiait alors Hobbes et Burdach[1] avec la même ardeur que Creutzer, Pascal ou les Pères de l'Église. — Ses camarades, moins studieux, le « feuilletaient » comme un répertoire vivant[2], et ils étaient émerveillés de l'étendue et de la profondeur de son information.

La suite des lettres à Prévost-Paradol nous éclairera mieux que tous les commentaires sur l'état d'esprit et les études d'Hippolyte Taine pendant cette première année d'École normale.

———

A PRÉVOST-PARADOL

Paris, 22 février 1849

Mon cher Prévost, je viens d'avoir le plaisir le plus vif que j'aie eu depuis longtemps; ta lettre si affectueuse, si remplie de confidences, m'a rendu heureux, et m'a donné un si grand besoin de causer avec toi, que je veux employer toute cette soirée à t'écrire. Il y a bien longtemps que j'en ai le désir; mais toujours le temps me manque; et puis (je te l'avoue) je compte toujours me dédommager l'an prochain. Travaille, cher ami, le grec et le latin, si ce n'est pour toi, du moins pour moi. J'ai besoin de toi; tous les jours je sens ce besoin plus fortement parce qu'à l'École je n'ai aucun ami, ni pour les choses d'esprit, ni pour les choses de cœur; tout ce flot de pensées et de sentiments qui s'agitent en moi, ne pouvant déborder au dehors,

1. Voir p. 152.
2. Voir *Souvenirs de jeunesse*, de Francisque Sarcey.

s'épanche en toutes sortes d'écrits particuliers, soit sérieux, scientifiques et pratiques, soit intimes, secrets, confidentiels[1]. L'an prochain je te dirai tout. Tu me trouveras bien changé, bien vieilli; de nouveaux horizons se sont ouverts pour moi dans la science et dans la vie; de grandes tristesses, de grandes espérances m'oppressent; cependant, lorsque je m'observe, je m'aperçois que ni ma nature, ni mes convictions ne se sont altérées. Elles se sont développées, voilà tout. Tu retrouveras ton ami tel que tu l'as connu. Seulement tu verras de nouvelles choses. Tu n'as guère vu en moi jusqu'à présent que ce qui y dominait par un règne exclusif, je veux dire l'amour de connaître et le goût de la science certaine. Tu verras peut-être un caractère formé, des opinions sur la vie pratique arrêtées, et ce qu'on appelle une morale et un système de conduite déterminés. Chose étrange, que quelques mois de réflexions solitaires, et d'expérience des hommes, puissent faire éclore en une âme tout un développement qu'elle ne soupçonnait pas!

Pour toi, mon pauvre ami, je te plains et je ne te comprends pas. Tu trouves ton état misérable; tu sens qu'il est malheureux de douter, de chercher, de livrer sa vie à l'apparence et au hasard, suivant partout ce qui séduit et ce qui brille, se dévouant à des opinions qui charment, et dont on ne sait pas pourtant si elles valent la peine d'être aimées et défendues. Tu souffres de cela, et cependant tu te complais dans cette souffrance.

1. Beaucoup de ces cahiers ont été détruits.

Sans doute elle est bien supérieure à cette croyance stupide et brutale de ce qu'on appelle le vulgaire instinct, à ces opinions incertaines et à demi fausses, que l'on admet comme axiomes et sur lesquelles la foule des sots s'endort, satisfaite et orgueilleuse. Mais il faut aller plus loin; car cela, entends-tu, c'est le malheur; tant que tu es fort et jeune d'esprit, de corps, de croyances, de passions, tu peux durer dans cet état; le feu qui t'anime te soutiendra partout, et t'empêchera de tomber dans cette langueur déplorable dont la fin est le suicide. Mais quand il sera éteint, quand il défaillera, sais-tu où tu en viendras? Je le sais moi, je l'ai éprouvé cette année; dans les dégoûts innombrables et les découragements qui m'ont assailli, j'aurais succombé, si je n'avais pas eu des croyances appuyées sur quelques démonstrations fermes. Il m'a fallu ces points fixes, pour me retenir dans cette chute immense que fait tout homme nourri de science et d'art, lorsque pour la première fois il aperçoit le monde, la vie, et cette triste et vaste étendue de trente ou quarante années qu'il a encore à passer avant de finir et de s'endormir. Le bonheur est impossible; le calme est le suprême but de l'homme; et on ne peut l'avoir si l'on n'a d'inébranlables convictions. Pour moi, j'en ai; oui, j'en ai, et les miennes s'affermissent et s'étendent de jour en jour; je crois que la science absolue, enchaînée, géométrique est possible; j'y travaille; j'y ai déjà fait deux ou trois grands pas. Veuille sérieusement trouver et donne-moi l'an prochain ta main. Si la géométrie est quelque chose d'indubitable, je te ferai croire : et tu croiras non de cette croyance vaine et légère qui vole sans consistance au-dessus de son objet, mais avec cette persuasion solide et parfaite qui est le repos absolu de l'âme, qui exclut tout doute, et qui enchaîne l'esprit comme avec des nœuds d'airain.

Qui te persuade que le vrai est inaccessible? Est-ce parce que tu ne l'as pas trouvé? Mais ceci n'est point une preuve, et peux-tu renoncer à toute croyance sur un fondement si léger? Ce qui te manque, c'est la méthode; je le sens par moi-même. Des choses incompréhensibles au premier coup d'œil me sont devenues claires lorsque j'ai appliqué mon esprit à les comprendre, en la façon qu'il fallait. Je ne te parle pas ici de cette méthode commune dont on nous fatigue les oreilles dès le premier mois de philosophie. Il est une méthode bien plus haute, bien plus claire, bien plus sûre, celle de Spinoza. Ne renonce donc pas au vrai, et attends, je te supplie, que nous ayons travaillé ensemble. Tu verras combien les contradictions des philosophes, qui te jettent dans le doute, sont faibles au fond, combien tous les grands esprits se sont accordés. Quelqu'un disait que, comme les mathématiques, la philosophie avait été renouvelée et développée deux ou trois fois, mais qu'elle n'avait jamais changé. Et cela est fort vrai. Il est un point de vue supérieur, duquel on embrasse l'ensemble des choses et d'où l'on dénoue aisément les difficultés. Deux ou trois grands hommes l'ont touché, et c'est à eux qu'il faut s'attacher. Prends donc courage, et ne sois sceptique que par *provision*.

Je suis jaloux de ton jeune ami. Tu as un confident, presque un fils. M'as-tu oublié pour cela? Suis-je point descendu dans ton affection? Si tu l'aimes autant que tu le dis, toute la place doit être prise dans ton âme; il doit te suffire, et je ne te fais plus défaut. Tâche d'avoir le cœur large, et de l'aimer comme ton élève, en continuant à m'aimer comme ton ami, comme ton vieil ami. Car il faut que je te rappelle mes titres. N'avons-nous pas fait ensemble l'éducation de notre esprit? N'avons-nous pas assisté tous les deux à l'essor de notre intelligence? N'avons-nous pas le même fond d'idées et de sentiments? J'ai quelque chose encore de plus pour toi. Ce quelque chose, c'est la sympathie, et il n'y a après toi qu'une seule personne pour laquelle je l'ai éprouvée dans ma vie. Pourquoi? c'est que l'amitié est un mariage, et que, comme disait Platon, il est bien rare qu'on retrouve la moitié dont on a été séparé. Te le dirai-je encore? Je compte sur toi pour l'avenir; j'espère, je crois que tu seras quelque chose; tu auras du talent; et quand je te souhaite des croyances, c'est que je veux mettre ton éloquence au service de quelque chose, et par la réunion de ces deux puissances te voir arriver au premier rang. Tes succès me rendent heureux par une sorte d'amour-propre paternel; et permets-moi d'expliquer ce mot. C'est qu'ayant passé par les mêmes révolutions intellectuelles, et persuadé qu'il y a un progrès et un développement dans le mouvement de l'esprit, je crois avoir déjà été poussé plus loin que toi. Assis sur le rivage, je t'attends; j'aime à te voir marcher et avancer : je compte te voir entrer dans la même route ; il me semble que je suis vieux et expérimenté et que je m'intéresse un peu comme un vieillard à ceux qui tentent le voyage que je poursuis. As tu éprouvé ce sentiment?

Tu es ambitieux, dis-tu. Que veux-tu? La gloire, la puissance? Quel est ton plan de vie? Veux-tu entrer dans la politique? Écris-moi donc ce que tu désires. Autrefois, ce me semble, tes vœux se bornaient à obtenir une chaire en province, à donner quatre heures de ton temps tous les jours à l'État, en échange d'un traitement modique, à cultiver l'heureuse médiocrité d'Horace, à courir la campagne et à te rassasier de la vue du ciel et des bois, à vivre seul, courant sur tous les sujets, cueillant partout l'apparence du beau et du vrai, et cherchant à endormir dans cette vie à la fois active et reposée l'activité inquiète de ton âme. Es-tu maintenant ambitieux d'une place de journaliste, d'un rôle politique, d'une vie de discussions contre le catholicisme et de pamphlets contre les bourgeois? Fais-moi là-dessus tes confidences, j'attends ta prochaine lettre. Pour moi, la vie de discussion m'ennuie; on n'y apprend rien; on n'y gagne que des inimitiés et des injures; elle a cessé pour moi à l'École; j'ai juré de ne plus disputer sur la politique ni la religion, et je passe mes récréations soit à plaisanter, soit à faire de la musique.

Es-tu psychologue? As-tu acquis le talent de s'observer soi-même et de se voir sentir et agir?

Si tu ne peux te faire de croyances plus tard, fais-toi historien ; sinon philosophe. Pour moi, il est à peu près certain que je m'occuperai de philosophie.

Écris-moi longuement, et parle-moi un peu de ton ami, et de tes lectures philosophiques. En as-tu fait quelques-unes sérieusement?

Adieu.

AU MÊME

Paris, 2 mars 1849

Mon ami, je ne me fais pas un devoir de te répondre. Je ne fais que causer avec toi ; ne crois pas que je me gêne ; j'ai trouvé un bout de soirée tous les jeudis, qui désormais, si tu veux, t'appartient.

Tu me parles de Platon et de la Grèce ; c'est me prendre par mon faible ; je suis bien heureux de te voir véritablement grec et ancien. Nous le sommes tous deux, mon ami. Rien n'égale ma joie et la sérénité de mon âme lorsque j'erre seul au matin dans les grandes salles silencieuses du Musée, parmi tous ces corps si vivants et si divins. — Tout d'abord il faut que je te parle d'Aristophane : réjouis-toi, nous le lirons ensemble l'an prochain. Tu n'as pas une idée de cette liberté, de cette impudeur démocratique, de cette grandeur, de cette élégance, de cette beauté, de cette vivacité. Ton Platon te séduit parce que tu y vois, parmi les plus hautes pensées, les amours et la nudité. Mais tu n'as qu'un coin du tableau. Aristophane te lèvera tout le voile. Tu verras ce mélange d'impureté et de poésie, de beauté et de licence. Point d'obscénité véritable pourtant; rien d'ignoble comme dans Shakespeare ; l'ignoble, le laid purement laid est moderne. La grâce et le goût, en Grèce, accompagnent tout.

Te voilà donc devenu ambitieux tout d'un coup. Mon ami, tu seras malheureux. Tout ce que les moralistes et les sermonnaires ont dit sur l'imprudence de mettre son bonheur dans les choses extérieures est vrai; tu seras malheureux ; et qui pis est, agité, incertain, troublé et bouleversé de désirs contraires, comme un vaisseau bon voilier sans lest. Ton talent te rendra malheureux. Réfléchis à cela. Pour moi, la réflexion est faite, tu le sais. Le bonheur pour moi n'est pas le plaisir; j'y ai renoncé, je n'y tiens plus, je m'en sers pour réveiller ma nature endormie ; c'est un aiguillon pour marcher plus vite à un but, mais ce n'est que cela. Mon objet est le bien, ou l'Être, comme nous disions en métaphysiquant. Que je puisse penser beaucoup, et trouver beaucoup de choses nouvelles, contempler et produire des choses belles, que j'aie de quoi aimer, c'est-à-dire que j'aie l'amitié de personnes estimables pour le cœur et l'esprit, et en qui j'existe pour ainsi dire de manière à doubler mon être ; que je puisse rendre quelques services aux autres hommes par la profession que j'embrasserai, voilà ce à quoi j'aspire. Si j'ai assez de force pour persister dans ce désir, j'obtiendrai ce qui est la santé de l'homme, je veux dire le calme.

Le calme ! Entends-tu ce que c'est? C'est le bien suprème, parce que c'est l'action facile et réglée. Eh! mon ami, il faut bien que j'agisse ainsi! Mon unique désir est de travailler sur moi-même, pour valoir un peu mieux tous les jours, afin de pouvoir regarder en dedans de moi sans déplaisir. Ne sais-tu pas qu'il faut à l'homme cette retraite? que la vie réelle est si pleine de dégoûts et de souffrances, qu'à chaque instant nous cherchons un asile contre elle? que les hommes sont pour la plupart si mauvais, si méprisables et si stupides, qu'il faut pouvoir converser toujours avec soi-même? Eh bien! en vrai sybarite, je tâcherai de nettoyer et d'orner cette demeure intime, d'y mettre quelques idées justes, quelques dispositions bonnes, quelques sincères affections. Voilà tout. Ce n'est qu'une affaire de ménage; je n'ai point envie de courir le monde avec fracas, en bel habit, d'y faire du bruit, d'y gagner de la gloire et du respect, tant que je laisse cette maison malpropre ou nue; je n'aime point en sortant d'un beau salon rentrer dans une chambrette sale; et, avant de faire voir que je suis beau et bien habillé, je tâcherai de l'être.

Une seule chose me fâche dans tout ceci; c'est le peu de chose qu'est mon esprit; c'est l'immensité de génie et de science qu'il faut pour construire cette connaissance complète et géométrique dont je t'ai parlé; je tombe bien souvent dans des langueurs et des faiblesses; et il m'arrive alors, étendu sur mon lit ou sur ma chaise, de passer des heures entières dans cet évanouissement de la pensée, si triste et si accablant, que tu connais.

Autre cause de malheur : j'aime, ou plutôt je voudrais aimer; j'en ai besoin; je sens que la vie pour l'homme n'est pas complète sans l'amour, et tu sais dans quel sens large j'entends ce mot amour; c'est l'affection dans tous ses genres : si j'étais romanesque, si je n'étais pas habitué à m'observer et à examiner les autres, je ferais dans ce moment-ci un de ces idiots dont les romans sont pleins, et je tomberais dans quelque belle passion amoureuse. J'ai lu, il y a quatre jours, le *Raphaël* de M. de Lamartine qui a pour objet la description de ce premier amour, et j'en ai été ravi, disant : c'est bien moi. Mais sois tranquille, je te réponds de moi; je n'ai pas de peine à t'en répondre. Pourquoi? c'est que je sais ce que je veux; c'est que je n'ai pas ces idées confuses, cette irréflexion qui font prendre une personne belle et ordinaire pour l'exemplaire suprême de la perfection. C'est que j'aspire à quelque chose d'infiniment plus relevé, et ce qui est la perfection pour un philosophe. Je sais qu'elle n'existe pas dans le genre humain et que si quelque chose en approche, ce n'est pas la femme, c'est l'homme, de sorte que mon idéal serait bien plutôt une amitié qu'un amour. Il y a plus : j'y ai renoncé; cette tristesse calme, ce découragement raisonné qui m'a pris à l'endroit de la pensée me prend aussi à l'endroit de l'amour; je n'espère pas. Nul homme réfléchi ne peut espérer. Et alors voici ce qui m'arrive; devant cette impossibilité, un sentiment grand et mélancolique me saisit; cette vue de la vie humaine si mutilée, cette nécessité où l'on

est de ne pouvoir aimer qu'à demi et les autres et soi-
même, ce vice radical de la nature de l'homme qui,
blessé dans le fond de son être, se traine sans jamais
pouvoir être guéri sur le chemin que lui ouvre le Temps,
tout cela m'émeut comme cette vue de la mer et des
vaisseaux en péril. A ce spectacle l'homme souffre, les
périls des matelots le touchent : mais la mer est si
grande, il y a tant de beauté et de vie dans le mouvement des flots, des nuages, dans les efforts de ces
hommes, dans leur danger, qu'une sorte de joie étrange
se répand sur la première amertume. Tel est mon sentiment. Ce qui me fait connaître cette imperfection fondamentale de l'homme, et le malheur qui est sa vraie
nature, c'est la connaissance du parfait, et la vue de
l'enchaînement logique et nécessaire des choses ; la vue
de cetté nécessité et de cette grande chose que nous appelons le parfait est douce ; la vue de ce qui est la vraie
vie et la vraie nature de l'homme me console ; la vue
du vrai et de ce qui existe suffit pour remplir l'âme, et
étouffer les angoisses qui suivraient la connaissance du
malheur.

C'est pour cela que j'aime tant les choses de la nature.
Un ciel, même triste et brumeux, des arbres dépouillés
et nus, le souffle monotone du vent du Nord, l'aspect
d'une plaine stérile, le mouvement de quelques pauvres petits brins d'herbe frissonnant au froid, tout cela
est beau et m'enchante, et la campagne est peut-être la
seule chose qui m'ait donné une sorte de complète
satisfaction.

Non que je me borne à ces vœux. Je serais fort triste
de végéter dans un trou de province ; je tâcherai de faire
mon chemin ; mais ce n'est pas par fièvre d'ambition ;
je trouve seulement qu'il faut que la position corres-
ponde à l'homme, et qu'on ne doit pas être estimé au-
dessous de ce qu'on est. — Tu me connais maintenant à
peu près tel que je suis aujourd'hui. Adieu.

AU MÊME

Paris, 20 mars 1849

Mon ami, excuse-moi moi-même ; il y a huit jours
que j'aurais dû te répondre, et je ne l'ai pas pu ; j'ai,
comme toi, un encombrement de travaux de toutes
sortes dont je ne puis venir à bout. Compte d'abord les
devoirs officiels, exigés, de grec, philosophie, histoire,
latin, français ; ensuite la préparation à la licence, et la
lecture d'environ trente ou quarante auteurs difficiles
que nous aurons à expliquer à ce moment ; et enfin
toutes mes études particulières de littérature, d'histoire,
de philosophie. Tout cela marche de front, et j'ai toujours une quantité de choses sur le métier ; je me suis
fait un grand plan d'étude, et je destine ces trois
années d'École à le remplir en partie ; plus tard, je le
compléterai ; je veux être philosophe, et, puisque tu
entends maintenant tout le sens de ce mot, tu vois
quelle suite de réflexions et quelles séries de connaissances me sont nécessaires ; si je voulais simplement

soutenir un examen ou occuper une chaire, je n'aurais pas besoin de me fatiguer beaucoup ; il me suffirait d'une certaine provision de lectures, et d'une inviolable fidélité à la doctrine du maître, le tout accompagné d'une ignorance complète de ce que sont la philosophie et la science modernes ; mais comme je me jetterais plutôt dans un puits que de me réduire à faire uniquement un métier, comme j'étudie par besoin de savoir, et non pour me préparer un gagne-pain, je veux une instruction complète. Voilà ce qui me jette dans toutes sortes de recherches et me forcera, quand je sortirai de l'École, à étudier en outre les sciences sociales, l'économie politique et les sciences physiques. La vie est longue ; voilà à quoi elle me servira ; mais ce qui me coûte le plus de temps, ce sont les réflexions personnelles ; pour comprendre, il faut trouver ; pour croire à la philosophie, il faut la refaire soi-même, sauf à trouver ce qu'ont déjà découvert les autres ; tu sais cela par expérience, et si tu flottes maintenant dans ton malheureux scepticisme, c'est que tu as considéré les philosophes comme des avocats et des comédiens ; comme ils ont tous un grand génie, ils raisonnent avec force et vraisemblance et présentent des opinions belles et poétiques ; d'où il est arrivé que tu as donné raison aux systèmes les plus contraires, de même qu'à la tribune, quand on regarde un assaut d'éloquence en spectateur désintéressé, on croit tour à tour les deux adversaires et l'on finit par n'en croire aucun.

Sache pourtant que j'aime mieux ta froideur, ton dégoût, ton scepticisme, ton ambition, que tes convictions aveugles, passionnées, irréfléchies, inflexibles d'autrefois ; il arrivera de là que tu ne prendras pas la vie au sérieux, et que tu la passeras plus douce et plus agréable ; il arrivera encore que, le jour où tu te lasseras de cet état mou et flottant, tu pourras chercher sans prévention un terrain ferme et enfin t'y reposer.

Te le dirai-je enfin ? Tu es plus près de moi qu'auparavant ; le propre de la réflexion, c'est de pacifier l'âme, et en l'élevant, de la rendre indifférente. Voilà ce qui m'arrive ; comme toi, j'en suis venu à un grand mépris des hommes, tout en gardant une grande admiration de la nature humaine ; je les trouve ridicules, impuissants, passionnés comme des enfants, sots et vaniteux, et surtout niais à force de préjugés ; tout en conservant les formes extérieures de la politesse, je ris tout bas, tant je les trouve laids et idiots ; n'est-ce pas là ce que tu sentais si vivement l'an dernier ? Tu me le disais, et je ne t'écoutais pas, perdu dans la contemplation de l'homme en soi ; j'en suis venu où tu en es, mais en gardant més premières opinions sur la nature de l'homme et mon amour profond pour cette chose si belle et si vaste ; et ces deux sentiments se concilient très bien ; car c'est un sujet de plus de prendre les hommes en pitié, que de voir qu'avec une si parfaite essence ils ne parviennent qu'à être des imbéciles, des frénétiques ou des coquins.

Il suit de là que mon amour, s'écartant des objets particuliers, tend aux choses générales ou idéales,

comme les objets d'art, l'humanité entière, et surtout la
nature. Hier, mon ami, je l'ai senti en moi avec une
force que je n'ai jamais éprouvée. J'étais au Jardin des
Plantes et je regardais, dans un endroit isolé, un mon-
ticule couvert d'herbes des champs vertes, jeunes, non
cultivées, fleuries ; le soleil brillait au travers, et je
voyais cette vie intérieure qui circule dans ces minces
tissus et dresse les tiges drues et fortes ; le vent soufflait
et agitait toute cette moisson de brins serrés, d'une
transparence et d'une beauté merveilleuses ; j'ai senti
mon cœur battre et toute mon âme trembler d'amour,
pour cet être si beau, si calme, si grand, si étrange,
qu'on appelle nature ; je l'aimais, je l'aime ; je le sentais et je le voyais partout : dans le ciel lumineux, dans
l'air pur, dans cette forêt de plantes vivantes et ani-
mées, et surtout dans ce souffle vif et inégal du vent de
printemps. Oh ! que n'étais-je hors de ce sale Paris,
dans la campagne libre et solitaire ! Pourquoi l'aimai-je
tant ? Pourquoi, lorsque je la vois, suis-je ému comme
un amant auprès de sa maîtresse ? Pourquoi suis-je tout
entier rempli d'une joie calme et parfaite ? Est-ce que la
nature et l'homme[1] ne sont qu'une même chose, et
qu'à certains moments ils rentrent tous les deux dans
cette unité primitive et absolue d'où ils sont sortis pour

1. Prévost-Paradol à H. Taine, 21 mars 1849 : « Le jour, cher
ami, où le *Est-ce que?* et le point d'interrogation auraient disparu pour toi de cette belle phrase, qui contient toute une philosophie, toute une morale et toute une politique, sera le jour où
tu te seras le plus rapproché des opinions de ton ami » Gréard,
Prévost-Paradol, p. 141.

leur malheur ? Pour moi, je trouve la nature plus belle que la femme ; les teintes rosées du ciel au matin me semblent plus délicates que les aimables couleurs des plus belles joues ; les mouvements et les aspects de l'eau qui coule sur les rochers et les herbes me sont aussi expressifs que les changements de la plus mobile physionomie. Que te dirai-je encore ? Lorsque j'aperçois une campagne entière avec ses rivières, ses bois, les mouvements de son terrain, ses bruits, ses couleurs, je sens la présence d'un être absolument un et véritable ; tout cela n'est qu'un, et cette grandeur infinie et accessible est la suprême beauté. Il y a des barbares qui ne voient dans tout cela qu'un spectacle, une fantasmagorie que Dieu fait jouer pour amuser les hommes, un composé de matières et de mouvements sans forces propres, ni véritable réalité, et ceux-là se disent artistes !

Sérieusement, mon cher, peux-tu vivre de la vie politique ou de ce qu'on appelle la vie réelle quand tu as ces pensées devant toi ! Peux-tu aimer de *toute* ton âme autre chose que les choses parfaites que découvrent la science et la réflexion intérieure ? Et ne sens-tu pas que lorsque nous donnons cet amour à une créature finie et réelle, nous ne le donnons que par illusion, nous figurant que cet être est parfait et l'habillant de toute l'excellence que nous voyons dans ce modèle divin. Je ne sais si les choses se passent en toi comme en moi : mais je confesse que l'amour infini que je porte comme tous les hommes au fond du cœur, se trouve toujours empêché dans son essor, lorsqu'il s'adresse aux réalisations finies de l'essence parfaite ; je ne sais quelle malheureuse clairvoyance me montre qu'ils manquent de ceci ou de cela et qu'ainsi ils ne peuvent partout donner prise à l'amour ; je dis la même chose de moi-même et je sens que je ne mérite pas non plus d'être complètement aimé.

Je t'avoue là une foule de pensées et de sentiments que je n'oserais dire à personne de crainte de passer pour un extravagant ; mais avec toi, j'ose tout ; dis-moi, non pas si je suis hors du sens commun (je le sais bien, et je ne m'en afflige pas), mais si je suis hors du bon sens (ce qui est beaucoup plus sérieux). Tu es plus capable d'en juger qu'un autre, puisque tu ne crois pas à la philosophie et que tu peux la regarder sans t'éblouir. Au reste, tout ceci s'explique dans la chaîne de mes doctrines, et un jour, si tu veux, je t'expliquerai ce que signifie cette sorte de panthéisme pratique que je t'ai exposé là.

Adieu, soigne-toi et écris-moi aussi longuement que je le fais.

AU MÊME

Paris, 25 mars 1849

As-tu lu Fourier? On dirait que tu m'envoies une exposition de son système[1] ; je le connais, je vois souvent un phalanstérien[2].

1. Voir Gréard, *ibid.*, p. 141.
2. Il s'agit d'un proche parent de M. Taine, qui plus tard lui fit présent des œuvres complètes du célèbre phalanstérien.

Tu comprends que je ne vais pas t'en envoyer la réfutation : il faudrait faire de la métaphysique et tu n'en veux pas ; ni moi non plus ; car présentement, j'ai fort mal à la tête et je suis incapable de penser sérieusement ; je vais même prendre quelques jours de repos. Je veux simplement t'écrire quelque chose sur l'histoire de la philosophie, et sur le point précis où en est ton esprit ; comme la lumière et la chaleur, la pensée a ses lois nécessaires, et l'on peut tracer d'avance son mouvement.

Il y a trois moments dans la philosophie[1] ; tu es au premier, je souhaite de tout mon cœur que tu passes au second pour arriver au troisième ; je vais t'expliquer ce que j'entends par là.

La première philosophie est la philosophie sensualiste, matérialiste, celle de Lucrèce, de Thalès, de Fourier, d'Helvétius. L'homme considère ce monde sans avoir encore réfléchi sur lui-même par la conscience, sans avoir le sens net de ce qui est matériel et spirituel ; il voit les choses avec les notions communes qui viennent de l'imagination ; l'Être ou la Vie pour lui, c'est un air subtil, un peu fluide, ou toute autre chose qui court par tout le monde et qui, se combinant en diverses façons, produit les diverses organisations. Le Bien c'est la jouissance, et l'émotion sensible, ou le plaisir. Cette philosophie ne voit guère que l'apparence extérieure des objets, et n'a au fond nulle rigueur, et nulle notion claire ; elle succède immédiatement au scepticisme né de

1. Voir la réponse de Prévost-Paradol, *ibid.*, p. 145.

la chute des religions. C'est là où tu en es, où j'en étais il y a dix-huit mois, où en était le monde au temps de Lucrèce et au commencement du XIXe siècle.

Voici comment l'esprit sort de là et comme tu en sortiras. C'est par la psychologie, et quelque chose d'analogue au cartésianisme; on appelle cela la philosophie subjective du moi; le christianisme s'en rapproche. L'homme, réfléchissant en lui-même et distinguant son moi de tous les objets matériels qui l'entourent, a conscience de sa spiritualité, et entre dans un monde tout nouveau; il nie alors qu'il soit matière; il établit un mur infranchissable entre la matière et l'esprit, à ce point qu'il dénie à la volonté toute puissance de mouvoir le corps; en morale, il pose ce qu'on appelle la loi du devoir, l'obligation, et sépare pareillement d'une façon absolue le devoir du plaisir; quant à Dieu, il le conclut, comme Descartes, des idées qu'il découvre en lui; la religion tombe comme le christianisme dans le pur anthropomorphisme, tandis que dans le premier moment elle était pur naturalisme. C'est dans le second moment que l'on pose les idées du mérite et du démérite, d'un Dieu jugeur, de l'immortalité de l'âme, etc.

Le dernier moment est celui où l'homme connaît l'unité radicale de lui-même et de toutes choses, l'identité fondamentale du plaisir et du devoir, de la liberté et de la nécessité. On appelle cela la philosophie de la substance ou de l'absolu; Spinoza en est un admirable interprète. Cette philosophie partant du principe même des choses explique tout, concilie toutes les contradic-

... et donne le suprême repos à l'esprit. Elle est la vraie métaphysique, la première n'est que de la physique, la seconde n'est que de la psychologie.

Voilà une idée grossière et une esquisse rapide du mouvement de la pensée humaine; le but de tout homme, c'est d'arriver lui-même à ce but qu'atteint l'humanité considérée collectivement. Par conséquent, mon ami, si tu m'en crois, psychologise, étudie Descartes, distingue le spirituel du matériel, étudie Kant et la doctrine du devoir obligatoire; au bout de quelque temps, tu entreras dans cette haute et calme philosophie, qui est la dernière, la suprême, et dont je crois tous les jours approcher.

Je t'en supplie, ne reste pas où tu en es. Les chrétiens eux-mêmes, Descartes, Malebranche, sont supérieurs à toi dans ce moment; cela n'est pas honorable; égale-les vite, afin d'arriver à la fin à cette conception de la substance, en qui se concilient le point de vue logique et le point de vue psychologique, le point de vue spiritualiste et le point de vue matérialiste. C'est elle qui te donnera la vraie notion de l'infini et de l'absolu. C'est elle qui te réconciliera avec la notion de Dieu; car Dieu n'est pas l'idole chrétienne, ni ton électricité; il est au-dessus de ce que tu imagines et de tout ce que tu conçois, et sa connaissance est le véritable salut de la pensée.

J'ai lu *Raphaël*[1] comme toi; comme toi, et pour des

---

1. Le roman de M. de Lamartine, qui venait de paraître.

raisons différentes, j'ai été fort ému[1] ; laissons de côté le mauvais style et tous les ridicules d'exécution ; à mon avis, le fond, l'idée, l'esprit du livre sont excellents. Il a bien compris l'amour ; l'amour est une faculté et non pas un besoin ; l'amour vrai se suffit à soi-même et est heureux par sa seule activité, comme la pensée ; il est dévoué ; il n'est point accapareur et destructeur, comme l'amour sensuel et les amours de convoitise ; il n'aspire pas à faire de l'objet aimé une simple dépendance de soi-même ; il ne se considère pas dans ce qu'il ressent, et dans ce qu'il fait pour l'objet aimé ; mais il vit en lui et double ainsi sa propre existence ; c'est la conservation parfaite de deux personnalités dans l'union absolue de deux êtres ; il n'est point égoïste et jaloux ; il souffre que l'objet aimé aime d'autres personnes ; il n'a qu'un objet, s'unir davantage à lui et le rendre plus parfait ; il est comme un sculpteur qui, les yeux fixés sur le modèle idéal, corrige et embellit tous les jours ses divines statues. Il n'est pas languissant, rêveur, mélancolique, prompt aux larmes ; il est fort, sensé, raisonnable, courageux ; il n'est pas une passion, mais une activité ; l'homme n'est pas possédé, asservi, amoindri, mais fortifié, exalté et divinisé, comme il l'est par l'exercice assidu et sublime de la pensée et de l'action.

Heureux, ceux qui peuvent trouver dans leur vie

1. Gréard, *ibid.*, p. 145 : « Rien de nouveau dans ma vie, sinon la lecture de Raphaël qui m'a singulièrement ému : lis-le et tu sauras pourquoi. »

quelques traits de cet amour! Mais le mal est que l'imperfection de tous les êtres nous force à ne les aimer que partiellement, et qu'ainsi ce feu intérieur qui pourrait allumer un si grand incendie s'éteint en se dispersant, ou tout au moins s'affaiblit! L'homme n'est pas né pour vivre seul; le besoin d'amitié le tourmente sans cesse; je le sens ici plus que jamais; seul, sans personne pour me guider et m'encourager, je suis quelquefois, très malheureux; tes lettres me rendent bien heureux, et me consolent fort de toutes ces misères; écris-moi souvent; j'en ai besoin; mais surtout tâche de m'aider en me redressant, en me disant en quoi il te semble que je pèche, ce qu'il faudrait corriger dans ma pensée, dans ma manière de voir la vie, dans tout enfin; je t'écris avec tant de liberté, et nous nous sommes vus si longtemps, que tu dois me connaître comme moi-même; songe que je fais la même chose pour toi; qu'est-ce que cette propagande philosophique que je te fais par écrit, sinon un désir de corriger ce que je crois être faux dans tes opinions? Eh! mon ami, il n'y a personne au monde qui nous dise le vrai; presque personne ne nous connaît; ceux qui nous ont vus nous connaissent incomplètement ou nous jugent avec leurs préventions, ou leurs amitiés; nous-mêmes nous ne pouvons rien dire de bien certain sur nous-mêmes; avec la meilleure foi du monde, nous ne voyons rien; la proximité nous crève les yeux. C'est bien le moins que les amis soient des confesseurs les uns pour les autres. A quoi servirait l'amitié sans cela? On flatte les indifférents, on se tait avec ses ennemis; on sourit aux personnes du monde; on parle tout haut un langage de convention: avec ses amis on parle tout bas et à l'oreille le langage de la bonne foi; il n'y a qu'eux qui se connaissent assez pour savoir s'ils ont l'estomac assez robuste pour digérer ce mets rude et désagréable, cette nourriture virile qu'on appelle la vérité. — Adieu et écris-moi sur les quatre pages.

AU MÊME

Paris, 30 mars 1849

Je relis ta lettre[1] et j'y trouve une phrase qui m'inquiète. Tu parles de publier un écrit[2] sur tes convictions philosophiques.

Penses-tu vraiment à cette folie? Tu m'avoues toimême que tes opinions ne te semblent que probables. Et tu vas engager ta vie entière, à dix-neuf ans, par un écrit public, lorsque tu ne sais pas si dans un an le mouvement de ton esprit ne t'aura pas jeté dans d'autres pensées? C'est une témérité inexcusable. Tu joues avec ton avenir; je t'en prie, réfléchis, et songe quelle chose c'est qu'imprimer.

1. Gréard, *ibid.*, p. 145.
2. *Ibid.*, p. 149 : « Je vais lire Spinoza qui me semble ton maître.... Si je ne trouve là rien qui m'ébranle, je m'en tiens aux doctrines de ma dernière lettre et je leur dévoue ma vie.... Je châtie, j'achève et je publie les quelques pages que je t'ai annoncees; résolu que je suis à mettre mon existence au service d'une idée pratique, au lieu de la consumer tout entière dans un long et rude voyage vers la lointaine vérité. »

J'arrive maintenant à ma réponse. J'aurais beaucoup de choses à te dire : mais je ne veux toucher que deux points :

1° En premier lieu, je vais te montrer en quoi diffèrent nos philosophies. Elles sont plus séparées que tu ne crois ; elles le sont même d'une façon absolue. Ton unité[1] ressemble à l'unité d'enveloppement et d'indistinction où gît chacun des mondes, lorsque tous les germes qui le composent sont confondus ; la mienne ressemble à cette unité d'harmonie, qui est celle du monde développé et vivant.

Tu prétends concilier et tu ne fais que détruire : tu sacrifies la loi morale à la loi du plaisir[2] en posant que le devoir de l'homme est de satisfaire les tendances de sa nature, ce qui est pur sensualisme et fouriérisme. Tu détruis la liberté par la nécessité, en supposant que le principe des actions de l'homme, c'est le grand fluide[3] répandu dans son corps, et agitant les organes, selon les lois fixes de sa propre nature, et la constitution de ces organes ; tu détruis Dieu, et tu mets à sa

1. Gréard, *ibid.*, p. 146 : « L'unité radicale de l'homme et de toutes choses, l'identité fondamentale du plaisir et du devoir, de la liberté et de la nécessité, voilà ce que j'aurais dit si je savais manier comme toi cette divine langue de la philosophie. »

2. *Ibid.*, p. 145.

3. *Ibid.*, p. 145 : « ...Il est un fluide que nous désignons sous les divers noms de lumière, chaleur, électricité, magnétisme, galvanisme, attraction, effets divers d'une même cause, noms variés de ce principe universel qui est la vie de l'univers.... Voilà mon univers. Si Dieu existe... cela ne m'embarrasse nullement ; car ce monde tout matériel, si tu veux, où l'homme n'est que la première des créatures, ne me semble en rien indigne de lui.... »

ace dans la nature l'électricité[1]. — Je conclus de là
que tu as si peu examiné la nature de Dieu, de la loi
morale et de la liberté, que tu n'étais pas convaincu de
leur existence, et que tu as pu les sacrifier sans peine
aux créations de ton imagination. C'est pour cela que je
t'ai conseillé et que je te conseille de lire Kant sur la
loi morale[2], Descartes sur l'existence de Dieu, Maine de
Biran[3] et Cousin[4] sur la liberté, afin d'y croire. Quant
à présent, ne songe pas à la conciliation des termes
opposés. Pour concilier, il faut des termes contraires,
en l'existence desquels on croie invinciblement. Or,
maintenant tu n'as qu'un terme, par conséquent ce qui
est à faire en ce moment c'est de poser avec conviction
le second.

Remarque en passant que cette loi de génération des
systèmes, dont tu t'es moqué, est fort simple. Elle se
réduit à ceci : avant de concilier et d'expliquer les oppositions, ce qui est le but de toute science, poser les

1. Gréard, *ibid.*, p. 146 : « Si j'osais entrer en lice avec toi, je
nierais que ce que tu appelles spirituel te représente réellement
quelque chose. Ce mot lui-même veut dire souffle, force, électricité.... Ta pensée franchit-elle le monde en moins de temps que
ce grand fluide? Agit-elle sur ton corps plus vite et par une puissance plus mystérieuse que le grand fluide sur la matière? Les
Cartésiens, les Malebranche, ne peuvent se décider à faire agir la
volonté sur le corps : qu'ils voient le fluide remuer les montagnes et qu'ils l'expliquent.... Craignons que cette grande querelle
du matériel et du spirituel ne soit qu'un malentendu.... Cette distinction rend inexplicable et inconcevable cette vie universelle, ce
grand fluide suspendu alors entre la matière et l'esprit pur. »

2. Voir p. 57.

3. Voir, dans les *Philosophes classiques du XIXe siècle*, l'étude
sur Maine de Biran.

4. *Ibid.* sur Victor Cousin.

oppositions. Toute opposition impliquant deux termes, poser les deux termes.

Or, de ces deux termes, tu n'as que celui qui se rapporte au naturalisme, au système de la nécessité, au matérialisme, à la doctrine du plaisir. Cherche donc l'autre, et diffère la lecture de Spinoza.

Prenons par exemple ton fluide. Comme il n'est ni pesant, ni tangible, tu crois en faire un intermédiaire entre la matière et l'esprit. Tu crois trouver là le nœud des choses; mais c'est que tu n'as qu'une idée incomplète de ce qui est matériel et immatériel. Réfléchis et tu verras, comme les physiciens, que tu le conçois comme étendu, composé de parties, de molécules élastiques et sans cesse en mouvement. Oseras-tu dire alors que le fluide ou le mouvement du fluide est ta pensée? Vois donc au moins les différences et les oppositions avant de chercher l'unité et les solutions.

Si tu dis que ton fluide n'est pas un assemblage ou une continuité de parties, mais une force, c'est-à-dire une substance une, agissante, comment comprendre qu'un être inétendu puisse donner ce mouvement à la matière qui ne peut être mue que par contact?

Mon cher ami, tu sautes par-dessus la science, faute de vouloir entrer dedans; tu dis : « je sais », afin d'être dispensé de chercher; et tu vois avec compassion mes études, parce que tu n'en sens pas la nécessité.

La philosophie est une science, comme la géométrie; et c'est la science la plus haute et la plus lumineuse de toutes ; mais elle n'est pas une courtisane ; elle sait de

quel prix sont ses faveurs ; elle ne les donne pas à tous,
tout de suite ; il faut une longue assiduité, et un sincère amour, pour les mériter et les obtenir.

C'est pour cela que je ne cesserai de t'exhorter à te
tourner vers elle, et à te faire son fidèle serviteur. Je ne
connais pas de joie humaine, ni de bien au monde qui
vaille ce qu'elle donne, c'est-à-dire l'absolue, l'indubitable, l'éternelle, l'universelle vérité.

2° Il faut maintenant que je me justifie[1]. Tu me reproches de poursuivre une chimère, et de négliger ce
qui est important, l'action, l'action politique, le travail
utile à l'humanité.

La vérité ne me fuit pas, j'en tiens le principe ; je
n'ai pas l'explication universelle, mais j'ai le principe de
cette explication et sans plus douter, ni flotter, j'avance
tous les jours dans la connaissance de la vérité. Je vois,
je crois, je sais. Je crois de toute la puissance de mon
être ; je ne puis pas ne pas croire, puisque toutes les

1. Gréard, *ibid.*, p. 149 : « Si tu étais un autre homme je dirais
que tu préfères les régions tranquilles d'une philosophie oisive....
Mais tu n'es ni d'un âge ni d'un caractère à sacrifier ainsi tes
croyances à ton repos ; et ce qui t'éloigne invinciblement d'un
pareil accommodement, c'est cet amour ardent et sincère pour la
vérité philosophique qui te transporte et éclate à chaque ligne de
tes lettres. Don Juan avait en lui cet amour pour la femme idéale....
Il est mort épuisé de fatigue, consumé de son insatiable amour.
Qui sait... si la doctrine que tu serres en ce moment dans tes
bras n'est pas une de ces imparfaites images qui ont abusé l'âme
avide de Don Juan.... Ta vie serait alors noblement perdue dans
une pure recherche et dans une grande illusion. Mais ce temps de
loisir, où les Don Juan pouvaient sans remords brûler ainsi leur
vie, est passé.... Dans la grande lice qui est ouverte, chacun doit à
son heure entrer, combattre et tenir ferme jusqu'au bout. »

certitudes logiques, psychologiques, métaphysiques se réunissent pour m'affermir dans l'absolue certitude où j'ai trouvé le parfait repos. Je ne puis pas croire que ma certitude me trompe, parce que sachant maintenant le principe et la cause de l'erreur, la méthode que j'ai suivie a été calculée nécessairement de manière à éviter d'elle-même l'erreur ; je ne puis pas être chassé de mes croyances par quelque contradiction avec un autre principe, puisque le mien est le seul que j'admette et dont je dérive tous les autres, puisque sa nature propre est la conciliation des contraires, puisque enfin toutes mes nouvelles recherches sur des sujets différents apportent de nouveaux soutiens à mes premières preuves.

Crois que j'estime assez ma vie et mon bonheur, pour ne pas les confier à quelque chose de fragile. J'ai voulu *plus* que de la géométrie et je l'ai.

Je ne veux pas me jeter dès à présent dans la vie politique ; je m'abstiens, et tu sais pourquoi ; je ne veux pas faire une action importante sans savoir au juste si elle est bonne ; je ne veux me jeter dans aucun parti sans savoir s'il a raison ; je ne veux défendre par mes écrits aucune doctrine, sans être convaincu qu'elle est rationnelle. Je dois donc avant tout étudier la nature de l'homme, les devoirs, les droits, la société, l'avenir de la race humaine, et ce vers quoi elle marche en ce moment. Quiconque est aveugle doit s'asseoir. En faisant ainsi, il est sûr du moins de ne nuire à personne.

Pour toi, homme étrange ! tu es si fort pressé de combattre, que tu veux t'enrôler avant de savoir quel

est le bon parti ; tu es si désireux de sortir de l'inutilité
et de l'oisiveté philosophiques, que tu veux courir la
chance de faire du mal. Est-ce là de la raison, et ne
sens-tu pas que plus tu as de force et de séduction dans
l'éloquence, plus tu peux être nuisible et funeste ? Que
seras-tu donc ? un esclave ; car j'appelle esclave quiconque agit par préjugé, passion, esprit de parti, et
n'obéit pas aux seules démonstrations du raisonnement.
Eh ! mon ami ! Si tu étais un homme vulgaire, un esprit
faible ou petit, un homme sans courage ou sans amour
de la vérité, je te dirais de suivre le torrent, de te livrer
à la chance, de faire comme cette foule d'aventuriers et
de niais où se recrutent tous les partis. Mais tu n'es pas
fait pour rester dans la foule. Tu en sortiras, et puisque
tu peux commander et conduire, il faut que tu
apprennes ce qui est le bien et le but. Veux-tu n'être
qu'une machine de guerre ? Et ne sens-tu pas de quelle
amère douleur peut-être un jour tu seras saisi,
lorsqu'après une bataille, vainqueur ou vaincu, parmi
tous les débris que les luttes politiques vont jeter à
terre, tu douteras de toi et tu te demanderas si tu as
bien servi la bonne cause, ou si tous tes efforts n'ont
abouti qu'au mal de ton pays. Voilà un doute horrible,
et plutôt que de m'y exposer, j'aimerais mieux m'abstenir pour toujours de toute action. Ne m'objecte pas qu'à
ce compte personne n'agirait jamais. Les masses igno-
rantes et brutales ont l'aveugle instinct qui les conduit
et qui sauve les États à travers toutes les révolutions. Il
n'y a point de milieu entre l'ignorance du paysan qui

vote selon l'intérêt de son champ et le bruit de son village, et la science du philosophe qui vote selon ses doctrines métaphysiques et ses opinions d'histoire. Entre ces deux limites extrêmes roule cette foule méprisable de demi-savants dogmatiques, qui ont l'ignorance du paysan et la confiance du philosophe; c'est de leurs rangs que sortent tous les ambitieux et tous les hommes dangereux; ce sont eux qui font tout le mal, parce que privés de l'instinct qui est aveugle, mais sûr, et de la science qui est infaillible, ils manquent de ce qui soutient les sociétés et guide les révolutions.

Rassure-toi sur mon compte ; mais aussi rassure-moi sur le tien ; cette ardeur d'action que je te connais fait effort en ce moment pour s'échapper. Tu n'as qu'un moyen de l'occuper et de la contenir, c'est de la tourner vers les choses de la pensée. La spéculation pure que tu crois si stérile est le principe de toutes choses. La pensée est la condition du développement de toutes les facultés humaines, et hors d'elles, point de salut. Comptes-tu pour rien le calme? Je sais ce que tu souffres ; cette activité impétueuse, cette fièvre de désirs ambitieux, sensuels, politiques, ces agitations sceptiques te rendent-elles heureux? Peux-tu vivre avec de pareils hôtes? Et quand il s'agit de leur partager la place et de leur fixer à chacun leur domaine, ne vois-tu pas qu'il faut avant tout, dans ton âme, allumer un flambeau?

Je reviens toujours sur le même sujet, mon cher Prévost, pardonne-moi et dis-moi sincèrement si je ne te lasse pas. Avec mon adoration pour les vérités de raison

et la confiance absolue que j'ai dans le pouvoir de
l'intelligence, je ressemble à un catholique qui ne sait
parler que de l'Église et de la foi. Mais, du moins, je
puis prouver ce que j'avance, et pour se mettre hors des
prises de la doctrine qui me possède, il faut s'être mis
en dehors de la raison.

Si tu savais quelle joie et quel repos c'est que de savoir combien l'âme s'étend et se met au-dessus des
événements, combien alors elle participe de la nature
absolue de l'Être ! Au moins, par amour de tes opinions
politiques, écoute-moi : tous les raisonnements que tu
vas faire sur le droit de propriété, d'association, la
nature du gouvernement, l'avenir de la France, tout
cela sera faible et sans valeur si tu ne remontes pas
plus haut. Veux-tu traiter les choses politiques comme
des questions d'amplification ou d'éloquence française ?
Mais tu n'es ni un sceptique, ni un rhéteur ; au contraire,
tu es un croyant, et tu crois même à la façon des catholiques, sans voir véritablement, ni savoir.

Un de mes anciens amis[1] vient de revenir d'Angleterre,
où il a vécu deux mois dans l'intimité de M. Guizot,
qu'il connaissait auparavant. Il en a rapporté des conseils par écrit sur les études préparatoires à la vie politique. Il faudrait que tu voies combien ces études sont
nombreuses et approfondies !

Si tu persistes à lire Spinoza, lis-le lentement et pru-
demment. Il n'est mon maître qu'à moitié. Je crois qu'il
a tort sur plusieurs questions fondamentales.

1. M. Cornelis de Witt.

A MADEMOISELLE VIRGINIE TAINE

Paris, 10 avril 1849

Je viens d'avoir cinq jours de congé à Pâques; le directeur[1] m'a fait appeler et de lui-même m'a offert la permission de découcher. Cela est très gracieux, n'est-ce pas? Il paraît que l'on m'a fait à l'École une réputation de travailleur et de philosophe et l'Administration m'en escompte d'avance les profits. J'ai donc passé ces cinq jours à la campagne chez mon oncle Alexandre, mais admire mon malheur: le choléra[2] ou plutôt une petite espèce de choléra bénin m'a pris et couché au lit pendant ces cinq jours.... Tu conçois combien j'ai dû m'ennuyer, je sortais de la vie la plus active, la plus travailleuse, la plus fertile d'idées qu'il soit possible d'imaginer, la vie d'école; il me semblait être descendu dans un caveau. Et ces projets que j'avais faits de concerts et de spectacle! tous tombés dans l'eau. Enfin aujourd'hui je vais mieux et je t'écris de l'École, où je suis rentré à peu près guéri. Presque tout le monde à Paris est indisposé de la même façon, de sorte que je ne me suis pas inquiété; ne t'inquiète pas non plus; je suis sain et intact en ce moment et j'ai payé mon impôt : le choléra ne m'enverra plus son huissier.

Ne montre pas ton goût pour les arts, la littérature, la science; garde ces choses en toi-même; là où tu es[3],

1. M. Dubois.

2. On sait qu'une violente épidémie de choléra sévit à Paris en 1849.

3. Mlle Virginie Taine était alors en villégiature chez des amis.

elles sembleraient ridicules; tu paraîtrais enthousiaste et romanesque. Écris-moi et parle-moi de tout ce que tu penses, je ne me soucie pas de nouvelles, mais de confidences. Dis-moi quels sont les mots et les phrases de Bracebridge-hall[1] que tu ne comprends pas, je t'en enverrai l'explication.

A PRÉVOST-PARADOL

Paris, 18 avril 1849

Je viens de lire ta lettre; je t'aime comme cela; écris-moi toujours ainsi, en t'abandonnant à ta pensée ou à ton sentiment; est-ce que ce n'est pas la meilleure marque d'amitié d'écrire tout, sans chercher à rien déguiser ni adoucir, sans crainte d'attrister, ou d'offenser?

Je te plains, mon pauvre ami; je pourrais te guérir; tu ne veux pas; je le désirerai toujours, mais je crains qu'il ne soit bientôt plus temps[2]. La politique va t'emporter; tu vas t'enrôler sous un drapeau; puis une fois dans la vie de l'action, comment pourras-tu revenir à la vie de la pensée? Le retour te sera fermé. Ne l'est-il pas déjà? Et n'est-ce pas cette ardeur pour la politique et

1. Par Washington Irving.
2. Gréard, *ibid.*, p. 150, 18 avril : « La philosophie qui fait ton repos, ne saurait faire le mien, tant je suis déjà mêlé aux choses de ce monde et engagé avant dans la vie.... Nos opinions diffèrent et nous nous brûlons nos Dieux l'un à l'autre. Philosophe, quelle main peux-tu me tendre sans dire : Voilà un matérialiste socialiste? Quelle main puis-je te tendre sans dire : Voilà un rêveur? »

l'action qui t'empêche d'étudier et de chercher une lumière? N'est-il pas déjà aveugle, celui qui nie le besoin de la lumière?

Quel malheur! Et combien j'en suis peiné! Que de choses perdues! Plus je relis tes lettres, plus je m'attriste; j'y vois l'âme la plus ardente, le cœur le plus généreux et le plus dévoué, les dons de l'esprit, **de la logique**, du style, tout ce qui fait l'homme le plus aimable, le plus estimable, le plus capable. A quoi bon tout cela? A faire ton malheur. Regarde, mon ami, combien tu es déjà malheureux; combien cette ardeur pour l'action, cette sensualité de désirs, cette fougue irréfléchie qui erre de tous côtés, ne sachant où se prendre et cherchant à se fixer, combien tout cela affaiblit ton corps, ta volonté et ta pensée. Tu ne peux pas espérer le bonheur de cet ami dont tu me parles; tu étais son maître; tu as été au fond du scepticisme avec moi; nous en avons rapporté une goutte de liqueur empoisonnée, qui flétrira toutes nos croyances, et ne pourra trouver son remède que dans la science absolue. Tu ne veux pas du remède; eh bien! je te jure que la maladie te suivra, et que tu auras beau t'étourdir, elle te prendra à la gorge au milieu de tes efforts les plus passionnés pour le service de tes opinions chéries. Ne te souviens-tu pas que nous avons poussé le doute jusqu'aux extrêmes limites, que nous avons tout nié, patrie, devoir, pensée, bonheur, et que nous avons triomphé dans la destruction[1]? Ce n'est pas impunément qu'on prend

1. Voir p. 25 : Introduction de *la Destinée humaine.*

une telle nourriture. On y gagne un esprit trop haut pour se laisser prendre aux appas qui captivent les hommes; à moins de te détruire toi-même, tu sentiras toujours du mépris pour les grossiers tribuns avec qui tu veux t'allier; tu te sentiras toujours du doute pour des opinions fondées sur de pures probabilités comme celles que tu m'exposes. Et, en supposant que tu t'enfonces entièrement dans ces convictions, ne serait-ce pas encore un plus grand malheur? Perdre la vue de la lumière, descendre au niveau des autres hommes, devenir une simple machine au service d'une passion personnelle, ou d'une opinion étrangère, perdre la liberté, car la seule liberté est dans la pensée, ce ne serait plus vivre, j'aimerais autant être mort.

Quand je pense à ce que tu es, je vois tout en toi, hors la volonté. Que de choses tu as et dont je manque. Que je changerais volontiers mon bagage contre le tien, en gardant seulement de tout ce que je possède, la volonté d'user de mon nouveau lot! Considère que je n'ai jamais rien fait que par la volonté et l'intelligence, parce que la nature était en moi mauvaise et rebelle, que je n'ai compris les arts que par la pensée, et le beau que par la philosophie et l'analyse. Pour toi tu as la nature bonne; tu as une nature d'artiste et d'orateur outre la nature de penseur qui nous est commune. Nul de tous ceux que j'ai connus dans mes classes, n'avait des dons pareils, et n'avait senti avec cette profondeur: comprends par là combien je tiens à toi, combien je souffrirais de te voir tomber dans l'erreur, le malheur ou l'impuissance, combien sur toi je fonde d'espérances. Ne les renverse pas. Il y a si peu de gens qui *peuvent*! Faut-il donc que ceux qui *peuvent*, ne *veuillent* pas!

Je serais bien heureux si je savais quel secours peut te retirer de l'abime où tu enfonces et où tu sens le terrain te manquer tous les jours; que puis-je, sinon te donner mon exemple? car tu me croiras et tu ne mettras pas ma sincérité en doute. Sache donc que j'ai les mêmes sujets de tristesse que toi, de plus grands peut-être, qu'ici et nulle part je n'ai personne pour me comprendre, tandis que tu avais deux amis, que je lutte, que je souffre, que je travaille seul, et que cependant je suis tranquille. La sérénité de la pensée finit par apaiser les orages de l'âme; la hauteur où elle vous porte permet l'indifférence et le mépris, sans détruire la sympathie et le désir. Que puis-je te dire après cela? Car sans doute, ce que tu souhaites, c'est le bien, le bonheur; tu ne l'as pas; et moi, je te dis où il est, non pas par des raisonnements, tu les méprises, mais par expérience, avec des preuves sensibles.

Que veux-tu de plus? Pourquoi ne réponds-tu rien aux prières, aux raisonnements dont je charge mes lettres? Dois-je croire, comme Spinoza, que « quelquefois une passion s'attache à l'âme de l'homme avec tant de force, qu'il est impuissant à la chasser »?

Pardonne-moi de revenir tant de fois à la charge; tu en sais bien la raison; c'est que je t'aime; et je crois que cette amitié est de l'espèce la meilleure et la plus forte, puisque ce que j'aime en toi, c'est ton excellente nature que ta faiblesse essaie en vain de gâter. Ne crains pas que cet attachement puisse être altéré par la contrariété de nos opinions; si je t'exhorte tant à passer dans mon camp, sur ma parole, c'est moins pour jouir du plaisir de notre concorde, que pour te voir arriver au point où tu mérites d'arriver, je veux dire à la vérité! D'ailleurs, au fond tu ne seras jamais bigot de tes doctrines; je te dis que tu as le scepticisme au cœur, et que tu le conserveras, cet hôte importun, jusqu'à ce que tu veuilles m'imiter. Ne te souviens-tu pas de cette promenade que nous avons faite ensemble, il y a trois mois, de tes confessions et des miennes. O socialiste, quel étais-tu alors? Ne m'avouais-tu pas qu'avec le vulgaire tu étais dogmatique, mais qu'avec moi tu reconnaissais toutes tes croyances pour probabilités? D'où vient que ces fragiles abris dont tu te riais avec moi sont tout d'un coup devenus des édifices invincibles, capables d'abriter toute ta vie et de couvrir l'humanité? Ne te souvient-il plus que tu ne marches que sur le provisoire? Veux-tu me traiter comme un N...? Quant à moi, je ne te traiterai jamais comme un matérialiste ni comme un socialiste; je sais ce qu'il en est et tu ne me tromperas pas. *Tu es un sceptique et tu ne crois que provisoirement.*

Avec toi, je n'agis pas ainsi; ici je me tais, je me cache; je dissimule ma foi, elle me ferait moquer et persécuter; je poursuis l'œuvre en silence, et, comme un mineur, je fouille toujours plus avant, et je tombe dans des puits nouveaux. Je saurai, je croirai! Je sais déjà et je crois! Ah! si tu voulais! Si tu avais la raison de retarder ta vie politique, d'attendre jusqu'à ton entrée à l'École, et là de travailler avec moi! Je n'en désespère pas encore; aujourd'hui tu m'écris malade de corps et d'esprit. D'ailleurs, pourquoi m'accuser d'être un spéculatif et un rêveur? Crois-tu que je veuille dévouer ma vie entière à la connaissance pure? L'action aura sa part, mais en son temps, et quand je saurai comment agir, la philosophie sociale sera pour moi un commentaire et un corollaire de la philosophie de l'histoire et de la métaphysique. Ne sais-tu pas que M. Proudhon, le grand socialiste, a commencé par là et que sa *Banque du peuple* n'est que la conclusion scientifique d'une démonstration?

Encore un mot : tu as bien souffert en entendant ton jeune ami dire : « Qui sait si en mourant je n'appellerai pas un prêtre? » Avec tes opinions chancelantes et probables, es-tu sûr que tu n'en feras pas autant?

Ne ris pas. M. Gratry, élève des plus distingués de l'École polytechnique, ayant obtenu le prix de philosophie au concours, adepte passionné de Saint-Simon pendant longtemps, s'est fait prêtre catholique. Il est notre aumônier maintenant.

Cela est terrible à penser, n'est-ce pas? Oses-tu bien à présent rejeter la philosophie, et ne pas chercher ses démonstrations? Tant que sur ta table tu n'auras pas ce bréviaire invincible, je veux dire la géométrie des choses, je ne réponds ni de toi, ni de moi, ni de personne! La science est une ancre qui fixe l'homme; qui ne l'a pas, peut être poussé aux écueils qu'il redoute le moins.

Adieu, et écris-moi le plus que tu pourras. Je te parlerai de ma philosophie quand tu voudras. Mon Dieu n'a rien de commun avec le Dieu-bourreau du christianisme, ni le Dieu-homme des philosophes de second ordre. Il est le positif absolu, c'est-à-dire la réalisation une et complète de tout l'être, et tout en lui et hors de lui est nécessaire comme lui.

Si ceci peut t'attirer à mes opinions, je te dirai que comme toi je crois à la légitimité des passions et à l'identité des lois du monde, et des lois de l'humanité et de la pensée. Seulement il faut s'entendre.

Courage! et reporte sur moi un peu de l'affection que tu avais pour cet ami que tu as perdu.

Quant au jeune homme dont tu me parles, la première fois que je le verrai, je prendrai par écrit les conseils de M. Guizot.

AU MÊME

Paris, 1er mai 1849

Mon cher ami, puisque tu es décidé à te faire imprimer tout vif[1], et que tu ne réponds pas à mes objections, je

---

1. Gréard, *ibid.*, p. 154 : 27 avril. Le travail projeté qui avait pour titre *Conseils à un jeune homme; Du choix d'un parti*, fut imprimé en 1851; il est signé Lucien Sorel.

te considère comme tombé dans l'impénitence finale. Ainsi, mon cher damné, je t'accepte comme tel; et je vais causer avec toi comme si tu étais définitivement dans l'enfer, je veux dire dans le socialisme.

Tu me montreras ta prochaine publication avant de la donner aux journaux; j'y compte. Tu sais que quatre yeux valent mieux que deux pour regarder, et que celui qui n'a pas composé l'ouvrage voit peut-être plus distinctement que celui qui s'est ébloui la vue à en limer toutes les parties. Je te dirai d'avance tout franchement que je crains un défaut. Tu te souviens de l'adresse de M. Baudrillart[1] à la jeunesse; cela était chaleureux, travaillé, sérieux; mais cela sentait la rhétorique, l'académie; un soin trop attentif de la forme, un trop grand désir de mettre quelque chose de dramatique dans le récit, gâtait cette bonne composition et lui donnait l'air d'une œuvre d'écolier. Je soupçonne par ta lettre que tu cours le même risque : cette forme littéraire, animée, savante, ces discours alternatifs des deux partis, ce rôle de conseiller que tu prends, cette recherche du bon style! Je crains que ta composition ne soit meilleure pour l'École normale que pour la presse. La presse demande moins d'art, moins d'ornements; elle veut un style d'affaires, ou de science logique.

Il faut prendre garde à ton premier pas. Ne t'ai-je pas dit que, dans ton dernier travail sur M. Michelet, il y avait quelque chose qui sentait encore un peu trop le

1. Baudrillart (Henri-Joseph-Léon), économiste, membre de l'Institut, né à Paris en 1821, mort en 1892.

travail des classes? Cette belle phrase, imitée de Rousseau, harmonieuse, riche, élégante, ces longs et heureux développements sembleraient déplacés. Dans le temps où nous sommes, les paroles sont des actions, et l'on ne veut pas de fleurs au bout des baïonnettes. Ote toutes les tiennes, si tu peux. Prends une forme moins belle, plus brusque, plus sèche, plus frappante, moins digne d'un artiste, plus digne d'un pamphlétaire. Réussis, il le faut. C'est le seul moyen que j'aurai pour me consoler de ta résolution. A la place du silence que tu me refuses, donne-moi la victoire.

Tu pardonneras tout ceci, j'espère; tu sais bien que je te dis tout, aussi librement qu'à moi-même, et que je ne t'aime jamais plus que quand tu en fais autant pour moi.

J'ai à peine eu le temps, lors de notre dernière rencontre, de te dire quelques mots. Une lettre est bien courte, et je n'ai pas le temps maintenant de les faire longues. Néanmoins, je veux entamer avec toi un sujet de conversation, la politique.

Je suis majeur depuis huit jours, et je ne vote pas, quoique je le puisse. Je m'en trouve incapable, et voici pourquoi :

Je n'ai que deux opinions fermes en politique : la première est que le droit de propriété est absolu, je veux dire que l'homme peut s'approprier les choses sans réserve, en faire ce qu'il veut, les détruire une fois qu'il les possède, les léguer, etc.; que la propriété est un droit antérieur à l'État, comme la liberté individuelle;

que l'homme possède les choses absolument et dans leur fond, et non pas seulement la valeur qu'il leur a donnée. La seconde est que tous les droits politiques des citoyens se réduisent à un seul, qui est celui de consentir à la forme de gouvernement existante, soit explicitement, soit tacitement ; que, par conséquent, toutes les formes de gouvernement sont indifférentes en soi, et n'empruntent leur légitimité que de l'acceptation de la nation.

Hors de là, je ne connais rien du tout. Par suite, je suis incapable de voter pour deux raisons :

La première est que, pour voter, il me faudrait connaître l'état de la France, ses idées, ses mœurs, ses opinions, son avenir. Car le vrai gouvernement est celui qui est approprié à la civilisation du peuple. Il me manque donc un élément empirique, pour juger du meilleur gouvernement actuel. Je ne sais ce qui convient à la France. Et conséquemment, je ne puis voter ni pour la république, ni pour la monarchie, ni pour le suffrage universel, ni pour le suffrage restreint, ni pour M. Guizot, ni pour M. Cavaignac, ni pour M. Ledru-Rollin.

La seconde est que, quand même je saurais ce qui convient à la France, j'ai trop peu de connaissance du mérite, de la probité, des opinions des candidats pour pouvoir choisir entre eux. Il n'y a pas longtemps que je suis des yeux la vie politique, et, de tout ce que j'ai lu et vu, je n'ai recueilli qu'un chaos de jugements contradictoires qui me laissent dans un doute complet.

Donc, je m'abstiens.

La passion ne peut, à défaut de la raison, me pousser

vers aucun des deux partis. D'abord, tu sais que je ne fais rien par passion. Ensuite, je te déclare que les deux partis me révoltent et me dégoûtent. Il me semble voir un tas de misérables idiots, ivres et furieux, qui remuent à pleine pelle et se jettent les uns aux autres les mensonges et les ordures. Toute ma nature de philosophe et d'artiste se soulève ; je vomirais de dégoût, si je ne riais de mépris. Et je me demande souvent si le *Peuple* n'est pas un journal inventé par les réactionnaires, et le *Constitutionnel* une feuille payée par les socialistes.

Je sens bien que l'un est le parti du présent, l'autre le parti de l'avenir. Mais, à voir ces deux troupes de gueux fanatiques patauger à qui mieux mieux dans des tas de boue, je ne sais ce qu'il y a de bon chez les uns, ni chez les autres. Au milieu de tous les arguments qu'ils se jettent à la tête, je cherche des raisons, je ne vois que des déclamations et des banalités. C'est une guerre entre ceux qui veulent laisser les autres mourir de faim et garder tout pour eux, et ceux qui tâchent de voler ceux qui ont quelque chose. Donc, laissant là les prédicants de guerre civile, je me rejette dans la science pure, persuadé qu'il y a du bon et dans le présent, et dans l'avenir, dans le présent parce qu'il existe, dans l'avenir parce qu'il sera ; décidé à le chercher aussitôt que je le pourrai ; étudiant pour cela ; approfondissant la philosophie et l'histoire pour arriver à la science sociale, et tâcher de déterminer ce qui est bon et durable dans notre état de choses, ce qu'il faut y changer, ce que m'apportera l'avenir.

Je me tais et j'apprends.

Adieu, porte-toi bien, mon pauvre malade de corps et d'esprit.

Si tu écris à Planat, dis-lui que j'irai jeudi, vers une heure chez lui, lui porter réponse moi-même. Ma lettre serait trop courte, et, d'ailleurs, j'ai trop peu de temps.

Farewell. Remember Paul-Louis Courier; non quæ sapiat, dictio, sed quæ feriat.

———

AU MÊME

Paris, 10 juillet 1849[1]

Mon cher Prévost, j'ai été longtemps sans t'écrire pour deux raisons. Ma mère est revenue pour quinze jours à Paris, et je passais mes jours de congé avec elle. Le reste de la semaine était occupé par la préparation de la licence.

Nous serons présentés dans huit jours[2]. Ah! mon cher, quelle corvée! Quelle indigestion j'ai! Je suis occupé en ce moment à apprendre la date de la naissance et de la mort des auteurs, celle de leurs ouvrages, à faire des analyses et des comptes rendus, à étudier grammaticalement les textes, à me fourrer dans la cervelle le sens d'une quantité de mots que je ne connaissais pas, enfin à me munir de toutes les *ficelles* qui font mouvoir ces vieilles marionnettes universitaires! C'est

1. Gréard, *ibid.*, p. 158, 11 juillet.
2. A l'examen de licence. Voir pages 110 et 116.

une besogne d'écolier de septième, c'est pourtant là
l'objet de nos études de première année; à en croire
M. Dubois, c'est de cela seul que nous devons nous occuper. C'est pour cela qu'on nous accable de compositions préparatoires, toutes faites dérisoirement. En
thème grec nous composions en commun, nous inter-
rompant de temps en temps pour bêler, miauler, hen-
nir. L'étude était devenue une vraie ménagerie, en
philosophie de même. Ce sont le plus souvent des questions absurdes. Sache maintenant que M. le Directeur
nous fait dire qu'il étudie particulièrement les compositions, et y recherche les qualités intellectuelles et
morales (c'est sa phrase) de chacun de nous !

Tu es sans doute dans le même malheur. Thème
grec, vers latins, dissertations et discours, sotte pâture
de rhétorique, quelle figure cela fait auprès de la politique que tu aimes, et de la philosophie que j'étudie!
J'espère pourtant que tu as du courage. C'est une dro-
gue amère à avaler. Et il faut que tu l'avales, puisque
le professorat est ta vraie carrière et ta vraie ressource,
puisque la vie de cloître pourra seule te donner les réflexions et les connaissances dont tu as besoin pour ta
politique, puisque tu es chef de famille [1] et que tu as
besoin d'être placé dans le monde pour donner la main
aux tiens.

C'est en vérité une étrange chose que la vie humaine.
Tant de travail, de tristesses, de dégoûts, de contraintes,

1. M. Prévost père était âgé et malade, et Prévost-Paradol avait
une sœur plus jeune que lui.

pour aboutir à quoi? à un état qui en aura tout autant. Répéter tous les ans le même cours, vivre avec des enfants ou des jeunes gens, se renfermer dans un programme fixé, ne pouvoir approfondir rien, ne pouvoir rien hasarder en fait d'opinions dans une classe, avoir à ménager et son parti et ses adversaires, être mesquinement rétribué, voilà le professorat. Et pourtant cela vaut mieux encore que tout autre emploi. Militaire? C'est une servilité désœuvrée. Juge, homme d'affaires, avocat, notaire, avoué? C'est un tracas de petites affaires, de questions d'intérêt, de misérables petites disputes particulières, qui raffinent l'esprit et rétrécissent le cœur. Commerçant? c'est la même chose. Au moins étant professeur je suis libre, hors huit heures par semaine; quand je professe, je m'occupe de choses de pensée, élevées et dégagées de toutes les mesquineries de la vie pratique, et le reste du temps est à moi. Heureux les riches! ils n'ont pas cette servitude que je m'impose. Ils n'ont pas besoin de vendre un quart de leur vie pour racheter l'autre de la misère et se livrer aux exercices virils de la pensée et de l'action. Forcé de me vendre, j'ai vendu de moi le moins que j'ai pu. Je tâcherai de vivre avec ce qui me reste.

Il n'y a que trois vies au monde : la pensée pure ou la philosophie; la politique, ou l'action, c'est-à-dire la mise à exécution de la pensée dans l'ordre du Vrai; l'art, c'est-à-dire la mise à exécution de la pensée dans l'ordre du Beau. Qu'heureux est un homme de pouvoir se donner dès l'abord à l'une de ces trois vies! — Nous tous, nous sommes obligés de marchander, de transiger, de nous partager entre Dieu et le diable. « La qualité, dit La Bruyère, met d'abord un homme en passe ; c'est trente ans qu'elle lui fait gagner. » Tu dois me trouver bien aristocrate ; ce n'est pas avoir les goûts populaires, que de haïr ces carrières ordinaires où l'on est pour sa part utile au genre humain. Hélas ! oui, mon cher. Que veux-tu ? Plus j'entre dans la vie réelle, plus elle me déplait ; plus les hommes que j'y vois me semblent amoindris et rapetissés par leurs fonctions et leurs habitudes ; plus je souhaite l'indépendance. Mais mon malheur, c'est d'avoir les désirs plus hauts que l'esprit, je me déplais autant que les autres ; je sens que je suis et que je serai toujours petit, tout petit ; qu'on a beau cultiver un sol ingrat, on n'en peut tirer que ce qu'il contient ; j'ai donc un fonds de tristesse permanent et nécessaire ; et ma seule consolation est la pensée que tout cela n'est qu'un jeu de quarante ou cinquante ans, tout au plus encore, qu'au bout de tout cela est le repos, l'éternel sommeil, j'espère, et qu'on peut bien s'agiter un peu sur la route quand on a à l'hôtellerie un si bon lit pour vous recevoir.

Pourquoi ta brochure[1] ne paraît-elle pas ?

1 Voir Gréard, *ibid.*, p. 157-158.

AU MÊME

Paris, **18 juillet 1849**

Je prévoyais ta lettre[1] ; comme je m'y attendais, les difficultés au parti extrême que tu me proposes[2] ne viennent que de toi. Je n'ai rien à te dire là-dessus ; on ne peut changer un homme. Pourtant, je ne sais si tu t'examines bien toi-même. Tu te fais des monstres d'une condition qui n'a en soi rien d'horrible, qui a été celle de beaucoup de nos camarades, et que tu pourrais supporter, je crois, sans trop d'efforts de volonté, ni de souffrances d'orgueil.

Il n'y a rien de honteux à donner des répétitions à des jeunes gens, à leur prouver que leur professeur au collège ne sait rien, à leur montrer quelle quantité de travail il leur faut pour en arriver au point où l'on en est soi-même. Tout dépend de la manière de s'y prendre ; j'ai vu les uns bafoués parce qu'ils n'avaient ni instruction, ni gravité, ni intelligence ; les autres, qui avaient gardé leur sérieux et montré aux élèves leur ignorance, les conduisaient comme des moutons. Un maître d'études est serf ; un maître de répétitions est seigneur.

Pour la volonté, tu te fais tort à toi-même. Quoi donc, mon ami, avec ce caractère si ferme et si dis-

1. Gréard, *ibid.*, p. 162, 16 juillet : « Quant à rester chez M. Bellaguet comme répétiteur, je ne le ferai pas..., mon orgueil serait blessé. Reste l'unique alternative de m'engager ou de passer ma vie si obscurément que ce soit, jusqu'à ce que je m'élève ou que je meure. »
2. En cas d'échec à l'École normale.

posé à l'opposition, tu ne pourrais prendre une décision forte ?

Nous avions si souvent parlé du plaisir de faire sa volonté envers et contre tous et soi-même, que je croyais que tu l'avais ressenti. — Mais laisse là la volonté, et calcule seulement l'avantage, le plaisir, l'utilité. Une fois entré à l'École, c'est une vie tranquille, un repos assuré, une instruction solide, un grand perfectionnement de ton esprit, un moyen de t'élever dans le monde sans craindre toutes ces misères qui sortent d'en bas et nous prennent à la gorge. Ce n'est d'ailleurs que la continuation de travaux désagréables, il est vrai, mais que tu supportes depuis deux ans ; les quitter serait perdre ce que tu as déjà gagné. Enfin tu ne te les donnerais que comme tâche et pensum, le reste de ton temps s'emploierait à la philosophie et à la politique. — Pose en regard l'autre vie. Point d'avenir d'abord ; une impasse, des luttes de plume pour en sortir, tous les dégoûts et toutes les misères littéraires ; des ennemis puissants ; pas d'instruction suffisante, d'où une faiblesse nécessaire, et peu de chance de te distinguer. Car il ne suffit pas de bien écrire et d'avoir des pensées originales ; pour devenir quelque chose, il faut savoir et avoir réfléchi. Ensuite il est certain que, dans cette petite position que tu désires, tu aurais plus de travail machinal et désagréable qu'à ta pension. Aimes-tu mieux chiffrer, copier, faire des expéditions, tenir des comptes, que de lire du latin, d'étudier du grec et de la grammaire ! Mon Dieu ! jusque dans ces basses fosses de la littérature, tu vis avec les grands auteurs, et tu apprends le grec et le latin. — En résumé, de ce côté moins de travail peut-être, et un travail moins désagréable, et des effets infiniment meilleurs. La balance ainsi établie, il n'y a qu'à savoir compter, la conclusion est claire.

Suckau passe sa licence; j'ai grand'peur pour lui, non pas tant pour son latin, que j'ai à peu près purgé de fautes, mais pour son style obscur et pâteux. — Pourquoi te désespérer, toi qui écris d'une façon si originale, si pénétrante et en même temps si riche et si ornée?

Je me souviens d'avoir vu de tes vers de rhétorique, et de tes dissertations. Sauf quelques fautes grossières, combien cela était au-dessus des platitudes dont on assassine les malheureux professeurs! Je me rappelle ce vers, presque digne de Lucrèce, tant il est rude et frappant :

Quumque hoc obscurum mare et arctum littore nullo
Mortem, aliquis nostrum intravit sociosque reliquit.

Vois-tu, il y a deux degrés dans le latin. Les plus forts recherchent les élégances, les tournures conventionnelles, les mots rares, enfin tout ce qui est la fine fleur des assaisonnements de concours. Les autres, et tu en es là, savent le sens des mots simples et usuels et, pensant simplement, écrivent encore avec une force et une correction suffisantes; tiens-t'en là. Et tu pourras écrire sans faire de fautes, parce que tu n'auras pas de longues phrases à queue à dérouler, ni de constructions compliquées à édifier.

Je compose aujourd'hui en vers latins et en thème grec. C'est la journée la plus rude. Les sujets de nos deux dissertations n'étaient pas trop absurdes :

1° *Quis usus sententiarum in historiis esse debeat.*

2° Jusqu'à quel point les anciens pouvaient-ils écrire l'histoire universelle et en concevoir le plan?

Demain et après-demain sont les examens oraux. Cela dure une heure pour chacun.

Je suis content de ce que tu me dis pour ta brochure. Allons, bonne chance ; tu vas débuter à la fois et pour le monde et pour l'École. Puisses-tu réussir des deux côtés. — J'espère être reçu à la licence ; mais ne laisse pas de me souhaiter bonne chance de ton côté.

Ton maître d'études est-il capable d'être reçu ?

AU MÊME

Paris, 21 juillet 1849

Mon pauvre ami, je compatis de tout mon cœur à ta peine[1]. Mais me serais-je jamais imaginé qu'elle serait si dure? Je croyais que tu l'aimais pour son esprit, te réjouissant de voir une noble nature croître et se développer par toi et sous tes yeux. Que faire contre un malheur semblable? Si tu continues, je trouverai en toi la vie de Rousseau ton maître : son talent, peut-être ses passions, et surtout ses douleurs. Hélas, j'ai fait en vain tout ce

---

1. Prévost-Paradol avait perdu un ami très cher. — Ses dernières lettres de 1849 n'ont pas été publiées par M. Gréard.

que j'ai pu pour te placer dans le tranquille asile de la réflexion solitaire, et te communiquer ce calme qui suit d'une vie réglée, d'un amour ferme et patient pour la science, du culte des arts, de l'admiration de la nature. J'ai fait tout pour me pacifier, tu fais tout pour te troubler. Puisses-tu être moins malheureux que ne le promet ta nature! Puisses-tu du moins, avec tous ces malheurs, déployer tout ce qu'il y a en toi de talent et de forces, et être grand si tu n'es pas heureux! Si la gloire et la puissance ne viennent pas te consoler, comme elles ont fait à ton maître, je te plains. Peut-être aussi que ces longues tristesses, ces inquiétudes, ces flux et reflux de passion augmenteront, comme à lui, ton éloquence, et que, comme lui, du milieu de la souffrance, tu tireras la grandeur.

J'étais comme toi quand je cherchais un ami et que je t'ai trouvé, je suis encore tel que j'étais, et j'éprouve les mêmes sentiments que toi. Je voulais quelqu'un qui me complétât, qui eût les qualités que je n'avais pas, qui pût faire les choses dont j'étais incapable. La nature humaine est si misérablement imparfaite, qu'il faut rassembler de tous côtés des hommes choisis pour former avec eux tous un homme vraiment digne d'estime et qui présente l'image telle quelle de la perfection. Juge de ma tristesse en te voyant ainsi souffrir et te consumer; et excuse mes éternelles instances, mes exhortations au courage, et ce ton de prédicateur qui revient si souvent dans mes lettres. J'ai un droit sur toi, c'est mon bien que tu me voles en le laissant dépérir. Il y a en toi

quelque chose de moi-même, un quelque chose qui
complète ma nature, auquel je tiens comme à mes
propres qualités. Avec quelle joie je verrais ce quelque
chose croître et se déployer comme il le peut et comme
il en est digne! Si tu savais, mon ami, combien l'esprit
et la noblesse de cœur sont choses rares au monde, tu
aurais pitié de toi-même et tu respecterais ces trésors
sacrés qui sont en toi. Voilà dix ans que je roule dans
les classes; et je t'ai trouvé seul; peut-être y a-t-il ici
un autre jeune homme d'un esprit égal au tien; pour
son âme, je ne la connais pas. Voilà tout. Quand je vois
l'impuissance et la sottise universelle, les petites va-
nités et les petites capacités qui foisonnent dans le
monde, les ignorances et les préjugés infinis, et que je
me retourne ensuite vers les deux ou trois personnes
que j'estime pleinement, je ressemble à un homme
qui, au Musée, se détourne avec dégoût de tous ces
misérables barbouillages insolemment étalés, et se rejette avec ardeur et amour vers les deux ou trois tableaux
des vieux maîtres, que les nouveaux n'ont pas encore
cachés.

Écris-moi souvent ainsi, et dis-moi tes peines. Contraint comme tu l'es, ce sera un soulagement. Pour
moi, c'est la plus grande marque d'amitié.

Y a-t-il quelque chose encore qui puisse te reposer et
te pacifier l'âme? Je l'espère; Platon, et la campagne
doivent le pouvoir encore. Si cela est, le premier point
est de vouloir guérir! Il sera facile de redevenir homme
au milieu de toutes les souffrances et de toutes les lan-

gueurs. La chose est triste à dire. Mais il ne faut compter que sur soi dans ce monde; les amis vous manquent; la maladie les enlève, l'éloignement vous les rend tout changés; la politique vous les aliène[1]. C'est la plus douce chose du monde et le seul asile dans cette vie orageuse et incertaine que nous mènerons; mais il faut pouvoir se suffire et vivre encore quoique seul. L'homme resté seul a encore l'étude, les arts, la nature, et l'infini, chose qui seule peut épuiser cette faculté immense d'aimer qui est dans son âme. Aussi la philosophie est-elle une grande maîtresse d'amour; c'est encore une grande maîtresse de résignation. Quand j'ai une vive souffrance je m'occupe à considérer le mouvement général du monde, et j'oublie mon petit moi en pensant à l'universel, ou du moins en songeant que tout cela finit, et que dans trente ou quarante ans nous irons tous dormir.

Adieu.

Je suis reçu licencié le second; E. de Suckau est reçu.

AU MÊME

Paris, 24 août 1849

Mon cher, tu es admissible le 38e. Il y en a 38 d'admis[2].

C'est avec grand'peine que tu es parvenu à ce mau-

---

1. C'est en effet la politique qui a distendu plus tard l'étroite liaison des deux amis.

2. Voir Gréard, *ibid.*, p. 2. M. Prévost-Paradol, reçu le dernier, fut classé second à l'examen de licence et, en troisième année, il était le chef de sa promotion.

vais rang. Un élève a entendu la dispute violente qui s'est engagée à ton sujet, M. Vacherot te soutenant, tous les autres t'attaquant.

M. Vacherot m'a parlé de toi aujourd'hui. Il désire que tu viennes le voir demain samedi de midi à 1 heure et demie. Il veut te parler de tes examens passés et futurs. — Prends garde à toi. L'administration a su que tu avais expédié toutes tes compositions en trois heures. On a pensé que tu agissais ainsi persuadé que ton prix d'honneur[1] forçait les correcteurs à te recevoir : ce qui a paru une marque d'orgueil et d'exigence et a indisposé contre toi. Voilà le mal, mon pauvre ami ; il ne faut pas considérer seulement ce qui est bien en soi, mais les jugements des autres dont nous dépendons.

Tu es dans un des moments décisifs de ta vie. L'emploi que tu feras de ces deux mois décidera de ton avenir, et, non seulement de ton état et de ton métier, mais de ton instruction, et de ta valeur politique et philosophique. Car à moins d'être ici au cloître, tu n'étudieras pas sérieusement.

Si tu es un homme et non une femmelette, tu comprendras que qui veut la fin veut les moyens ; et qu'il n'y a pas de fin préférable pour un homme, ni de bien qui l'emporte sur la connaissance positive et la tranquillité personnelle. Je te le déclare sur ma conscience, il s'agit pour toi d'être un rhéteur, un sophiste, un ignorant, un journaliste à la feuille, un malheureux inquiet,

---

1. Prévost-Paradol venait d'obtenir au grand concours le prix d'honneur de philosophie.

tourmenté ; ou bien un orateur, un philosophe, un homme sérieux et instruit, digne de parler aux autres et de les gouverner.

Voilà pourquoi il faut, tous les jours de ces deux mois, faire des versions grecques et latines, et apprendre les précis d'histoire. Tout ceci ne touche que toi, et ne s'adresse qu'à ton intérêt. Mais songe encore à ce que te demande ton ami et à ce que tu dois à ton père. Si tu n'as pas le courage de faire ce qui est bon à toi-même, sois du moins assez généreux pour songer à ta famille et pour te souvenir que ton bien m'est aussi précieux que le mien.

Adieu, ma lettre ne partirait pas si je t'en disais davantage. Demain, quand tu viendras, nous causerons.

AU MÊME

Vouziers, 11 septembre 1849

Cher ami, il pleut aujourd'hui ; veux-tu que je reprenne l'entretien à l'endroit où nous l'avons laissé il y a douze jours ?

Selon moi, tu as une fausse opinion sur le principe des droits des particuliers et de l'État. Tu crois, comme Rousseau, que les droits des particuliers ne sont que de simples conventions, et qu'il n'en existe aucun en dehors de ceux qu'établit la volonté du peuple.

Toi, comme M. Jacques[1], mon cher ami, vous êtes

1. Jacques (Amédée-Florent), philosophe, né à Paris en 1813, entré

des tyrans. Ta maxime justifie la tyrannie de la foule ; la sienne celle des minorités. Tu détruis l'individu, lui, l'État.

Selon moi, tout acte humain en général est chose sainte et sacrée, c'est-à-dire que pour aucun motif on ne doit le détruire, en d'autres termes, en empêcher l'accomplissement. La règle générale de la morale est de faire toujours le plus grand bien et de sacrifier le plus petit au plus grand. Mais les actes humains sont des biens de telle sorte, qu'ils sont absolument inviolables et ne peuvent être légitimement empêchés ou détruits, quand, de cet empêchement, il suivrait un très grand bien. Cette inviolabilité des actes humains est le principe de ce que nous appelons droit.

Admets-tu cette opinion qui n'est autre chose que l'affirmation de l'inviolabilité de la liberté humaine? Si tu la rejettes, je t'en enverrai une autre fois la démonstration. Aujourd'hui je me contente de la poser.

Il suit de là que la liberté de parler, d'écrire, d'imprimer est un droit; il suit de là que la vie et la propriété de chaque particulier sont choses inviolables, et qu'il a également le droit de les conserver. Ces droits, comme tu le vois, se tirent non pas d'une convention entre les membres de l'État (puisque nous n'avons pas supposé pour les établir l'existence de l'État), mais simplement de la nature humaine, considérée en soi.

Maintenant d'où sortent les droits de l'État? L'État, je

à l'École normale en 1832, décédé à Buenos-Aires en 1865, fondateur de la *Liberté de penser*, où il écrivit de nombreux articles.

crois que tu l'accordes sans peine, est **un être** ou **un**
individu réel et vivant et non pas une abstraction. Si l'on
considère, dans chaque individu, ce qu'il a de commun
avec tous les autres, je veux dire la **qualité de citoyen**,
l'affection qu'il a pour la patrie, la partie de son existence comprise dans l'existence commune, **on apercevra**
un grand être, composé de tous les individus de l'État
considérés sous un aspect commun, et, par suite, indis-
cernables en tant que tels, et formant ainsi une unité
absolue.

Il suit de là que, dans une société, il y a autre chose
que les individus, il y a l'État lui-même, et que l'existence de ce nouvel être ne détruit pas l'existence véritable et indépendante des individus.

Cet être est humain, puisque tous ses éléments sont
humains. Il est donc exactement dans le même cas que
les individus. Ses actes sont également inviolables ; il a
des droits.

Ces droits consistent, comme ceux des particuliers,
dans la puissance légitime qu'il a de conserver son existence et sa propriété, qui est, comme pour les particuliers, l'extension de son existence. En d'autres termes,
en tant qu'il s'exprime par le gouvernement, il a le
droit de se conserver contre les ennemis du dehors et
contre ceux du dedans, d'empêcher ce qui pourrait lui
nuire, etc., de lever des impôts, puisqu'il est coproprié-
taire avec chaque particulier, etc.

Tu vois que les droits de l'État se tirent comme ceux
des particuliers de la nature même des choses, et que les

uns ne sont pas le principe des autres. Les droits se tirent partout de l'existence; l'État, à titre d'être distinct, a ses droits distincts comme ceux des particuliers. Ce sont deux domaines qui se touchent, mais qui sont séparés.

Par exemple, la majorité a le droit de prendre la forme de gouvernement qui lui plaît : et cela, parce que cet acte est un acte de l'État, en tant que tel, c'est-à-dire de la collection de la nation considérée en tant qu'unité. Moi particulier, qui sais une meilleure forme, je n'ai rien à dire; je n'ai pas le droit de violenter l'État, pour lui imposer un meilleur gouvernement, pas plus que je n'ai le droit de violenter le particulier, mon voisin, pour lui apprendre à mieux gouverner sa fortune. L'État est libre.

Par exemple, j'ai le droit de conserver ma propriété (ôtez le cas d'impôt). L'État ne peut la confisquer; autrement il viole ma liberté. Comme l'inviolabilité de ma propriété est constituée par sa nature même et non par une délégation faite par lui, il ne peut me la retirer. Je suis libre.

Mes actes sont inviolables au même titre que les siens.

Je résume en deux mots : l'acte ou l'existence humaine est inviolable. Or, l'État et l'individu sont des existences humaines. Donc l'acte ou existence de l'État et des individus sont inviolables. D'où il suit qu'ils ont chacun des droits indépendants, leurs existences étant des choses distinctes.

Je ne te détaille pas les avantages de cette théorie;

elle consacre la liberté de l'État et des particuliers ; elle nous préserve des excès du communisme, vers lequel tu penches, et des absurdités de l'individualisme où, d'après ce que tu me dis, M. Jacques est tombé.

Réponds-moi là-dessus, si tu peux, et si tu veux. Dis-moi aussi ce que tu fais, si tu souffres toujours de cette inquiétude où je t'ai trouvé, si tu étudies le grec et l'histoire, si tu y fais des progrès, si, au défaut de l'École, tu as à côté de toi quelque branche où tu puisses te poser.

Pour moi, je suis à Vouziers (Ardennes). Je cours l'après-midi dans la campagne ; je lis du grec et de l'allemand le matin ; je pianote tant bien que mal ; je dors beaucoup, je pense peu.

Cher ami, les plaisirs de société et ceux qui rassasient la plupart des autres m'ennuient chaque jour davantage ; à peine si je crois maintenant au plaisir ; je comprends encore l'ébranlement des nerfs, c'est là tout ; mais cela aussi perd chaque jour de mon estime. Il n'y a qu'une chose bonne au monde, c'est le repos d'âme, et l'activité d'esprit. Voilà pourquoi je t'écris des choses de politique et de philosophie. Serait-ce la peine de te raconter toutes sortes de petites choses qui m'arrivent et qui forment la trame ordinaire de la vie ? C'est à peine si je prends plaisir quelquefois pour moi-même à faire l'histoire naturelle de mon âme. A dire vrai, il n'y a de bon que la connaissance des vérités absolues. Puissé-je en découvrir, moi qui serai philosophe ! Toi qui es politique, puisses-tu les appliquer ! Le reste est une comédie.

AU MÊME

Vouziers, 25 septembre 1849

Tu es un grand malheureux, un grand paresseux, un grand pendard. Comment ! à peine dans les Ardennes, tu as mes premiers soins et mes premières amours, et j'attends trois semaines une réponse ! Faut-il donc faire des frais avec toi, comme avec une demoiselle, et t'inviter trois et quatre· fois avant d'obtenir un mot en retour ?

Je soupçonne bien un peu la cause de cette paresse ; *obliviosus amor*, comme dit Horace. Ton nouvel ami te fait oublier les anciens ; les longues promenades aux Tuileries, les confidences mutuelles chassent de ton esprit le pauvre exilé de province : je l'ai vu en descendant ton escalier ; je ne suis pas comme lui εὔζωνος, εὐπρόσωπος, εὔκνημις, etc., et tous les εὐ que tu voudras. Mais enfin, mon cher, souviens-toi que Socrate, qui comme toi aimait les beaux jeunes gens, ne dédaignait pas les malheureux plus ou moins mal bâtis qui s'attachaient à lui, et recherchaient son entretien. Or donc à présent, je recherche et je sollicite le tien ; voudras-tu me l'accorder ? Prends garde de te préparer trop à l'avance au rôle de ministre, où la politique doit te conduire ; accorde des audiences à ceux qui te les demandent ; sinon que Proudhon t'emporte, et va-t'en au diable !

Au reste ton silence vient un peu de ma faute ; j'ai fait ce que tu reproches à Planat, je t'envoie une lettre de polémique philosophique, avec sommation d'y répondre; je dois te sembler pareil à un coq qui toujours dressé sur ses ergots appelle à lui des adversaires et n'est heureux que dans la bataille. Pardonne-moi cette manie, mon cher, ainsi que ma philippique de la fin contre la vanité des occupations humaines; je savais bien que tu es paresseux à fouiller dans ton esprit, et que tu aimes mieux laisser ta mine d'or inutile que d'en tirer de quoi battre monnaie; mais j'espérais qu'en deux semaines de temps tu trouverais bien quelques heures de réflexion, et de loisir, et que tout au moins le désœuvrement et l'ennui des vacances te porteraient à examiner la question. A vrai dire, j'espère encore; et tu me ferais grand plaisir de me dire ton avis sur l'opinion que je t'ai envoyée....

Ne rougis-tu pas de rester dans l'indifférence et de me taire ce qui se passe en toi? Sur ma parole, je juge quelquefois que tu aurais dû naître directeur de théâtre ou sultan; je crois surtout que tu aurais fait des merveilles dans ce dernier poste. C'est un emploi facile et viril tout à la fois. Souviens-toi de ton Lord Byron qui, en parlant de l'éducation préparatoire à cette fonction, dit qu'à vingt ans les jeunes sultans sont conduits au trône ou à la potence et qu'ils sont en conséquence

> Exactly fit for both.

C'est ce que je vous souhaite, mon frère.

Sérieusement, réponds-moi, et parle-moi de tes études, de ton grec, de ton histoire, de tes projets d'avenir, si tu ne réussis pas à l'École.

Comment veux-tu qu'une amitié s'entretienne, si l'on ne sait pas ce qui se passe dans son ami ? Au bout de deux mois, on est étranger l'un à l'autre. Allons, courage, écris vite, et vide ton sac.

Farewell.

AU MÊME

Vouziers, 1er octobre 1849

Très cher, ta lettre me donne à réfléchir sur tes rapports avec Planat, et sur mes rapports avec toi. Parlons de Planat d'abord.

Sois bon avec lui. Il est de nature artiste et systématique ; quand il a une idée, il pousse sa pointe, croyant bien faire, et ne voyant pas s'il choquera les autres. Par exemple, cette fois, il s'était fait une certaine idée de l'amitié, et voyant que tu n'y répondais pas et que tu lui offrais une amitié moyenne, il a cru que tu ne lui offrais rien du tout. — Tout ou rien, voilà son mot : de plus, ne comprenant d'autre conversation que les entretiens sérieux et actifs, il n'a pas supporté *ta paresse*, et a cru que tu ne voulais pas causer. Tout cela vient d'une nature excessive et absolue. Pardonne-lui puisqu'il est tel et ne peut se refaire. Au fond, vois-tu, je le sais, il t'aime fort et t'estime autant. Il m'a parlé de cette affaire, et si sa lettre est irritante, c'est tout involontairement. Ne lui réponds rien de dur. Quand la fougue de sa précipitation sera passée, il comprendra qu'on ne moule pas ses amis d'après sa fantaisie, et qu'il faut les accepter tels qu'ils sont. Il m'aura pour philosopher, il t'aura pour causer; j'en suis très sûr, il est tout à toi.

A nous deux maintenant. J'ai dû bien souvent mériter le reproche que tu lui fais. Moi aussi, j'ai poussé ma pointe; te souviens-tu de mes prédications philosophiques de l'hiver dernier?

Pauvre garçon, tu as été bien patient avec moi! Que veux-tu? L'homme est ainsi fait; il s'efforce d'imposer à chacun sa façon de voir et son genre de vivre; j'ai de plus une excuse qui m'est propre: c'est la persuasion absolue où j'étais et où je suis encore que mes idées sont vraies, et que mon système de conduite est le seul qu'un homme doive suivre.... J'étais comme un fougueux néophyte, une sorte de Polyeucte, te poussant à la conversion et au martyre, et toi, ma chère Pauline, tu remplissais très bien ton rôle : nos lettres étaient une sorte de dialogue, semblable à celui-ci :

Pauline. — Tu préfères *le monde* à l'amour de Pauline?
Polyeucte. — Vous préférez le monde à la bonté divine?
Pauline. — Imaginations!
Polyeucte. — Célestes vérités!
Pauline. — Étrange aveuglement!
Polyeucte. — Éternelles clartés!

Bref, aujourd'hui je trouve que Pauline a été bien raisonnable et bien bonne de ne pas me souffleter. C'est pourquoi ne soufflette pas Planat.

Je suis calmé à présent, en gardant les mêmes convictions, j'ai vu qu'il fallait prendre les gens comme ils sont. J'aimerais mieux te voir philosopher, éclaircir tes idées, travailler activement d'esprit ; j'ai fait ce que j'ai pu pour t'y pousser ; tu en serais plus heureux et moi aussi. Je n'ai pas réussi ; tant pis ; c'est que ta nature est autre ; et de même que le cercle ne comporte pas les propriétés du carré, de même, pour parler métaphysique, ta nature ne comporte que les propriétés qui sont contenues dans son essence ou définition. Je me résigne, tu seras orateur et non philosophe. Ton contenu est encore très bon et très beau, le meilleur et le plus beau que je connaisse ; je l'aimerai toujours, si tu le veux bien. J'étais comme cet enfant à qui on demandait s'il voulait de la tarte ou de la confiture, et qui voulait de la tarte à la confiture, se dépitant et se désolant parce qu'il ne pouvait avoir que l'un des deux. A présent que je suis grand, je mange très bien ma tarte sans confiture ; et je te conseille, cher ami, d'en faire autant par rapport à moi.

Donc, 1° tu m'as pardonné mon avant-dernière lettre, mes sommations respectueuses de t'occuper de politique, mes malencontreux efforts pour t'y traîner par les oreilles malgré toi.

Donc, 2° tu me pardonneras à l'avenir les sottises de pareil genre que je pourrais commettre ; car la chair est faible ; et de mon essence ou concept philosophique, il pourrait bien sortir de temps en temps, comme d'un vase trop plein, des bouffées scientifiques, désagréables aux nez oratoires et poétiques comme le tien.

De plus, en pareille occurrence, tu me rappelleras à

la raison, comme on y rappelle un élève qui au tableau a manqué une démonstration, faute d'avoir considéré assez une des données de la question. Or, ici la donnée, c'est ta nature.

Voilà le traité que je te propose entre nous, et que je te conseille de faire avec Planat. La belle chose, si le cercle allait s'irriter contre le carré, parce que toutes les parties du carré ne sont pas à égales distances du centre, et si le carré excommuniait le triangle, parce que le triangle n'a pas quatre côtés ! Nous sommes à nous trois, l'un le carré, l'autre le cercle, l'autre le triangle. Vivons d'accord, et précisément en vertu de notre nature différente il sortira de notre union de nouvelles propriétés.

Bien entendu que si jamais, te trouvant malheureux de ta façon de vivre et me voyant heureux de la mienne, tu penches du même côté que moi, je me réserve le droit de t'y pousser. La réciproque sera vraie.

En foi de quoi je signe ici

H. TAINE.

Si tu étais chrétien, mon pauvre ami, je t'enverrais pour te consoler de M. Bellaguet [1], et de tes craintes, un chapitre de l'*Imitation*. Si tu étais philosophe, la 5e partie de l'*Éthique*. Poète, platonicien, Grec, je t'envoie une petite pièce d'Anacréon.

LE PASSANT. — « Aimable colombe, d'où viens-tu? d'où

---

1. M. Bellaguet était chef d'une institution très connue. Prévost-Paradol y faisait ses études et suivait les cours du collège Bourbon.

viens-tu? Pourquoi tous ces parfums qui s'exhalent et distillent de tes ailes pendant que tu cours dans l'air? Qui es-tu? Que vas-tu faire? »

La colombe. — C'est Anacréon qui m'a envoyée vers son amour, vers Bathylle, le maître et le roi de toutes les âmes. Vénus m'a vendue pour un petit hymne; et moi je sers Anacréon, en ce que tu vois, portant ses lettres. Il dit que bientôt il me fera libre. Mais moi, quand il voudrait me lâcher, je resterai esclave auprès de lui.

— Car, pourquoi irais-je voler par les champs et les montagnes, et me poser sur les arbres, mangeant quelque fruit sauvage? Aujourd'hui, je mange du pain, le prenant des mains d'Anacréon lui-même; il me donne à boire le vin qu'il a goûté : quand j'ai bu, je sautille et je volète sur lui, l'ombrageant de mes ailes.

— Pour dormir, c'est sur sa lyre même que je vais me poser. Tu sais tout, va-t'en ; homme, tu m'as rendue plus bavarde qu'une corneille. »

CHAPITRE II

Seconde année : La vie à l'École, la réaction de 1850. —
Travaux particuliers : Philosophie, dogmatisme. — Préparation à l'agrégation de philosophie. — Esquisse d'une
histoire de la philosophie.

L'année 1849-1850[1] commença heureusement ; Prévost-
Paradol était admis à l'École[2], comme son ami l'avait si
ardemment désiré, et la correspondance allait être rem-
placée par la causerie quotidienne et la plus douce intimité. Édouard de Suckau[3] entra bientôt en tiers dans cette
amitié ; homme délicat, bien élevé, épris comme ses deux
amis d'idées générales et de hautes spéculations philosophiques, il noua avec Hippolyte Taine une étroite liaison
qui ne fut rompue qu'à sa mort (en 1867). Au milieu de
cette jeunesse ardente et studieuse, d'autres groupes se
formaient peu à peu selon la conformité des aptitudes et
des goûts. Hippolyte Taine, assez bon pianiste et très grand

1. Nous n'avons aucune lettre de M. Taine d'octobre 1849 à octobre 1851. Sa mère et ses sœurs étaient revenues à Paris : Prévost-Paradol était à l'École normale, et Planat, son autre ami
intime, n'a rien conservé de ses correspondances de jeunesse.

2. Prévost-Paradol, malgré de brillants examens oraux, avait été
reçu le 20ᵉ et dernier. MM. Octave Gréard, Levasseur, Ponsot,
Villetard de Prunières, qui restèrent les amis de M. Taine, faisaient
aussi partie de cette promotion.

3. Voir p. 137.

amateur de musique, avait rencontré parmi ses compagnons un violoniste et un violoncelliste, MM. Rieder[1] et Quinot[2], avec lesquels il jouait des trios de Mozart et de Beethoven; il trouvait d'autres délassements dans la causerie étincelante d'Edmond About : si renfermé qu'il fût dans la spéculation pure, il aimait par contraste la verve intarissable, l'abandon, la fantaisie de son jeune camarade, et supportait de la meilleure grâce du monde les plaisanteries parfois un peu vives auxquelles il était en butte de sa part et de celle de Francisque Sarcey. Il recherchait aussi la conversation de condisciples plus graves, comme Barnave[3], Heinrich[4], Cambier[5], et discutait avec eux les sujets de théologie et d'histoire ecclésiastique qui à cette époque occupaient une large place dans ses lectures et dans ses travaux[6]. Enfin il fréquentait ses condisciples de la section des sciences et avait de longs entretiens avec le jeune médecin de l'École, M. Noël Guéneau de Mussy[7], entraîné déjà vers les recherches physiologiques qui devaient être plus tard la base de sa psychologie. Tous les sujets littéraires, philosophiques, religieux, scientifiques, historiques, politiques, sociaux, étaient abordés tour à tour par ces jeunes esprits indépendants. Il semblait que l'École normale fût un lieu privilégié, une sorte d'oasis intellectuelle

1. Voir p. 28. — C'est en souvenir de ces séances que M. Rieder disait de M. Taine : « Il porte un peu trop sa philosophie partout, même dans la musique. »

2. Quinot (Edme-François-Nicolas *dit* Alfred), né en 1826.

3. Barnave (l'abbé Louis-Charles-Paul), fondateur de l'École Salvien à Marseille, né en 1829, mort en 1897.

4. Heinrich (Guillaume-Alfred), né à Lyon en 1829, entré à l'École normale en 1848, mort à Lyon en 1887.

5. Cambier (le père Désiré-Édouard), oratorien, né en 1826, entré à l'École normale en 1848, mort missionnaire en Chine en 1866.

6. Voir p. 120.

7. Guéneau de Mussy (le docteur Noël), médecin de l'École, de 1846 à 1881.

que la réaction de 1850 ne devait pas atteindre. Il y eut cependant à la fin de cette année scolaire un son de cloche menaçant. M. P.-F. Dubois, ancien fondateur du *Globe*, suspect de libéralisme, fut remplacé à la direction de l'École par M. Michelle[1], recteur de Besançon. Celui-ci n'était pas un ancien Normalien et n'avait pas les traditions de la maison. Un peu auparavant M. Deschanel[2], suppléant de M. Havet pour la conférence de langue et littérature grecques, avait été cité devant le Conseil supérieur de l'Instruction publique à propos d'un essai intitulé « Catholicisme et socialisme » paru dans la *Liberté de penser*. Il fut suspendu de ses fonctions et M. Havet dut reprendre la chaire. — Puis il y eut de sourdes hostilités contre l'éminent directeur des études, M. Vacherot, contre les professeurs les plus distingués, comme M. Jules Simon. Ceux-ci donnaient en vain à leurs élèves des conseils de prudence[3] et se renfermaient eux-mêmes dans la plus complète réserve pour tout ce qui touchait à leur enseignement; ils n'en étaient pas moins suspects en haut lieu et désignés d'avance pour les proscriptions futures.

Hippolyte Taine, tout à son travail et à sa chère philosophie, continuait ses études sans se préoccuper de l'orage qui allait fondre sur l'Université et dont il devait lui-même être

1. Michelle (N.), né à Paris vers 1800, mort le 27 janvier 1858. Voir sur M. Michelle, et sur la crise que traversa l'École en 1850, l'intéressant travail de M. Octave Gréard dans le livre du Centenaire de l'École normale, p. 276 et suivantes.

2. Deschanel (Émile-Augustin-Étienne Martin), né en 1819, entré à l'École normale en 1839.

3. M. Jules Simon, notamment, dit dans sa note trimestrielle de 1851 sur H. Taine : « Je l'ai trouvé dans un courant d'opinion que je ne saurais approuver.... Il a fallu lutter pendant plusieurs mois : enfin j'ai obtenu de lui la plus grande docilité sous tous les rapports. » — En marge d'un travail sur Helvétius nous trouvons cette correction : « N'introduisez pas le langage et les théories d'une école particulière et surtout l'école de Hegel », et dans un autre travail sur Descartes où H. Taine citait Hegel : « A l'agrégation, ne dépassez pas dans vos citations le xviiiᵉ siècle. »

Plan de ce travail.

Nous ne faisons ici rien de plus ni rien de moins qu'une Géométrie Métaphysique.

Nous considérons d'abord les lois de la Pensée. Nous poserons ensuite certains Concepts de la Pensée. Rapprochant les lois de ces Concepts, nous faisons voir quelles déductions en suivent nécessairement. Car les lois de la Pensée ne sont rien autre chose que les modes d'action généraux et nécessaires de la raison Pensée. De sorte que sachant comment la pensée agit, et supposant qu'elle agit, si nous appliquons les cette action ainsi déterminée aux Concepts dont nous avons parlé, nous saurons ce que la Pensée pensera nécessairement.

Notre travail se réduit donc à ceci : Supposant l'existence d'une pensée ou Raison agissante, déterminer quelles seront les différentes affirmations qu'elle posera successivement. Ces affirmations sont ce qu'on appelle des vérités absolues.

On voit, qu'il n'y a ici nulle part faites à l'expérience. Nous nous tenons uniquement dans la région de la raison pure. Nous prenons non une raison individuelle, mais la raison vitale et en soi. Nous ne partons pas d'un fait déterminé et particulier, nous ne posons que les différentes affirmations

victime. En 1849-1850. il étudiait l'histoire de la Philosophie jusqu'à Leibnitz avec M. Saisset[1] pour maître de conférences, l'histoire du Moyen âge avec M. Filon[2], la littérature française avec M. Gérusez[3], la littérature latine avec M. Berger[4], la littérature grecque avec MM. Deschanel et Havet[5]. Outre les résumés de ces cours, M. Taine avait conservé une grande partie de ses cahiers personnels de 1849-1850. Déjà, pendant les vacances, il avait jeté sur le papier des notes datées d'août 1849[6], qui résument son travail philosophique pendant sa première année d'École : d'autres à la suite sont datées de novembre 1849, mars 1850[7]. Ces notes marquent une étape intéressante dans l'évolution de sa pensée : c'est de l'abstraction pure ; on sent qu'il était encore à cette époque tout imbu de ses lectures de Spinoza et de Descartes ; mais on voit son effort pour dégager une doctrine personnelle et aboutir à des méthodes nouvelles.

C'est ainsi qu'en novembre 1849 il écrit, en parlant de son travail du mois d'août : « Ceci est de l'idéalisme pur, je n'avais pas encore fait la distinction entre percevoir et concevoir. » Un second cahier, un peu postérieur, mais daté également 1849-1850 et intitulé « Philosophie,

1. Saisset (Émile-Édouard), membre de l'Institut, né en 1816, entré à l'École normale en 1835, professeur de 1842 à 1857, mort en 1863.

2. Filon (Charles-Auguste-Désiré), né en 1800, mort en 1875.

3. Gérusez (Nicolas-Eugène), né à Reims en 1799, entré à l'École normale en 1819, professeur de 1844 à 1859, mort en 1865.

4. Berger (Julien-François-Adolphe), né en 1810, entré à l'École normale en 1827, mort en 1869.

5. Havet (Ernest-Auguste-Eugène), membre de l'Institut, né en 1813, entré à l'École normale en 1832, mort en 1889.

6. Ce travail est divisé en deux parties : 1° de l'Être ; 2° de la Pensée, et remplit 41 pages petit format. (Voir ci-contre le fac-similé de l'écriture et p. 347, appendice I, la série des *Propositions* et un extrait.)

7. Divisées également en deux parties : 1° Idée de la science ; 2° de l'Absolu ; 59 pages petit format.

dogmatisme[1] », contient au commencement la note suivante : « Je m'aperçois que j'aurai à refondre le cahier
qui est le résumé de toute mon année dernière : c'est le
travail de Pénélope. Chaque jour on monte sur ses [propres]
épaules. »

Ce second travail débute ainsi : « Tout dépend de la
méthode : aussi j'y reviens. Par méthode, j'entends le
moyen d'avoir des perceptions vraies, en d'autres termes
les conditions nécessaires pour avoir une suite de perceptions vraies.

« Par vérité d'une perception, j'entends sa convenance
avec son objet; je veux dire qu'elle soit subjectivement ce
que l'objet est en soi.

« Tout acte de l'intelligence, toute connaissance est une
perception. La mémoire est une perception d'une modification présente, laquelle implique une perception passée.
La conception est la perception d'une modification du
même genre qu'on ne rapporte pas à une perception
passée »..., et plus loin : « L'homme (sujet et auteur de la
science) est mobile, mais l'objet de la science sera immo-
bile. C'est le moi qui fait la science, mais il bâtit sur
l'absolu....

« N'y a-t-il pas dans ceci une contradiction, et dans ce
cas comment la résoudre? Depuis hier soir je me fatigue
sans rien trouver....

« Il faut prendre garde de tomber dans les défauts que
nous reprochons à la méthode expérimentale. La science,
disons-nous, ne doit renfermer que des affirmations éternellement vraies. Les deux conditions fondamentales sont
de tout percevoir sous le caractère de la nécessité et
d'exclure toute possibilité d'erreur....

« Avant de lire les *Analytiques* d'Aristote, je veux éclaircir
un peu mes idées sur le sujet....

1. *Philosophie* : 88 pages petit format. *Dogmatisme* : 72 pages.

« *Théorie de la science* : Aristote pose d'abord la conclusion et cherche ensuite la mineure et la majeure.

« Nous posons d'abord la notion et nous cherchons ensuite la conclusion.

« .... Prouver que la nature de l'Être (en tant qu'essence) implique manifestation....

« Mais comment réunissez-vous la manifestation expresse à la manifestation non expresse? Ne faudra-t-il pas aussi insérer un moyen terme entre ces deux formes de la manifestation? Ne faudra-t-il pas aussi une cause qui fasse passer la manifestation de l'état de puissance à l'état d'acte?

« Cette question est accablante, mais je ne désespère pas de la résoudre. »

Ainsi se poursuit ce travail à travers ses doutes et les revirements de sa pensée[1]; on sent l'idée se dégager peu à peu sous l'effort; à la suite d'une longue discussion sur l'absolu, il s'écrie : « Voilà déjà un pas immense: reste à effectuer la démonstration », et plus loin : « .... Si la nature de l'Être en tant qu'Être pris en une quelconque de ses parties est manifestée, l'Être tout entier est manifesté. Car si l'essence est manifestée, cela résulte de la nature de l'absolu qui est à la fois essence et manifestation, et fait que l'un ne peut aller sans l'autre. Et ainsi on connaît la nature de l'absolu, qui est l'union des deux.

« Voilà le problème résolu.

« Je ne veux plus que me rendre compte de ce procédé inductif et savoir s'il n'est qu'une forme de la déduction.

« J'en reviens donc au point de vue et à la méthode des Méditations de Descartes. J'ai perfectionné et complété

---

1. Il traite tour à tour de la méthode, de l'individualité, du Panthéisme, des attributs, de la théorie de la science, de la forme et du fond dans les attributs de l'Absolu, de la théorie de l'Induction, des Universaux.

peu à peu mon idée de l'absolu : et je vois que pour la
légitimer et la vérifier il faut remonter à la perception, et
au raisonnement qui me la donne.

« Il faudra prouver que l'induction ne me donne pas seulement, comme dit Schelling, l'infini-fini, ou, comme dit
Hegel, l'Idée en mouvement, ou, comme dit Aristote, l'Idée
en acte ; mais bien l'Être (absolu) manifesté (absolument).

« Je veux définir tous mes termes afin de marcher plus
sûrement. Définir un Être, c'est nommer le terme immédiatement antérieur et circonscrire dans ce terme la quantité de réalité qui est celle de l'Être en question…, etc.

« Soit deux natures, simples toutes deux comme telles, et
ayant un tel rapport entre elles que B, la seconde, ne
puisse être conçue que par la première A, mais que A
puisse être conçu sans B.

« Ce n'est pas seulement parce que A et B sont en rapport que B est plural ; c'est parce que A est antérieur et
que A est nécessairement dans le concept de B.

« J'y suis enfin, mais maudit soit le problème, tant il
est difficile. »

———

Dès cette seconde année commence à l'École la préparation à l'agrégation : Hippolyte Taine avait choisi la philosophie et s'y plongea avec ardeur. Nous avons la plupart
de ses analyses d'auteurs, accompagnées presque toujours
de jugements personnels ; nous ne pouvons qu'énumérer
ici les différents sujets : les petits philosophes grecs[1], les
philosophes d'Alexandrie[2], Platon[3], la Physique d'Aristote[4],
ainsi que le traité de l'Ame[5], les premiers Analytiques[6], la

1. 90 pages petit format. — 2. 33 pages petit format.
3. 47 pages petit format. — 4. 22 pages petit format.
5. 30 pages petit format.
6. 132 pages petit format, en deux cahiers.

Métaphysique[1]; une comparaison de la logique de Port-Royal avec celle d'Aristote[2]; une analyse de la philosophie scolastique de M. Hauréau[3]: d'autres de Descartes[4], Malebranche[5], Schelling[6]. — Nous avons retrouvé en outre un certain nombre de dissertations et analyses sur l'école Pythagoricienne[7], Platon, Parménide, Lucrèce, Xénophon, Aristote: sur la philosophie d'Horace, sur les preuves de l'existence de D'eu dans les Méditations de Descartes. Il exposait oralement l'histoire de l'école Pyrrhonienne et la philosophie du chancelier Bacon[8]. Il complétait ses études de philosophie proprement dite par des recherches sur le dogme chrétien. Il lisait dans le texte grec le Nouveau Testament; il analysait les Pères de l'Église grecque, le XVI° livre du Code Théodosien, Sozomène, Tertullien, Minutius Félix,

1. 60 pages petit format. — 2. 48 pages petit format.

3. 54 pages petit format avec cette conclusion : « Le livre de M. Hauréau ne traite qu'une question, celle des réalistes et des nominalistes. Pour voir le mouvement des idées, il aurait fallu voir la théologie et l'action de la philosophie sur elle.... La philosophie scolastique n'est pas; le dogme l'étouffe et la fausse.... Le Christianisme a pesé sur la plupart des écoles et les a rendues inconséquentes : 1° l'école d'Abeilard; 2° de Saint-Thomas, Dun Scott, Ockam; 3° Cartésienne; 4° xviii° siècle par réaction; 5° notre école Française. — Le vrai Descartes, c'est Spinoza. — Les vrais sensualistes, ce sont les positivistes. »

4. 49 pages petit format. — 5. 48 pages petit format.

6. 76 pages petit format : Système de l'Idéalisme transcendental; Bruno.

7. « M. Taine s'est distingué d'une manière toute particulière par une leçon fortement conçue et présentée avec beaucoup de netteté, d'aisance et d'art sur l'école Pythagoricienne. » (Note de M. Saisset, 2° année, 1er trimestre.)

8. « M. Taine a montré dans ces deux expositions une sagacité de recherches, une pénétration d'esprit, une souplesse et une facilité de parole tout à fait remarquables. M. Taine a une vocation sérieuse et une aptitude marquée pour les études philosophiques. » (Note de M. Saisset, 2° année, 3° trimestre.) — Nous devons la communication de ces notes d'École à l'obligeance de M. Gabriel Monod qui les a recueillies pour son livre : *Renan, Taine, Michelet.*

saint Cyprien, saint Augustin, Procope, les trois premiers volumes de l'histoire ecclésiastique de Fleury, Gieseler, etc. — Bien que dispensé par le règlement de suivre les conférences d'histoire et de littérature, il soumettait aux professeurs des dissertations sur le Concile de Trente[1], sur le sens historique de la Divine Comédie, une comparaison d'Homère et de Virgile[2]; il annotait les volumes d'Ampère[3] et rédigeait les cours de littérature et d'histoire avec une abondance de citations qui témoignent de l'étendue de ses lectures. — Comme complément de ses études d'allemand, outre les prosateurs et poètes classiques, il lisait et commentait les *Niebelungen*, les Mémoires et les écrits de Luther, l'Allemagne de Mme de Staël, etc. Enfin vers la fin de son année scolaire, en juillet 1850, il commençait l'esquisse d'une histoire de la Philosophie[4] qui était une sorte de résumé de ses études et à laquelle il travailla pendant ses vacances.

1. Note de M. Filon (3° trimestre) : « Travail rédigé avec méthode : certaines parties sont très bien écrites. »

2. Note de M. Berger (3° trimestre) : « La forme est moins vive, moins brillante que dans la dissertation d'About; mais la question est plus détaillée, la poésie de Virgile examinée de plus près. »

3. *Introduction à l'histoire de la Littérature française au Moyen âge*, par J.-J. Ampère. — L'analyse est de 42 pages, petit format.

4. *Histoire de la philosophie*, 45 pages, petit format. En marge, une note datée de juillet 1851 est ainsi conçue : « Tout est à faire dans l'histoire de la Philosophie comme dans l'Histoire : 1° Séparer l'exposition des systèmes de l'appréciation; 2° Donner la formule des systèmes; 3° Les classer comme en zoologie; 4° Trouver les lois générales de leur génération; 5° Tracer le mouvement universel dont chaque système est un point; 6° Trouver le type idéal et le développement idéal de chaque école; 7° Montrer l'action de l'extérieur. En un mot faire une zoologie de l'esprit humain, avec la psychologie comme principe physiologique et anatomique. » Voir appendice n° II, p. 354.

CHAPITRE III

**Troisième année : Suite de la préparation à l'agrégation. —
Travaux particuliers. — Les notes trimestrielles des
professeurs. — Échec à l'agrégation. — Causes de cet
échec. — Lettre de Prévost-Paradol à M. Gréard. — Article
de Prévost-Paradol dans la « Liberté de penser ». —
Lettres de MM. Jules Simon et Vacherot.**

Cette dernière année d'École fut presque exclusivement
consacrée à la préparation de l'agrégation de philosophie
sous la direction de MM. Simon[1] et Saisset, maîtres de conférences.

Les notes prises par M. Taine sur les cours de la troisième année sont plus brèves que celles des années précédentes. Le jeune philosophe réservait son temps à des
études et à des travaux personnels; mais ses dissertations
et analyses étaient très remarquables. « Celui des trois
élèves[2] de la conférence qui s'est placé au premier rang et
qui a pour ainsi dire imprimé l'élan à tous nos travaux,
écrivait M. Saisset à la fin du 3ᵉ trimestre, c'est M. Taine. »
Les principaux sujets qu'il y traita sont : De la vraie Méthode; de la Substance: la théorie de Descartes sur la

---

1. Simon (Jules-Simon Suisse, dit), de l'Académie Française, né
à Lorient en 1814, entré à l'École normale en 1833, professeur
de 1842 à 1851, mort en 1896.

2. MM. Taine, Cambier, E. de Suckau.

cause de l'Erreur; l'origine de l'idée et du principe de la Substance; de la notion de l'Absolu; de la Liberté; sur le traité des Sensations de Condillac; de l'idée du Temps; la doctrine morale d'Helvétius[1]; la doctrine psychologique d'Adam Smith; la morale des Stoïciens; la République de Platon; la morale d'Aristote; de la Mémoire; de l'Acte de conscience dans l'observation psychologique; de la Perception extérieure. — Pour lui-même il analysait et discutait les doctrines contenues dans les Méditations de Descartes[2]. Reid[3], Maine de Biran[4], Cousin[5], Locke[6], Leibnitz[7], Bacon[8], Kant[9] (Critique de la raison pure), la philosophie de Montaigne[10], les seconds Analytiques d'Aristote[11], la Connaissance de Dieu et de soi-même de Bossuet[12], le Sophiste (ou de l'Être) dans Platon.

Enfin il faisait, selon l'usage, au lycée Bonaparte, dans la classe de philosophie, un mois de cours sur la Théodicée. Quoiqu'il ait plus tard inscrit en plaisantant sur la couverture « Théodicée à grand orchestre », il n'en avait pas moins préparé avec grand soin le plan des 15 leçons qu'il eut à professer.

Ces travaux le classaient hors pair aux yeux de ses camarades et de ses maîtres; les notes[13] trimestrielles de ses professeurs témoignaient hautement de leur approbation. « M. Taine est un esprit distingué qui tôt ou tard fera honneur à l'École par des publications d'un ordre sérieux », écrivait M. Jules Simon à la fin du dernier trimestre de la

1. Voir page 114, note 3. — 2. 52 pages grand format.
3. 78 pages grand format. Voir p. 260, lettre à M. Garnier.
4. 14 pages grand format. — 5. 8 pages grand format.
6. 94 pages petit format. — 7. 33 pages petit format.
8. 18 pages petit format. — 9. 83 pages petit format.
10. 22 pages petit format. — 11. 45 pages grand format.
12. 23 pages petit format : la leçon du concours d'agrégation fut précisément sur ce sujet. Voir p. 125.
13. Voir les textes complets de ces notes dans le livre de M. Monod, *ib.*, p. 66.

troisième année, « son travail de toute l'année a été opiniâtre.... ses progrès ont été considérables[1].... M. Taine dans sa tenue et sa conduite sera partout irréprochable. Il aura de l'autorité sur ses élèves, il a dès à présent un véritable talent d'exposition. » La note de M. Saisset portait : « M. Taine a déployé dans les expositions orales un esprit net, souple, fertile en ressources, parfaitement doué pour l'enseignement. Dans l'épreuve des dissertations écrites, M. Taine est encore au premier rang par le nombre et le mérite de ses travaux.... Son défaut principal est un goût excessif pour l'abstraction. M. Taine a besoin d'être encouragé et tenu en bride. Il est l'espoir du prochain concours.... » Enfin M. Vacherot portait sur lui dès l'année précédente[2] le jugement suivant qui fait autant d'honneur à la perspicacité du maître qu'aux mérites de l'élève :

« L'élève le plus laborieux, le plus distingué que j'aie connu à l'École. Instruction prodigieuse pour son âge. Ardeur et avidité de connaissances dont je n'ai pas vu d'exemple. Esprit remarquable par la rapidité de conception, la finesse, la subtilité, la force de la pensée. Seulement comprend, conçoit, juge et formule trop vite. Aime trop les formules et les définitions auxquelles il sacrifie trop souvent la réalité, sans s'en douter il est vrai, car il est d'une parfaite sincérité. Taine sera un professeur très distingué, mais de plus et surtout un savant de premier ordre, si sa santé lui permet de fournir une longue carrière. Avec une grande douceur de caractère et des formes très aimables, une fermeté d'esprit indomptable, au point que personne n'exerce d'influence sur sa pensée. Du reste, il n'est pas de ce monde. La devise de Spinoza sera la sienne : *Vivre pour*

---

1. M. Simon écrivait déjà à la fin du second trimestre : « Taine m'a véritablement comblé de joie en renonçant à ses prédilections pour des méthodes que je condamne. »

2. M. Vacherot ne put rédiger les notes du dernier trimestre de 1851 ; il fut mis en disponibilité le 29 juin.

penser. Conduite, tenue excellentes. Quant à la moralité, je crois cette nature d'élite et d'exception étrangère à toute autre passion que celle du vrai. Cet élève est le premier à une grande distance dans toutes les conférences et dans tous les examens. »

A tant d'efforts et à tant de mérites incontestés, semblait promis un éclatant succès. Il n'en fut rien, on le sait, et lorsque Hippolyte Taine se présenta en 1851 à l'agrégation de philosophie, il fut refusé. Le jury, présidé par M. Portalis[1], se composait de MM. Bénard[2], Franck[3], Garnier[4], Gibon[5] et l'abbé Noirot[6]. Sa décision plongea dans la stupeur les maîtres et les camarades du candidat malheureux. Nous leur laisserons raconter eux-mêmes cet épisode qui marqua si tristement les débuts de sa carrière.

PRÉVOST-PARADOL A OCTAVE GRÉARD[7]

7 septembre 1851

. . . .

Ton Édouard[8] est reçu le premier à l'agrégation. — Allons donc, diras-tu, et Taine ? — Taine, mon cher ami, est tout simplement refusé, après les examens les plus brillants, les mieux soutenus et les plus solides que j'aie vu passer en Sorbonne. Notre pauvre Édouard est tout honteux d'avoir

1. Portalis (le comte Joseph-Marie), membre de l'Institut, né en 1778, mort en 1858, était membre du Conseil supérieur de l'Instruction publique.

2. Voir p. 19.

3. Franck (Adolphe), philosophe, membre de l'Institut, né en 1809, mort en 1893.

4. Garnier (Adolphe), membre de l'Institut, né en 1801, maître de conférences à l'École normale de 1834 à 1839, mort en 1864.

5. Voir p. 43.

6. Noirot (l'abbé Joseph), professeur de philosophie, puis recteur à Lyon, né en 1793, mort en 1880.

7. Voir Gréard, *ib.*, p. 167.

8. Édouard de Suckau.

vaincu son maître; il a séduit ses juges[1] par son savoir, son laisser-aller élégant, et par la douceur germanique de son débit. Mais ce sont là des qualités d'enfant à côté de la force, de la clarté, de la correction, de la logique et de la hauteur de mon ami Taine. Tu ne saurais croire, cher ami, quel effet il m'a produit, combien j'étais fier de lui et quelles espérances il me donne pour l'avenir. Je ne le connaissais pas encore si souple, si nerveux, si clair, et surtout si à son aise. Il était là le maître, et il y avait un peu de respect dans l'attention qu'on lui prêtait. Il a la parole très régulière et, cependant, très animée; il y a dans son débit une chaleur contenue, une flamme intérieure qui donne la vie à tout ce qu'il touche. C'est la passion qui a la raison pour vêtement. Et comment ont-ils fait pour le refuser? Écoute la vilaine histoire et félicite-moi d'être sorti l'an dernier de ce mauvais lieu de l'enseignement philosophique.

Tu sais que les épreuves orales se composent, pour chaque candidat, de deux argumentations et d'une leçon. Taine fut désigné par le sort pour argumenter Édouard. Te dire la douceur, l'amitié et la persuasion avec laquelle Taine se montra supérieur à lui sans le rabaisser d'une ligne serait impossible. Bref, cette épreuve leur faisait beaucoup d'honneur à tous deux, mais Taine avait le dessus. Le hasard désigna Aubé[2] pour argumenter Taine. La question était : *Preuves de l'existence de Dieu dans Bossuet* (tu vois que le hasard jouait de mauvais tours à Taine). Il pose sa thèse parfaitement inattaquable. Aubé l'attaque alors avec une emphase ridicule, sur l'omission, dans sa thèse, de la Providence; sur la tendance implicite qu'il semblait avoir à confondre Bossuet avec Spinoza. Enfin, tu ne peux te figurer une attaque plus déloyale, plus lourde, plus lâchement persistante[3]. Il déclamait tant, que le bureau l'interrompit plusieurs fois. Taine, d'ailleurs, s'en tira admirablement, et les juges avouent maintenant à qui veut l'entendre.

1. Voir ci-dessus la composition du jury.
2. Aubé (Louis-Auguste-Benjamin), né en 1826, entré à l'École normale en 1847, mort en 1887.
3. M. Monod, qui a élucidé avec beaucoup de soin ce point de la

qu'après les argumentations, Taine tenait sans contredit le premier rang. Le lendemain, Taine fait sa leçon sur l'objet de la morale. Il la fait à l'École, le matin, devant Édouard, Marot[1], plusieurs autres. Tous la trouvent excellente. Je l'entends à la Sorbonne ; je la suis avec plaisir, persuadé qu'elle le mettait définitivement hors ligne. Et c'est pour cette leçon qu'ils l'ont refusé ! Ils disent qu'il l'a faite autrement que le bureau ne l'avait conçue ; qu'il y a eu de sa part (et de la nôtre alors) une méprise ; et que cette brillante et savante leçon l'empêchait seule d'être reçu. J'appelle cela une injustice doublée d'un mensonge. Que seraient donc devant eux la science et le talent si une supériorité incontestée disparaissait devant une méprise toute matérielle (et d'ailleurs fort problématique) sur l'objet d'une leçon.... Pour mon Taine, il est fort tranquille et il a bien raison, car il joue le plus beau rôle et l'avenir est à lui, ou plutôt à nous ; car ce coup a resserré nos liens et rendu notre entente plus cordiale encore, et plus intime. . . . . .

Si tu reçois là-bas la *Liberté de Penser*, tu y trouveras *peut-être* un court article de M. Louis Brégan et une note dans le bulletin qui, signée Jacques, n'en sera pas moins de ce M. L. B. — Elle est destinée à être désagréable aux juges de Taine : espérons qu'elle remplira son objet.

biographie de M. Taine, nous dit que la leçon sur Bossuet obtint la note maximum 20, et que l'échec provient d'autres causes. Aux épreuves écrites les sujets étaient pour la philosophie doctrinale : « Des facultés de l'âme; démonstration de la liberté. — Du moi, de son identité, de son unité. » — Pour l'histoire de la philosophie : « Socrate d'après Xénophon et Platon. » La façon dont M. Taine traita les sujets ne fut pas du goût du jury et, sans les efforts de M. Bénard, un des membres du bureau et son ancien maître à Bourbon, il n'aurait pas été déclaré admissible. La seconde leçon orale, où il devait exposer le plan d'une morale, le perdit; il avait pris pour thème la proposition de Spinoza : « Plus quelqu'un s'efforce de conserver son être, plus il a de vertu; plus une chose agit, plus elle est parfaite. » La leçon fut déclarée *absurde* par les juges. — Voir *Renan, Taine, Michelet*, p. 68 et suivantes, et p. 128, note, la conversation de l'abbé Noirot.

1. Marot (N...), inspecteur d'académie à Paris, entré à l'École normale en 1849, mort en 1895.

Extrait de l'article de Prévost-Paradol[1] dans la « Liberté de Penser » (tome VIII, p. 600).

« Nous professons pour le caractère de M. Portalis la plus sincère estime ; aussi sommes-nous affligés que son début dans la présidence du bureau d'agrégation pour les classes de philosophie soit signalé par le plus grand malheur qui puisse arriver à des juges consciencieux : celui de commettre une évidente injustice. Un candidat s'était fait remarquer entre tous par l'étendue de son savoir, par la force, l'élégance et la clarté de sa parole, par la maturité inattendue de son talent. Il avait joint, dans l'argumentation, à une rare habileté, un sang-froid, une justesse et une modération plus rares encore. Il avait fait la leçon la mieux liée, la plus claire et la plus philosophique qui se soit depuis longtemps entendue à la Sorbonne. Amis et concurrents jugèrent le candidat hors ligne et le crurent reçu le premier. Et M. Taine est tout simplement refusé ! Il est refusé parce qu'il a fait preuve de sincérité et de bon goût. Il est refusé, parce qu'il a dédaigné les faciles déclamations sur la Providence, sur la morale religieuse, sur la nécessité d'un culte : lieux communs que la distinction de son esprit aurait suffi pour lui interdire. Il est enfin refusé parce qu'il a donné des démonstrations nouvelles de vieilles vérités ; parce qu'il n'a pas purement récité les livres élémentaires de l'intolérante École, parce qu'il a joint l'indépendance au savoir, etc.... »

Enfin MM. Jules Simon et Vacherot écrivaient à Hippolyte Taine, pour le consoler de son échec, des lettres qui prouvent leur affectueuse et profonde estime :

M. JULES SIMON A H. TAINE

6 septembre 1851

Vous n'êtes pas reçu ! de Suckau ne m'en voudra pas de

---

1. Le texte complet a été reproduit par M. Gréard : *Prévost-Paradol*, p. 175, note. Prévost écrit à M. Gréard à ce propos, le 1ᵉʳ octobre 1851 : « La note sur Taine a paru et *le Siècle* l'a re-

vous dire que vous étiez celui dont le succès nous paraissait le plus assuré. Je parle pour *tous* vos maîtres.

Ainsi est faite la vie. Vous êtes digne de bien prendre cette première douleur. Au fond, ce n'est rien; pour vous, à votre âge, cela semblera dur. Si le témoignage d'un maître, qui est en même temps votre ami, peut vous aider à reprendre courage, je vous assure que j'ai eu peu d'élèves plus capables que vous d'être reçus agrégés....

M. VACHEROT A H. TAINE

Septembre 1851

Mon cher Taine,

J'ai été aussi surpris qu'affecté de votre échec. Je savais bien à quel bureau[1] vous aviez affaire. Mais la présence de mon ami Bénard me rassurait pour vous! Je ne sais ce qui s'est passé au sein du bureau. Mais je suis convaincu que vous avez dû votre échec à N., l'esprit le plus étroit et le plus absolu que je connaisse. Il ne fait aucun cas du talent ni de l'originalité de la pensée et malheur à celui qui, sans le vouloir, contredit ses *petites idées*, paupertinam philosophiam. Je le connais si bien que si j'eusse été à Paris et en communication avec vous au moment du concours, je vous eusse très probablement fait éviter cet écueil. Comment vos professeurs de l'École et M. Bénard ne vous ont-ils pas averti? N. a dû retourner tout le bureau[2].

produite. About et d'autres m'ont reconnu; je n'ai fait nulle façon d'avouer. J'ai vu Taine qui l'a bien prise. Quant à Édouard, il l'avait approuvée manuscrite.

1. Voir p. 124.

2. Les membres du jury n'étaient pas tous aussi insensibles qu'on l'a cru aux mérites du jeune philosophe. Nous trouvons dans une lettre d'Édouard de Suckau, du 11 novembre 1851 : « J'ai fait à Lyon une visite à M. l'abbé Noirot. Il m'a donné sur l'agrégation des détails nouveaux et curieux. Suivant lui, il n'y avait qu'un reproche à faire à ta leçon; elle n'était pas convenable : elle était trop élevée pour un auditoire de collége; mais plan, méthode, principe, déductions, définitions, il acceptait tout. Il n'y avait *rien de faux* (et je l'ai pressé sur les détails pour me faire dire cela),

Du reste votre échec n'a rien de sérieux. Vous n'en êtes pas moins très digne d'être reçu le premier et tant pis pour le bureau qui n'a pas su ou n'a pas voulu faire la juste balance des mérites et des défauts. Vous n'avez pu être et vous n'avez certainement pas été, à ce qui m'est revenu, tellement au-dessous de vous-même que vous n'ayez conservé une grande supériorité sur vos concurrents. Mais vous étiez déjà suspect de *mauvaises tendances*, et puis vous avez eu le malheur de rencontrer N. pour juge.

Vous n'avez pas à vous inquiéter de l'avenir : quoi qu'il arrive, vous reprendrez votre place l'année prochaine. Vous serez d'autant plus sûr du succès, sous quelque bureau que ce soit alors, que vous aurez enseigné pendant un an la science à de jeunes esprits à la portée desquels il vous faudra descendre. Gardez-vous, quelque place qu'on vous destine, de refuser et de demander un congé. L'enseignement *élémentaire* est une épreuve qui vous est absolument nécessaire. C'est la seule préparation à l'agrégation qui vous a manqué et que je vous recommande instamment. Je m'attendais à vous trouver résigné, je ne vous félicite pas moins de votre philosophie pratique.

Je ne vous conseille pas de prendre pour sujet de thèse

seulement une dépense déplacée de talent. — Les plus grandes exclamations étaient venues de M. Portalis et de M. Franck, de M. Franck surtout : les Allemands sont obscurs, mais c'est plus qu'allemand. Pour lui, M. Noirot, il n'avait été en rien de cet avis. — Ce qui empêche la publication du rapport [de M. Portalis], pensait-il, c'est le désaccord des membres du bureau sur les motifs de ton exclusion ; et le désir de laisser tomber [dans l'oubli] un blâme injuste tombé sur toi et sur l'enseignement philosophique de l'École. » — Lettre de M. Jules Simon à H. Taine, octobre 1851 : « Bénard convient qu'on a mis un peu de passion dans le jugement de votre dernière épreuve : il paraît que M. Portalis déclare dans son rapport que votre leçon est toute une révélation contre l'enseignement de l'École et qu'on ne saurait trop tôt se débarrasser de professeurs qui forment de tels élèves. Je vous donne ce renseignement sur la parole de Saisset. » — Le rapport de M. Portalis fut le seul qui ne fut pas publié ; il a disparu des Archives du ministère de l'Instruction publique, ainsi que le dossier de M. Taine. — V. G. Monod, *ib.*, p. 70.

la *Logique* de Hegel[1]. Le sujet ne serait pas accepté de la Faculté. La psychologie, même élémentaire, est en grande partie à créer. Concentrez cette année toutes vos lectures et toutes vos méditations sur cette partie si neuve et si intéressante de la Science.

Ainsi encouragé et conseillé, Hippolyte Taine partit rejoindre sa famille à Vouziers dans l'attente du poste dont il devait être pourvu au mois d'octobre.

1. Voir p. 139, lettre du 22 octobre 1851.

TROISIÈME PARTIE

L'ANNÉE DE PROFESSORAT

CHAPITRE I

Nomination à Nevers. — Préparation des cours, de l'agrégation de philosophie et des thèses sur la Sensation. — Correspondance.

Une nouvelle existence non moins remplie que la première allait commencer en province. Le grand désir de Mme Taine et de son fils avait été qu'Hippolyte Taine obtînt un poste dans un lycée près de Paris, afin que la séparation fût moins grande et qu'il pût remplir plus aisément auprès de ses jeunes sœurs son devoir de chef de famille. Il souhaitait vivement aussi la proximité des bibliothèques et des grands centres scientifiques qui devaient faciliter la suite de ses études physiologiques.

Des amis s'étaient entremis à cet effet auprès du ministre, et parmi eux M. Guizot[1] lui-même, à qui son gendre Cornélis de Witt avait présenté le jeune Normalien. Mais les méfiances universitaires avaient prévalu, on désirait l'éloigner, et il fut nommé au collège de Toulon[2]; cédant à de nouvelles démarches, le ministre consentit cependant à lui confier[3] la suppléance de philosophie de Nevers, devenue vacante par la maladie du titulaire. Ce n'était qu'un collège, et le poste était considéré par ses amis comme très au-dessous de ses mérites. M. Taine dut en prendre possession

1. Voir p. 142.
2. Le 6 octobre 1851.
3. Le 13 octobre 1851.

immédiatement, préparer à la hâte ses leçons et organiser sa vie matérielle, s'occupant pour la première fois de détails pratiques très antipathiques à sa nature contemplative. Il prit son parti de toutes ces petites contrariétés avec sa résignation accoutumée et s'appliqua tout d'abord à rassurer sa mère dont la tendresse inquiète s'alarmait pour lui de ce complet changement d'existence.

Cette année de professorat fut peut-être la plus laborieuse et la plus fructueuse de la vie d'Hippolyte Taine; à la préparation de l'agrégation de philosophie, supprimée en décembre[1], succéda aussitôt celle de l'agrégation des lettres[2]. Il écrivait en vain ses thèses de psychologie qui furent refusées[3] et il dut se retourner vers les sujets plus innocents de La Fontaine et des jeunes gens de Platon. La persécution intellectuelle dont il fut alors l'objet l'empêcha sans doute de verser dans l'abstraction pure, et, en le contraignant à s'occuper de nouveau de littérature et d'histoire, elle nous a valu des œuvres comme l'*Histoire de la Littérature anglaise* et les *Origines de la France contemporaine*. Mais ce ne fut pas sans un profond déchirement, dont on verra la trace dans sa correspondance de 1852, qu'il se détacha momentanément de celle que Prévost-Paradol[4] appelait « sa chère et pure maîtresse », la recherche philosophique de la vérité absolue. Il ignorait encore qu'une vocation comme la sienne, doublée d'une volonté ardente, résiste aux pires épreuves et que tous ses travaux littéraires, esthétiques et historiques ne seraient que les applications variées de ses théories psychologiques.

Le plan de son cours absorbait un temps précieux qu'il aurait voulu consacrer à des spéculations plus hautes; mais il considérait ce sacrifice comme la rançon de son indépen-

1. Voir p. 183, lettre à Prévost-Paradol.
2. Voir p. 193.
3. Voir p. 249 et suivantes.
4. Gréard, *ib.*, p. 149.

dance. Il avait quelques élèves assez intelligents qui comprenaient ses leçons, et comme au début il espérait encore passer, l'été suivant, son agrégation de philosophie, comme il préparait une thèse de psychologie, il pensait travailler à la fois son cours, son examen et sa thèse[1]. C'est pendant les soirées solitaires de Nevers qu'il commença cette série d'observations sur lui-même qui devaient trouver place dans le traité des Sensations et qu'il a utilisées plus tard dans la théorie de l'Intelligence. Il passait de longues heures au coin de son feu à analyser ses sensations de tact, d'odorat, de vue, d'ouïe, de goût; et il les consignait dans des notes qui nous ont été conservées[2].

Nous ne nous étendrons pas davantage sur cette période de sa vie; ses lettres contiennent les faits essentiels et nous montrent toutes les vicissitudes par lesquelles il dut passer, avant de sortir définitivement de l'Université. Il avait, comme les années précédentes, conservé quelques analyses de ses lectures et les manuscrits de ses premiers travaux. Nous les indiquerons en note dans le courant de la correspondance.

A SA MÈRE

Nevers, 15 octobre 1851

Tout va bien; j'ai une jolie chambre, gaie, au second, sur la plus belle rue, avec un cabinet de toilette et une petite antichambre; une multitude d'armoires, etc.; je dine dans une bonne pension bourgeoise, avec plusieurs

1. Voir p. 160, lettre du 23 novembre 1851, et p. 205, lettre du 5 février 1852 : « C'est une bonne chose pour apprendre que d'enseigner; j'ai vu beaucoup de vérités nouvelles en psychologie, en rédigeant mon cours. »
2. Page 179, note 1.

professeurs du collège. — Le principal a l'air aimable, il sort de chez moi, et m'invite à dîner pour demain. Je commence vendredi mon cours ; demain ma journée sera remplie de visites. Le principal me promet la préparation au baccalauréat ; ce sont cinq heures par semaine, je ferai expliquer, faire des versions ; la peine sera petite. J'aurai cinq cents francs pour cela.

... J'arrive à peine, et je n'ai rien encore à vous dire : les professeurs que j'ai vus ne m'ont pas l'air fort distingués de manières et d'esprit. Le proviseur paraît bon homme et il est mieux que les autres. Mais n'aie pas peur que je m'encanaille. Je n'ai point encore réglé mon temps ; il faut que je voie ce qu'exigeront ma classe et ma conférence. On dit que les environs sont fort jolis, je ferai force promenades. Je vais apprendre beaucoup, connaître les hommes et les choses. Il était temps de quitter le couvent et de toucher la vie réelle ; cette année-ci est peut-être pour moi une occasion unique de toucher de près la petite ville, ses habitants, le médiocre collège, la vraie province ;

> Un jour il redirait à ses petits-enfants
> Les mœurs de la République
> Nivernique.

Ma chambre est fort gentille, sauf trois tableaux, qui représentent des brigands italiens surpris par les soldats du pape, et l'héroïne, canonnière de Saragosse ; ils sont dignes du poisson de Tobie et du chien phénoménal à jambes de cheval. Je les aurais fait enlever, n'eût été la crainte de choquer l'amour-propre de ma propriétaire. Commencé-je à cacher mes opinions et à ménager les gens? Prudent comme le serpent, fort comme le lion!

A ÉDOUARD DE SUCKAU[1]

Nevers, 22 octobre 1851

My dear, merci et voici :

Je suis suppléant de philosophie à Nevers à 1 200 fr. au lieu de 1 800 à Toulon. Ma mère, tu le conçois, était fort triste, mais je l'ai tant exhortée et j'ai paru si content qu'elle a fini par prendre son parti. J'ai trouvé ici en arrivant qu'à ma classe était jointe une préparation au baccalauréat, de cinq heures par semaine, et de cinq cents francs par an; de sorte que Nevers vaut à peu près Toulon. En me tenant à mon traitement, j'aurai trop. Que veux-tu qui me coûte? Le théâtre ici est exécrable, j'irai peu dans le monde, mes livres et mon piano sont achetés, l'estaminet me dégoûte, et je passe la journée dans une chambre à travailler.

J'ai seize élèves. Rougis, Monsieur le premier agrégé, professeur de lycée. Ils m'ont l'air à peu près aussi niais qu'à Paris, bien plus ignorants, beaucoup plus dociles. Ma conférence de baccalauréat, le soir, me fait repasser l'antiquité, l'histoire et la littérature. Le mal n'est pas grand. Ailleurs je n'en parlerais jamais. Je dîne à table d'hôte avec deux professeurs de mathéma-

1. Suckau (Édouard de), né en 1828, entré à l'École normale en 1848, mort à Aix en 1867. — Voir Gréard, *ib.*, p. 12. — M. de Suckau venait d'être nommé professeur au lycée de Saint-Étienne.

tiques (dont l'un est Roulier[1]) deux clercs de notaire, un premier commis de la poste, un rédacteur de l'enregistrement, bonnes gens d'ailleurs, un peu criards, pas assez distingués, libéraux et peu chrétiens. Le malheur est qu'ils n'ont pas tout l'esprit qu'il faut pour en avoir assez. J'ai visité les autorités. Elles étaient absentes; mes collègues aussi pour la plupart, j'ai laissé des cartes. L'aumônier a plus d'esprit, mais c'est un coquin; il me rendait ma visite, et je le conduisais sur l'escalier : « Nous nous aiderons, me dit-il, nous nous avertirons; par exemple vous me feriez savoir si un de vos élèves montrait de *l'irréligion*. » J'étais stupéfait; quand j'ai voulu lui répondre, il était déjà descendu. Le sous-principal (moi, pauvre hère, ici je n'ai pas de censeur) est un gros pataud, jovial, libre en propos, bon homme. Le principal va à vêpres, est très amical, m'a invité à dîner. Sa femme a du monde, m'a parlé anglais, est fort réactionnaire et catholique, parle bien; c'est la seule personne que je voudrais voir ici (pas de mauvaise interprétation, elle a 50 ans). Le recteur est prêtre, mais bon universitaire et bienveillant pour le collège; l'évêque est dangereux[2].

Je ne verrai guère de monde; je suis trop aristocrate d'esprit, et l'air nivernais est trop béotien. Je feuilletterai seulement de temps en temps mes voisins ou mes

1. Roulier (Pierre-Jean-Baptiste), né en 1826, entré à l'École normale (sciences) en 1846, mort en 1868 professeur au lycée de Port-au-Prince (Haïti).

2. Mgr Dufêtre (Dominique-Augustin), né en 1796, évêque de Nevers de 1842 à 1860, célèbre comme prédicateur sous la Restauration et la Monarchie de Juillet.

collègues. Je fais ma classe avec soin et *prudence*, tâchant d'introduire quelques idées dans ces cervelles novices, cela me prépare à l'agrégation. — Voilà mon moi inférieur. Mais je me retire la moitié de la journée dans une région meilleure, dans votre commerce, mes amis, ou avec mes livres, mon piano et surtout mon travail. J'expérimente sur moi-même, mon cher, j'ai commencé une longue étude sur les Sensations[1]. Tu sais que selon moi, c'est le point de départ de la psychologie, et qu'on y trouve les notions les plus nettes sur la nature de l'âme, etc. Cela sera peut-être ma thèse. M. Vacherot m'a dit qu'on ne recevrait pas une exposition de Hegel[2]. Cela sera à tout le moins le commencement de longues recherches de psychologie. Voilà, mon cher Édouard, ma société pour l'hiver; je mets mes pieds sur mes chenets, je tisonne, je fume, je lis, je vais mener la vie d'un solitaire. Pourvu que mon cerveau soit plein, que le reste aille comme il voudra. Je suis sûr de ne pas m'ennuyer.

Tu reconnais ton Cac[3] n'est-ce pas? Mais le Cac sans son Édouard est incomplet. Tu me manques, mon bon Ed., je croyais t'être bien attaché; mais le jour de l'agrégation tu t'es conduit si fort en sœur de charité, en madone de la miséricorde, que je t'en conserve un souvenir filial. Tu as pansé ma blessure avec la main la plus douce que j'aie jamais sentie, et cela ne s'oublie

1. Voir p. 195, lettre du 15 janvier 1852.
2. Voir p. 129.
3. Cacique; surnom donné aux chefs de promotion à l'École normale.

pas ; je te devrai toujours pour ce que tu as fait ce jour-là. L'an prochain, si pareille chose m'arrive, je compte encore sur tes consolations ; voilà, mon cher, l'ennui de cette année, c'est cette crainte si bien fondée, ma carrière interrompue, mon avenir incertain ; j'ai voulu passer sous les fourches caudines ; repoussé une première fois, réussirai-je ? Ma foi, tant pis, et d'avance je suis préparé à un second malheur.

Je ne sais pas ce que c'est que ce plan d'études qu'on me demande. Si c'est un programme, c'est celui du baccalauréat. Une profession de foi ! Allons donc. Le principal va me montrer celui de mon prédécesseur. Écris-moi sur tes projets en philosophie, sur tes doctrines actuelles, rends-moi l'Édouard de l'École.

Je suis prudent comme le serpent. Que Dieu te bénisse, mon très cher frère.

A MADEMOISELLE VIRGINIE TAINE

Nevers, 29 octobre 1851

Tu me demandes des détails, ma chère amie ; c'est pourtant peu amusant. Enfin, les voilà : je me lève à cinq heures et demie. Je prépare ma classe jusqu'à sept heures et demie. Je la fais de huit à dix. Je joue du piano jusqu'à onze, déjeuner jusqu'à midi. Je m'occupe d'études personnelles de midi à quatre heures, et de sept à dix. Je fais une conférence au collège de quatre heures et quart à cinq heures et quart, de la musique de cinq heures et quart à six heures, et je dîne de six à sept. Mes jeudis et mes dimanches sont libres.

Je fais la conférence du baccalauréat; mes élèves sont ignorants, mais pleins de bonne volonté, et j'éprouve quelque plaisir à faire entrer des idées dans ces cervelles neuves. Ma conférence me fait relire les grands auteurs, et c'est tout gain. Ma classe me fait préparer mon agrégation et résumer mes idées. Somme toute, il n'y a que des bénéfices au quotient.

Je me trouve fort bien, ma chambre est gentille, mon lit doux; quand j'ai mal à la tête de travailler, j'ai mon piano ou mes cigarettes: j'ai commencé deux longs travaux, les idées me trottent dans la tête, et babillent tout le jour. Je n'ai pas une minute pour m'ennuyer. J'aurai peu de relations avec mes compagnons de table, faute de sympathie. Peut-être quelques-unes avec le professeur de rhétorique. J'ai fait de la musique hier avec Mme la principale qui n'est pas fort habile. J'aurai aisément quelques salons, si je le désire. Je ne le désire guère, je jouis trop pleinement de ma solitude et de ma liberté. Mes livres et ma musique me rappellent tant de choses, tant d'entretiens, de causeries le soir au coin du feu! Qu'il est difficile de causer! Des banalités guindées avec mes collègues, des plaisanteries avec mes commensaux, voilà tout. Chaque jour, je trouve le niveau humain plus bas. Mais je m'enfonce dans ma philosophie, et (pardon de l'impertinence) je me trouve d'assez bonne compagnie pour rester sans ennui seul avec moi.

Mon oncle Alexandre est venu lundi. Je l'ai conduit à ma table d'hôte, et nous avons jasé chez moi toute la soirée en prenant de *mon* café, devant *mon* feu attisé de *mes* mains. Je ris de moi-même en songeant que je suis propriétaire, administrateur. Je te jure que je m'en tire bien. Je ne vois pas de dépense à faire; ce qui coûte aux jeunes gens c'est le plaisir, et je trouve le mien fort économiquement, assis à ma table. J'ai l'orgueil de ne point trouver amusants les amusements des autres; je serais malheureux si je ne voyais d'autre but à ma vie que d'arriver à un rang quelconque. Mon ambition déborde au delà, et ma volonté n'a jamais failli à mon ambition.

M. N... m'a écrit une lettre de conseils donnés d'un peu haut avec une certaine petite nuance d'aigreur. Je lui ai répondu convenablement, lui disant que je n'étais pas un vampire, que je ne prétendais renverser aucune des croyances des jeunes gens qu'on me confiait, que mon enseignement était *à côté*, que je ne parlais pas de métaphysique, mais simplement des actions de l'esprit, des règles du raisonnement et de la conduite. — Il paraît qu'on avait écrit du ministère la phrase suivante à M. Guizot : « Nous espérons que M. Taine par la sagesse de son enseignement et de sa conduite justifiera la confiance des personnes honorables qui, etc... » Tu comprends ce que cela veut dire en style administratif. Sur cela M. N... me croyait pestiféré; je lui envoie le programme de mon cours, comme certificat de salubrité. — Mais quelle vilenie que celle de l'École ! Car je n'ai donné lieu à cette opinion par aucune action extérieure. Qui donc a espionné nos conversations ? M. Y... grâce à ses zélés ? M. Z... ? On m'a raconté ici des sournoiseries qu'il a faites autrefois. J'hésite et je cherche. Le plus clair est que je vais faire le mort ici afin d'être en odeur de sainteté l'an prochain.

Ma santé est très bonne : que ma mère ne s'inquiète pas et ne s'afflige pas. Mon malheur n'est guère qu'une blessure d'amour-propre. Si je veux réussir plus tard, il me faut quelques années de méditations solitaires. Je travaille de grand cœur ici, je mûris mon blé pour la moisson. — Écris-moi aussi l'emploi de votre journée, les lectures que tu fais, ce que tu en penses. Si vous avez repris les livres de Rethel, lis l'*Essai sur les Mœurs* et *Charles XII* de Voltaire, et l'*Émile* de Rousseau. ou bien encore les *Caractères* de La Bruyère. Discutons un peu par écrit. Fais aussi que ma mère se mette un peu à lire ; c'est le seul moyen de calmer son esprit et d'oublier ses ennuis. L'action de la pensée est la meilleure médecine pour la tristesse. J'ignore l'avenir, mais certainement votre éducation vous a fourni un refuge, qui est la société des grands esprits et des artistes du temps passé. On oublie l'insipidité de la vie présente, et la sottise de ceux qu'on fréquente, quand on songe à cet autre monde. L'éducation n'est qu'un billet d'invitation pour ces nobles et heureux salons.

Je conseille à ma Sophie de prendre Froissart dans nos livres. Si vous pouviez avoir les Mémoires de Saint-Simon, ce serait mieux encore. Envoyez-moi la liste de

vos principaux ouvrages, afin que je puisse vous indiquer des lectures.

A PRÉVOST-PARADOL

Nevers, 30 octobre 1851

Mon cher Prévost[1], j'ai eu à faire tant de lettres
d'obligation, que j'ai dû remettre les lettres de plaisir.
Ainsi tu m'excuses, n'est-ce pas? D'ailleurs tu as eu
peut-être de mes nouvelles par Edmond[2], à qui j'ai envoyé un travail sur Homère. A propos, demande-lui s'il
l'a reçu et dis-lui qu'il m'écrive (son adresse est rue
des Francs-Bourgeois Saint-Michel, Hôtel Saint-Michel).

Me voilà donc sorti du port, où tu te reposes encore, et
lancé sur l'océan de la vie ! Cet océan, mon ami, est un
marais, une flaque d'eau dormante. Tout cela est plat
et insipide. Que te dirai-je de mes compagnons de table?
Gais, honorables, d'éducation libérale, qui ont fait leur
droit à Paris, assez libéraux d'opinion, non mariés ;
deux clercs de notaire ; deux employés de l'enregistrement; deux professeurs du collège. On dit des gau-
drioles, des gravelures, on fait des calembours ; ils s'en-
rouent sur la politique, ils ont parfois un peu d'esprit.
Mes autres collègues, le principal, les gens que je vois,
tout cela est suffisamment bien élevé, tout cela parle, paraît penser, mais tout cela est ennuyeux. J'ai été gâté par
l'École, nous ne la retrouverons nulle part. Ce plaisir

---

1. Gréard, *Prévost-Paradol*, p. 175.
2. M. Edmond About. Le travail en question est perdu.

de sentir autour de soi des esprits hardis, ouverts, jeunes, excités par des études et un contact perpétuel, est perdu pour toujours. Arrivé à un certain âge, on se raidit dans ses idées, ses habitudes; l'opinion et les intérêts vous gouvernent. On a l'air de penser, de sentir; au fond on ne fait que se souvenir; la pétrification est fatale. Si la mort n'était pas là pour faire des générations nouvelles, les idées n'avanceraient pas d'un pas, et nous bâtirions encore des pyramides comme les Égyptiens.

Je combats de mon mieux contre l'engourdissement. Je travaille deux heures chaque matin pour ma classe qui se fait à huit heures. Il me reste sept heures par jour, plus les jeudis et les dimanches, pour mes études personnelles. J'ai recommencé de longues recherches sur les Sensations. C'est là qu'on voit le plus nettement l'union de l'âme et du corps. Ce sera là ma thèse, si on ne veut pas une exposition de la logique d'Hegel[1].

Je lis cette diablesse de logique, et je la comprends, mais,

> Elle est plus difficile à forcer qu'une vierge.

Enfin cela me monte dans une haute région. Voltaire disait à Mme du Deffant que les songes métaphysiques avaient cela de bon qu'ils vous mettaient dans l'Empyrée.

> Si c'est un passe-temps pour se désennuyer
> Il vaut bien la bouillotte, et si c'est un métier
> Peut-être qu'après tout ce n'en est pas un pire
> Que fille entretenue, avocat ou portier.

1. Voir p. 162, note.

Tu vois ma vie; aujourd'hui jeudi je vais aller voir la campagne; une ou deux fois le soir j'ai fait de la musique avec Mme la principale; je fume et me chauffe, j'ai ici quelques belles sonates; somme toute, je suis content.

Nous avons un bon recteur, quoique prêtre. Il m'a conseillé la prudence; je fais le cours le plus innocent en apparence qu'on puisse voir[1]. Rien que de la psychologie, de la logique et de la morale. J'annonce dans mon programme que je m'étendrai peu sur la Théodicée, et qu'à cause des difficultés de cette partie de la science, je substituerai à ma parole les textes et l'autorité de Descartes, Bossuet, etc.... Je ferai quatre à cinq mois de psychologie; mes élèves en me quittant ne croiront pas que nous voyons Dieu face à face, et que l'âme est un petit être logé nulle part, ou qu'une pierre est un composé de monades immatérielles, comme on nous l'enseigne avec tant de succès. Du reste, circonspection parfaite. Vivent Dieu, le roi, les gendarmes et leur auguste famille!

Je me tiens coi chez moi; je ne cite en classe que

---

1. Le cours de philosophie n'était peut-être pas aussi innocent que M. Taine le pensait. Il a conservé les programmes dictés (voir lettre du 25 novembre, p. 161) de 49 leçons de psychologie et de 25 leçons de logique. Les leçons de psychologie s'abritent en effet sous les noms d'Aristote, Descartes, Reid, Cousin, Jouffroy, Maine de Biran; mais Locke, Hume, Condillac, Cabanis et Müller interviennent aussi de temps à autre. Il est difficile de croire qu'au moment où il écrivait la première ébauche de ce traité des *Sensations* qui devait devenir le sujet de sa thèse, un homme aussi sincère n'ait pas trahi ses convictions, lorsqu'il traitait de la perception extérieure, de la sensation, de l'association des

des observations des psychologues ou de physiologistes.
Je suis avec tous d'une politesse extrême, j'ai coupé
tous les bouts d'oreilles qui passaient.

> Témoin maître Mouflard, armé d'un gorgerin,
> Du reste ayant d'oreille autant que sur ma main,
> L'évêque ne saurait trouver par où le prendre.

Tu diras que je fais des citations sous moi, comme le
bon évêque de Chartres des mandements ; mais considère que mes poètes sont maintenant ma seule compagnie, et qu'on se sent de ceux qu'on hante. Prie Dieu
que je ne me sente pas trop des gens que je hante ici !

Où en est ton Bernardin[1]? Heureux lauréat, va !
Édouard m'a écrit. Allons, à l'an prochain et tâchons
d'être dans la même ville. Je te voudrais pour ana-
chorète dans mon désert.

Dis à N... que je lui répondrai sous peu. Tu vas continuer à le conduire dans le sentier de la vertu, n'est-ce
pas ? Des nouvelles de l'École et des recrues qu'on y
peut faire.

Passe donc, si tu en as l'occasion, rue Richelieu, chez
Franck, en face de la Bibliothèque, et dis-lui qu'il m'envoie la fin de mon Hegel.

Demande pardon à Planat pour moi. Je ne lui ai pas
encore écrit.

---

idées ou des images. Le plan de la leçon sur les images contient
un renvoi à la *Théorie de l'intelligence*, ébauchée en 1849. — Voir
appendice III le plan de ces cours (p. 366).

1. Prévost-Paradol écrivait un *Éloge de Bernardin de Saint-
Pierre*, qui obtint le prix d'éloquence à l'Académie Française
en 1852.

A MADEMOISELLE SOPHIE TAINE

Nevers, 9 novembre 1851

Mais pourquoi donc vous imaginer que je suis malheureux? Puis-je l'être avec ces études qui m'enchantent et ces idées qui se remuent incessamment dans ma cervelle, et causent avec moi comme les meilleures et les plus charmantes amies? Ma vie est si remplie que je n'ai pas un moment pour m'ennuyer ou m'attrister. Quand je me lève j'y songe en m'habillant, et j'oublie qu'il serait plus doux de rester au lit. Le grand malheur, après tout, de travailler le matin dans une bonne robe de chambre, les pieds sur un tapis! L'habitude a été prise à l'École et je la garde; c'est deux heures de plus que j'ajoute chaque jour à ma vie; au bout de douze ans, cela fait une année. Vivre, c'est agir et produire; et tu n'aurais pas d'estime pour une femmelette ou un paresseux.

C'est bien de lire Froissart; mais n'y cherche pas les faits; remarque simplement et mets en note les *traits de mœurs*. Du reste lis-le comme un roman. Tu peux lire de même Rollin, mais cela te profitera moins. Je vous avais demandé la liste des livres. Prie ma mère de te donner Bernardin de Saint-Pierre; lis les lettres de Racine à son fils, à Boileau, et sa correspondance de jeunesse; le cours de littérature de M. Villemain, celui de M. Nisard. Ta mère t'indiquera des lectures dans Mme de Staël; je tiens beaucoup à ce que tu te procures la *Révolution Française* de M. Mignet. Cela n'a que deux volumes et t'épargnera M. Thiers. N'extrais point de faits, prends seulement note des traits de mœurs, ou écris des jugements; puis, dans cette petite feuille que tu ajouteras aux lettres de ma mère, mets-en quelques-uns en abrégé. Lire est maintenant ta grande affaire. Tes anciens cours te fournissent un cadre; les idées que tu tireras de tes lectures le rempliront.

J'ai les élèves les plus dociles, tout va bien au collège; le principal m'invite à passer demain la soirée chez lui. Personne ici n'a inventé la poudre, mais je trouve partout de la bienveillance ou de la politesse. Je n'ai aucun embarras; tous les soins de la vie domestique se réduisent à peu de chose ou ne s'aperçoivent pas. Ma vie est à peine changée; j'ai emporté avec moi l'ameublement de mon cerveau, de sorte que je me retrouve dans le même monde. Ajoutez mon piano et mes livres. Quand je suis à ma table ou les pieds à mon feu, suivant mes idées ou écrivant mes expériences, je suis au paradis; puis, si j'ai mal à la tête, quelle musique tendre et expressive que Mendelssohn et Mozart! Quand je pense à tant de pauvres diables, je suis près de devenir socialiste contre moi-même, et me maudire comme privilégié.

Je vais toucher cent francs et quatre-vingts centimes pour mes frais de voyage : je suis un Crésus. Nous nous verrons, mais c'est moi qui irai[1]; j'aurai peut-être une dizaine de jours, et que ferait ma mère ici pendant que je préparerais mes leçons ou que j'irais au collège! J'aime cent fois mieux revoir notre vieille maison et passer une bonne longue semaine au coin de notre feu. Allons, co-

1. A Vouziers.

raggio, mia cara, et en avant, de par Dieu! Un jour, quand je serai ministre, quel contraste agréable de penser au collège de Nevers!

Je m'habitue à mes compagnons de table, et aux gens à qui je rends visite; mais, franchement, je suis mieux seul. Est-ce vanité? En ce cas ce serait aussi flatterie; car vous m'avez rendu difficile. Oui, ma chère, un jour tu sauras combien c'est chose rare que du naturel, du sentiment, de l'esprit et de l'instruction réunis, et vous vous apprécierez vous-mêmes.

A PRÉVOST-PARADOL

Nevers, 16 novembre 1851

Tu es un être adorable; si j'étais Ed. je t'embrasserais, pour te récompenser d'une pareille lettre[1]; tu es moi, je suis toi. Cela est charmant.

Mon bon ami, que tu as raison de trouver la science mystique[2]! La nature est Dieu, le vrai Dieu, et pourquoi? Parce qu'elle est parfaitement belle, éternellement vivante, absolument une et nécessaire. N'est-ce point parce que leur Dieu est tel, que les chrétiens l'aiment? Et si nous n'en voulons point, c'est que ses caractères humains

---

1. Gréard, *ib.*, p. 175.
2. Gréard, *ib.*, p. 177 : « Est-il possible d'établir sur le panthéisme un mysticisme raisonnable?... Comment nourrir le cœur sans mentir à la raison? Octave m'a souvent fait cette question. Non, lui dis-je, il y a un mysticisme scientifique.... La nature tend au bien qui est le développement de son ordre.... »

l'avilissent, jusqu'à en faire un roi, ou un amant. Je dirais donc à notre Gréard : « Le vrai Dieu a ce que tu aimes dans le Dieu chrétien; il n'a pas ce que tu y méprises. Il satisfait donc ton cœur comme ta raison. Laisse à des religieuses un Dieu amant, à des valets un Dieu roi. Homme libre et savant, ton Dieu ne peut être que le Tout infini et parfait. Ceux qui nient qu'il soit Dieu en disant qu'il est multiple et imparfait, l'ignorent. La multiplicité, l'imperfection, la contingence ne sont qu'une illusion de l'esprit qui abstrait. Une partie du monde appelle l'autre comme un organe du corps humain nécessite tous les autres; et le monde est un, comme le corps humain. Chaque partie du monde est imparfaite, parce qu'elle a son complément et le reste de son être dans les autres, et qu'ainsi le Tout est parfait. Ceux qui nient que ce Dieu puisse être adoré ignorent les ravissements de la science. L'homme qui, parcourant les lois de l'esprit et de la matière, s'aperçoit qu'elles se réduisent toutes à une loi unique, qui est que l'Être tend à exister; qui voit cette nécessité intérieure, comme une âme universelle, organiser les systèmes d'étoiles, pousser le sang de l'animal dans ses veines, porter l'esprit vers la contemplation de l'infini; qui voit le monde entier sortir vivant et magnifique d'un unique et éternel principe, ressent une joie et une admiration plus grandes que le dévot agenouillé devant un homme agrandi : chaque objet qu'il rencontre rappelle au chrétien son architecte; chaque objet nous montre l'âme et la loi universelle qui meut tout. Lequel vaut mieux, de songer à l'habileté d'un grand jardinier, lorsqu'on regarde la campagne. ou d'y contempler un Être vivant qui se repose et se développe, et qui remue en nous toutes les sympathies du cœur? »

Si tu étais ici, mon cher ami, quels beaux entretiens au coin du feu! Mais tu es loin, et tu es le seul au monde à qui je puisse parler de ces choses. Moi aussi je converse avec toi absent. Pendant que je te donnais Spinoza, tu me donnais Burdach[1] et Geoffroy-Saint-Hilaire[2]; je devenais naturaliste et toi métaphysicien; et aujourd'hui nous sommes un seul et même esprit. N'aie pas peur que je mollisse. Nous combattrons ensemble, fussions-nous seuls. Je prépare toutes sortes d'armes. Je ferai ma première sortie en psychologie[3]. Il y a là des choses admirables à dire sur les sensations, les mouvements, la génération des passions, contre la vision de Dieu, et l'âme séparée du corps. Il y a toute une série d'explications à substituer aux causes finales. La nature qui, en produisant des individus, isole des autres une portion de la matière, rétablit *l'unité* par la constitution des sens. L'œil est fait en vue de la lumière, n'existe que pour elle, de même que le foie n'existe que pour l'estomac et n'est organisé que pour dissoudre les aliments. Cette relation constitue son être, et comme pour conce-

1. Burdach (Ernest), physiologiste allemand, né en 1801, mort en 1876.

2. Geoffroy-Saint-Hilaire (Étienne), zoologiste, né en 1772, mort en 1844. M. Taine lisait également les livres d'Isidore Geoffroy Saint-Hilaire et suivit plus tard ses cours au Muséum. (Voir p. 309, note 2).

3. Voir p. 179.

voir une relation, il faut rassembler en un les deux termes, l'œil et la lumière ne peuvent être conçus qu'en rassemblant dans une unité supérieure la nature et l'homme vivant. Au-dessus des sens, est la Pensée, qui n'existe elle-même que par sa relation avec son objet, qui a pour objet le Tout, et qui établit ainsi l'unité de toute la nature. L'Être, d'abord indéterminé et multiple, se détermine ensuite par des individus isolés, et acquiert enfin sa plus haute détermination en réunissant ses individus isolés dans une unité universelle. La psychologie ne mène-t-elle pas bien loin?

De nouvelles, point. Suckau m'a écrit. Sa mère est chez lui, il est bien heureux. Il me consulte pour un sujet de thèse. Edmond m'a écrit aussi, me disant de le réveiller. Il est dans un monde de plaisirs, et ne peut plus retirer ses pieds embourbés. Il a des sens trop vifs, un esprit trop brillant, un trop grand besoin de jouir et de paraître. Mais quel être fort, s'il voulait! Vois-le et fais-en un combattant. Je comprends parfaitement que tu ne sois pas attiré vers lui. Vous êtes chargés tous deux d'électricité positive, et vous vous repoussez. Édouard, Sarcey, moi qui sommes plus tranquilles, et d'électricité négative, nous vous attirons. N'est-ce pas cette douceur charmante qui te fait aimer Édouard? Mais, je le répète, vois Edmond. Son caractère n'est pas « un sensuel égoïsme ». C'est une force capable de se porter de tous côtés, qui va maintenant de celui-là. Mais il est capable d'aller de l'autre. Je l'ai vu étudier Platon et Aristote pendant un mois de suite; le plaisir de battre les catholiques en ferait pour six mois un bénédictin. Il est surtout agissant et militant. C'est de ce côté qu'il faut lui représenter les choses. D'ailleurs il a trop d'orgueil pour se résoudre à n'être qu'un homme d'esprit. — Et mon pauvre Planat? Il ne me répond pas. Tu sais qu'au fond il est triste de sa position précaire, de l'oubli où il lui faut mettre toute philosophie et toute pensée. Celui-là du moins aurait fait un vaillant soldat. Dis-moi où il en est, ou dis-lui qu'il m'écrive. Il est le troisième membre de notre ancienne Trinité de Bourbon. Allons, mon père ou mon fils, va voir notre Saint-Esprit.

On a donc trié les candidats à l'École qu'on l'a empoisonnée de la sorte? Lachelier, le chef de 1re année, est-il parpaillot? Salut, mon cher pape. Prenez sur vos épaules les brebis égarées, et nourrissez-les de nos traditions. Cela est comique en effet, des hérétiques, les plus hérétiques de tous, primer les autres! Le parti N. va renaître. Voilà donc le diable chef de file du bon Dieu.

Crouslé est bien disposé. Plantes-y le bon grain. Notre puissance est bien petite. Plus tard peut-être?

Adieu, mon bon ami; as-tu pressé mon libraire de la rue de Richelieu, qui ne m'envoie point mes livres allemands? Ce que j'en ai est bien beau. Quelle bonne idée j'ai eue d'apprendre l'allemand! La source de Burdach, de Geoffroy-Saint-Hilaire est là. Hegel est un Spinoza multiplié par Aristote. Cela est bien différent des ridicules métaphysiques dont on nous a nourris.

A SA MÈRE

Nevers, 18 novembre 1851

M'oubliez-vous, ma chère mère, que vous ne me répondez pas, et votre temps n'est-il pas libre, que je vois si peu de votre écriture? Le mien est pris tout entier : classes, travaux commencés, correspondance, je ne sais où donner de la tête. Mais je suis libre pour une heure et je veux causer avec vous. Je suis en classe, à ma table, mes élèves composent, je n'entends que le grattement de leurs plumes sur le papier.

De nouvelles point ; est-ce une nouvelle qu'une soirée passée chez le principal où je me suis ennuyé et où j'ai fait de la musique? Les dames sont prétentieuses, tout le monde joue au whist, ou médit de gens que je ne connais pas. Je suis mieux au coin de mon feu.

C'est ce coin du feu que j'aime. Je garde pour m'amuser les soirées du dimanche et du jeudi. J'approche un fauteuil, j'endosse une grande robe de chambre, je fais du café, je mets une cigarette à ma bouche, je prends un livre de littérature, Don Quichotte, Rabelais, La Fontaine, et je m'abandonne aux idées les plus douces, regardant mon feu qui pétille, les bouffées sinueuses du tabac qui s'envolent, écoutant le bruit sourd des voitures et pensant à nos soirées de Paris. Je suis artiste en café, et j'allume le feu avec un talent tout particulier. Voilà mon éducation complète.

Il me semble que je n'ai pas quitté la *Capitale* (comme on dit ici). Je vois à chaque instant des gens qui en reviennent. Mes compagnons de la table d'hôte y ont tous vécu. Ma vie est presque la même, et j'ai de plus, la liberté. Je vais quelquefois dans la campagne. Le pays est plat, les montagnes ne commencent qu'à cinq ou six lieues de là; mais je trouve que ces grands horizons et ces prés monotones ne sont pas sans charme. La ville est sur la rive droite de la Loire, échelonnée sur une haute colline; les rues sont étroites et montueuses. Mais beaucoup de maisons ont une forme antique et originale qui me plaît; et quelques vieilles tours et portes féodales empêchent de penser au plâtre et aux moellons. Il y a une bibliothèque assez mal montée, mais j'ai assez de mes livres. Au haut de la ville est une sorte de parc public, avec de l'herbe et de grands arbres, d'où l'on a une belle vue. Le neige et la pluie viennent; je ne profiterai guère de tout cela qu'en été. Mais je n'ai pas un seul moment d'ennui, mon temps est si rempli que je ne m'aperçois pas qu'il passe. Tu t'attristais quelquefois de me voir travailler. Eh! c'est la seule distraction et le plus grand plaisir.

Nous avons à table six hommes et trois chiens; un jour je vous raconterai les mœurs des gens et des bêtes. Les professeurs que j'ai vus gagnent beaucoup d'argent avec des répétitions, tondent les élèves, vont en ville. L'aristocratie paie cher les leçons qu'on donne à ses filles. J'en aurais si je voulais. Mais pouah! Un professeur est ici comme un épicier ou un charcutier. Il débite ses drogues pendant trente ans, puis achète une maison et des rentes avec ses économies, et vit en bour-

geois. D'âme ou d'esprit, d'ambition ou d'orgueil, point.
Ce sont des automates montés pour parler, et qui par-
lent tant qu'ils ont un larynx.

Voilà le moyen d'étudier que Sophie demande :
Résumer son auteur. — Résumer son résumé. — Résumer en quatre ou cinq lignes son second résumé.

A N. [1]

Nevers, 22 novembre 1851

Te suis-je donc si peu de chose que tu n'as point
confiance en moi et que tu ne me dis ton mal qu'après
qu'un autre me l'a appris ? Je ne pourrais t'exprimer,
mon cher enfant, combien ces nouvelles me font peine ;
je suis désolé d'être si loin, de ne savoir au juste ce qui
t'afflige, de ne pouvoir te consoler, te guérir, s'il est
possible ! Je suis donc un bien mauvais maître et j'ai
donc bien mal formé ton jugement, que tu souffres
d'aussi folles frayeurs ? Pense à moi, montre-moi que
tu m'aimes ; tu me l'as dit cent fois ; ne veux-tu pas me
le prouver ? A tout le moins raisonnons ensemble. Ne
l'aurais-tu pas dû faire déjà ?

1. On a vu avec quelle passion M. Taine poursuivait auprès de
ses camarades d'École sa croisade philosophique. Il est intéressant de montrer en regard combien il respectait les croyances
religieuses de ses amis, même lorsqu'elles étaient empreintes
d'exagération. Un jeune garçon de son entourage était tombé dans
un accès de mysticisme et de petites pratiques qui avait ébranlé
sa santé et détruit l'équilibre de son esprit. Ses parents, alarmés,
sachant son admiration pour M. Taine, prièrent celui-ci d'inter-
venir. Nous donnons ce fragment d'une lettre écrite par lui dans
cette circonstance délicate.

Je ne sais de quels vœux ou serments, de quels scrupules il s'agit. Dis-le moi, que je te réponde. Mais, quels qu'ils soient, tes inquiétudes viennent d'une fausse idée que tu te fais de Dieu. Des craintes avec lui? des engagements pris envers lui? La vraie religion ne le représente pas comme un créancier avec qui l'on contracte, prêt à vous poursuivre si vous manquez d'un point à une promesse imaginaire. Il n'a pas besoin de promesses, il ne faut pas lui en faire. C'est le traiter d'égal à égal et en homme; c'est le rabaisser et le dégrader. Le seul serment qu'on lui doive, c'est celui de ne jamais faire une action mauvaise et de garder toujours intacts sa dignité, sa probité, son honneur. Et tu sais bien que tu n'as jamais manqué à ce serment. Peux-tu en faire d'autres quand tu te le représentes tel qu'il est, c'est-à-dire comme un être infini, éternel, parfait, qui produit sans cesse le monde et l'élève nécessairement vers un état meilleur? Ne trouves-tu pas ridicule d'aller lui jurer je ne sais quelle petite chose, une petite pratique, une abstinence, quelque mortification, je ne sais quoi d'indigne et de mesquin? Le prends-tu par hasard pour un directeur de nonnes, risible distributeur de *Pater* et d'*Ave*, vérificateur à gages d'une liste de péchés véniels? Il faut penser de lui des choses plus hautes; on ne peut jamais rien croire de lui qui soit trop magnifique et trop grand. Pense à ce grand mouvement de l'Histoire, à cette suite de peuples qui, aux quatre coins du monde, ont concouru à former une civilisation unique, et à mettre l'homme au point de perfection où il en est.

Pense à cette formation incessante d'univers dans les espaces du ciel, qui se peuplent graduellement de créatures vivantes et forment comme un chœur divin d'êtres toujours plus beaux et plus parfaits. Voilà son action. N'est-ce pas là ce que nos conversations t'ont dit cent fois? Et demande-toi maintenant si ce n'est pas une dérision que tes scrupules. Il gouverne le tout et il agit dans chacun de nous; mais il agit par le mouvement intérieur qui nous porte au bien, qui nous défend de jamais rien faire de malhonnête, qui nous fait trouver notre bonheur dans la perfection des autres et dans la nôtre. As-tu jamais manqué à cet instinct sacré qui est sa voix? Tu ne lui as donc jamais désobéi et de lui tu n'as rien à craindre. — Remarque que je te parle là comme parlaient les plus illustres docteurs de l'Église. Tu sais que j'ai toujours respecté tes croyances, jusque dans les points où elles différaient des miennes. Je les respecte encore aujourd'hui. Ce n'est pas du christianisme que je te détourne, c'est de l'impiété. Il y a de l'impiété à rabaisser Dieu. Je te montre en ce moment la religion de Fénelon, de saint Clément [1], de saint Athanase, des Pères. C'est celle des âmes nobles. Ne va pas y préférer je ne sais quel mysticisme bigot, quelle superstition niaise, digne au plus d'un paysan devenu capucin ou d'une pauvre fille transportée de la grossièreté de la campagne dans l'ignorance du cloître. La religion diffère suivant les esprits, quoiqu'elle soit une.

1. Clément d'Alexandrie. Son nom fut effacé du martyrologe romain sous le pape Benoît XIV.

Les uns l'interprètent bien et s'en servent pour se nourrir de généreux sentiments, de hautes espérances, de grandes pensées. Les autres la faussent et en font une machine d'agenouillement, de processions, de macérations, de vœux, de pratiques ridicules, bonne à détruire la santé, à gâter l'intelligence, à chasser la paix intérieure. La religion, comme toute grande chose, ne peut servir qu'à faire du bien. Juge de la tienne par le mal qu'elle t'a fait.

————

A ÉDOUARD DE SUCKAU

Nevers, 25 novembre 1851

Cher Ed. j'ai écrit depuis que je suis ici une quantité si incommensurable de lettres, que tu dois excuser mes retards. Je suis loin de sentir du vide, comme toi, mon ami. La vérité est que je ne sais où donner de la tête. J'ai commencé par me charger de travaux, afin d'être sûr d'éviter cette bête incommode, l'ennui. Je crois que je l'ai trop bien évité. Du reste, tout va bien, ma santé, mes recherches. Je n'en trouve que plus de plaisir pendant mes soirées solitaires du dimanche et du jeudi, laissant trotter mes souvenirs et mes espérances dans ma cervelle, et faisant les cavalcades que tu sais dans le Possible et l'Impossible. Quelle bonne chose, mon cher, qu'un chez soi ! (Propriétaire, vas-tu dire.) Le fait est qu'avec du feu, des livres, du tabac, un piano, il n'y a plus d'ennui, il n'y a pas besoin de compagnie. La musique, comme disait Luther, est la plus belle chose du monde après la théologie. Et le pétillement de la flamme, et les bouffées sinueuses et bleuâtres des cigarettes! Les imaginations les plus orientales et les plus fantastiques voltigent devant les yeux. Que n'es-tu là, et que ne puis-je rêver avec toi, tranquillement assis sur un fauteuil! Je fais du café avec un talent remarquable, je t'assure. Cela est inné et de famille. Mon pauvre grand-père[1] dont j'ai ici les livres et les notes a passé sa vieillesse à philosopher, à fumer, à faire du café. Te vois-tu avec moi, mon cher frère? Viens, viens, viens donc, si tu peux, au jour de l'an; je n'ai pas l'espérance de voir Madame de Suckau[2]; je crains bien que tu ne puisses la retenir aussi longtemps. Mais quand tu serais seul? Enfin je brûle deux chandelles à la bonne Vierge pour que cela soit.

Rien de nouveau pour moi. Je ne vois personne. J'ai fait de la musique deux fois chez Mme la principale. Je n'ai le désir de voir aucun de mes collègues. J'ai écrit une lettre polie à M. Jules Simon. Il m'a répondu d'une façon bienveillante. — Mes élèves travaillent et comprennent. Je leur ferai cinq mois de psychologie[3]. Ma classe me prend en moyenne une heure et demie tous les matins. J'ai pour moi sept heures; plus les dimanches et les jeudis. Ce qui fait que je donne cette heure et demie à ma classe, c'est que j'écris une analyse de chaque leçon que je leur dicte, qui leur sert à faire la

1. M. Bezanson. Voir p. 8, note 1.
2. Mère d'Édouard de Suckau.
3. Voir page 366, appendice III, le plan de ce cours.

rédaction, et leur donne les formules exactes. Emploie ce moyen, il est très bon. Ils voient quatre fois le même sujet : 1° ils écoutent la leçon ; 2° ils la rédigent ; 3° ils entendent lire et corriger la rédaction en classe ; 4° je les fais argumenter sur les leçons anciennes, l'un exposant, l'autre contrôlant et refaisant ce que le premier a mal fait. J'emporterai à Paris toutes ces analyses, qui me serviront pour mon agrégation. Mais, mon ami, j'ai peur que tout ce travail ne me nuise. Mes observations personnelles me poussent chaque jour en des théories plus arrêtées, et en des formules plus originales. Plus je vis, plus je deviens moi-même. Pourrai-je prendre la peau officielle, besoin étant? On verra chaque année passer davantage le bout de l'oreille, et Martin-Bâton-Portalis ramènera l'âne au moulin. Ajoute les souvenirs de l'an dernier, préventions que j'aurai à vaincre l'an prochain. Enfin, encore une épreuve. Si j'y péris, nous consulterons ensemble pour savoir si je dois passer en littérature. J'y ai fort pensé, il y a un mois. C'est l'approche de 1852, et la chance probable d'un nouveau bureau qui m'a décidé.

Je lis la *Logique* d'Hegel [1]. C'est une analyse des

1. Les notes sur la *Logique* remplissent trois cahiers formant ensemble 130 pages. On a vu, p. 139 (lettre du 22 octobre), que M. Taine y a songé comme sujet de thèse. Nous trouvons dans ces notes la page suivante :

« Points à traiter dans un travail [sur la logique de Hegel] : 1° Objet de la métaphysique ; 2° Possibilité ; 3° Méthode ; 4° Utilité ; 5° Exposition et critique des principales définitions de Hegel (Encyclopédie).

« Rechercher théoriquement quels doivent être les éléments des expressions métaphysiques : 1° L'Être unique abstrait (l'Être

principaux modes d'être possibles, les définitions étant rangées en ordre et s'engendrant les unes les autres. C'est la seule métaphysique qui existe avec celle d'Aristote. — Je suis assez avancé dans un travail sur les Sensations ; je trouve les choses les plus curieuses. Notre École, spiritualiste quand même, a négligé ce point qui pouvait lui nuire, et montrait les rapports de l'âme et du corps. Remarque que cela comprend les sensations intérieures cérébrales ou Images, objets de la conscience dans toutes les opérations supérieures de l'esprit. Elles sont douées de forces et de relations particulières, que personne n'a étudiées. Voilà mon monde, et je t'y trouve, puisque nous avons touché à tout cela ensemble. La psychologie est notre rendez-vous. Feras-tu comme moi une théodicée *historique* ? Cher ami, quel bonheur si nous étions unis par les croyances comme par le sentiment ! Je t'avoue que plus je considère le Dieu officiel, plus je le trouve homme, roi, et moins j'en veux, le trouvant petit et ennemi. Quel mot admirable que celui de Rabelais : « Il est une sphère d'intelligence infinie, dont le centre est partout

plus la négation) ; 2° Le nombre des abstraits ; 3° Le mode de jonction des abstraits. — Si les trois seuls possibles ne sont pas 1° L'étendue ; l'Être purement déterminé par la quantité ; 2° La vie, la production d'unités isolées dans cette non-unité, par des négations différentielles ; 3° La pensée ou la suppression de cette multiplicité et de ces différences. »

Un autre plan sans date divise le travail en quatre parties : « 1° Objet de la métaphysique ou logique ; 2° Exposition de l'ouvrage en forme de classification ; 3° Exposition de l'ouvrage en forme d'histoire ; 4° Critique. » M. Taine a en outre rédigé 70 pages sur Hegel, conçues sur un autre plan et également non datées.

et la circonférence nulle part. » Pascal le lui a pris et gâté.

Ton sujet de these sur la mémoire me paraît beau, vaste. L'autre me plait moins. Il est trop grand [1], le latin est indigne de lui. Cherche quelque chose d'historique, un point d'un philosophe quelconque mal compris. J'ai fait quelques études sur la mémoire [2]. Dis-moi ce que tu trouves. Ce que j'ai est à toi.

Fais mes amitiés à Libert. Edmond m'a répondu, il ne peut sortir de sa vie de distractions.

Adieu, mon Ed. Je te recommande au vrai Dieu. Anatole m'a écrit sur lui une lettre [3] magnifique.

A SA MÉRE

Nevers, 3 décembre 1851

J'ai écrit à M. N... qui m'a répondu par une lettre affectueuse, mais fort magistrale. Faute de mieux, je m'étais amusé à lui envoyer des épigrammes contre les honnêtes personnes qui m'ont mis dans ce trou. Je comptais sur sa qualité d'hérétique et de railleur pour m'excuser, mais il paraît qu'à quarante ans tout homme tourne au fade ; la moindre vivacité effraie un bourgeois bien établi ; une plaisanterie contre le pouvoir sent la poudre et les coups de fusil. Il me conseille d'éviter

1. M. de Suckau pensait à prendre pour sujet de sa thèse latine : « Du Droit. »
2. Analyse du 4 juin 1851 (voir p. 122).
3. Gréard, *ib.*, p. 177 et suivantes.

toujours la *violence et les injures*, de ne lutter contre l'ennemi qu'avec des armes *honorables* et *chevaleresques*(!), et de me garder de la *traîtrise* et des *armes empoisonnées*. Il me reproche d'avoir *commencé la bataille avec acharnement et sans respect humain contre le clergé*. Que sais-je encore? Il a l'air de me considérer comme une machine infernale prête à faire explosion et me supplie de ne pas mettre le feu à la mèche. Moi, le plus mouton des moutons, le plus sédentaire des ours, la plus cloîtrée des marmottes! Quiconque vit et pense un peu fait peur à ceux qui sont morts.

Vous savez les nouvelles politiques. Je vois des gens qui reviennent de Paris; les troupes sont pour M. Bonaparte, l'Assemblée dissoute est impopulaire, tout le monde est tranquille. Il est clair qu'il va prendre le pouvoir royal avec des formes républicaines. Les campagnes sont pour lui. Les démocrates sont accablés et poursuivis depuis deux ans. Personne ne remuera. En voilà pour quelques années. La France depuis soixante ans est dans un va-et-vient perpétuel, allant de la monarchie à la république, de la liberté à l'autorité. Cela durera longtemps encore. Nous sommes trop et trop peu démocrates pour souffrir l'une ou l'autre; mais les idées libérales pénètrent chaque jour plus avant et s'affermissent. Dans sept ou huit révolutions sans doute, elles seront entièrement maîtresses. Malades de la monarchie pendant le siècle dernier, nous sommes dans ce siècle en convalescence, mais avec des rechutes, et ce ne sera qu'au siècle prochain que nous recouvrerons la santé. Il faut s'habituer à cela et prendre patience, nos enfants seront plus heureux que nous.

Le recteur et le principal ont hier assisté à ma classe et le recteur m'a fait de grands compliments. Je vis fort seul; mon feu, mon piano, mes livres me distraient quand le travail m'a fait mal à la tête. — Il y a ici une bibliothèque, où je trouve quelques livres d'histoire; le jeudi et le dimanche soir je relis ceux que j'ai emportés. Le théâtre est mauvais, dit-on. Les affiches marquent qu'on y joue des drames larmoyants et sanglants. Je n'y vais pas pour ne pas m'affadir le cœur.

Notre année à l'École était la dernière des bien pensantes. Mes amis m'écrivent que la nouvelle promotion est toute cléricale. Voilà le sanctuaire lui-même envahi.

Pour moi, je suis heureux. A part quelques contrariétés et inquiétudes inévitables, je n'ai rien à désirer. Je suis occupé d'une façon noble et élevée, j'augmente mes connaissances; je vis dans la science, dans la plus belle des sciences, j'ai de la santé, des amis, assez d'argent, peu de besoins. Que me faudrait-il de plus sinon de vous voir!

A ÉDOUARD DE SUCKAU

Nevers, 9 décembre 1851

Cher Ed., il était certain *a priori* que nous penserions tous de même[1]. On a cru un instant que le vote serait public, et que quiconque refuserait de dire oui serait

---

1. Sur le coup d'État du 2 décembre.

destitué. J'étais parfaitement décidé à aller courir le cachet à Paris. Nous aurions pu encore toi et moi (vu la pureté de nos mœurs) fonder une pension de demoiselles. Mais ces beaux projets sont tombés, puisque le vote est secret.

Pas de protestation. Nous sommes des atomes, nous serions aussi ridicules que les gens de Carpentras voulant marcher sur Paris. Les grands corps et les hauts personnages peuvent seuls protester. Mais pas de soumission, pas d'adhésion si on nous en demande; un vote convenable et tel que tout homme d'honneur le portera. Voilà ma conduite, et la tienne aussi, je crois.

Mêmes lâchetés à Nevers qu'à Saint-Étienne. J'ai vu des gens, après avoir vomi des injures contre M. Bonaparte, dire ouvertement qu'ils voteront pour lui, parce que sinon ils perdraient leur place, et ériger cela en maxime générale de conduite. De la sottise, de la violence, de l'ignorance, de la poltronnerie, voilà les principaux ingrédients que le bon Dieu a mêlés ensemble pour en faire le genre humain.

Le peuple a pris Clamecy, qui est une petite ville à quinze lieues d'ici; il a brûlé, pillé; il a assassiné des gendarmes. Des régiments sont arrivés de Paris avec du canon, ce sera une boucherie. La laide chose que la politique! Les gens haut placés volent la liberté publique, fusillent trois ou quatre mille hommes, et se parjurent; le peuple qui leur est contraire vole la propriété privée et égorge. Tendre la main à l'un des deux! J'aimerais mieux qu'on me la coupât. Je n'ose faire des vœux pour personne. Lequel vaut mieux, d'une présidence à la Russe, ou de la Jacquerie des sociétés secrètes? La victoire du peuple serait peut-être un pillage, et certainement une guerre civile. Ils arriveraient furieux au pouvoir et avides, mais sans une idée, ou partagés entre trois ou quatre systèmes absurdes et discrédités. Je ne puis souhaiter que le triomphe d'une idée, et je ne vois des deux parts que mépris du droit et violence brutale. M. Bonaparte n'est pas pire que les autres. L'Assemblée haïssait la république plus que lui, et, si elle avait pu, aurait violé de même son serment pour mettre au trône Henri V ou les Orléans, et au pouvoir M. Changarnier. Crois-tu que M. Cavaignac et les hommes honnêtes aient de l'autorité en France? Le droit n'est rien, il n'y a que des passions et des intérêts. Cher ami, il n'y a que la science, la littérature, l'éducation, le progrès lent des idées qui puissent nous tirer de cette boue. Je me résigne pour de longues années à n'être d'aucun parti, à les détester tous, à souhaiter ardemment l'avènement du seul qu'on puisse suivre, celui de la science et de l'honneur. En attendant je vis dans la philosophie. Là est l'autel et le sanctuaire : *Edita doctrina sapientum templa serena*; là je te retrouve et je te donne la main.

Anatole[1], ni personne de là-bas, ne m'a rien écrit. Edmond[2] s'est-il tenu tranquille? Part-il toujours pour la Grèce? Je ne reçois plus de lettres de personne, on ou-

1. Prévost-Paradol.
2. About.

blie un Nivernais enfoui. Le Panthéon vient d'être rendu
au culte. Dès le premier jour il était clair que M. Bonaparte s'appuierait sur le clergé. D'abord le souvenir de
son oncle; ensuite le besoin d'avoir pour soi ce corps,
le seul puissant qui reste en France. Il va s'appuyer
contre les idées, de tout ce qui leur est ennemi : la dis-
cipline brutale de l'armée; l'égoïsme et la poltronnerie
des propriétaires; les légendes des campagnes; le grand
étouffoir, le clergé. L'épaulette va défendre la soutane.
Conséquence : nous sentons le roussi. Y aura-t-il une
agrégation? Dans ce cas, M. Veuillot sera président. *Dii
boni!*

Réponds-moi, car ta lettre ne compte pas, elle n'avait
que six lignes. Ah, si je pouvais te voir au jour de l'an!
Tu me répondras aussi là-dessus.

Quelle vie il doit y avoir à l'École! Ici tout le monde
est mort.

Cher Ed., je pense que ce pouvoir se consolidera.
plus je vis, mon ami, plus je vois que les idées ne sont
pas mûres. Les jeunes gens libéraux ne sont que vio-
lents, et nécessairement quand le tempérament est
calmé, tournent au gendarme. La plupart nient les
principes, disent que le droit c'est la force, et que la
politique n'a à s'occuper que des intérêts. Les plus
hardis le disent. Presque tous le pensent. Il faut avoir
vécu comme nous au couvent pour croire aux idées et
les aimer.

Yours.

A PRÉVOST-PARADOL

Nevers, 11 décembre 1851

Cher ami [1], la Nièvre est tranquille ; Clamecy et cinq ou six bourgs qui avaient des barricades sont pris. On a fusillé suffisamment ; ajoute une quantité de prisonniers. On raconte que les insurgés ont pillé et égorgé ; nos proclamations les représentent comme des brigands, non comme des socialistes. Qu'y a-t-il de vrai là-dedans ? Il est certain que le département était prêt à se soulever tout entier. Nevers et Moulins se sont trouvées bien gardées, et l'affaire a manqué.

Les plus avancés iront civiliser Nouka-hiva. Il est certain de plus que tout ce pays est plein de sociétés secrètes, disciplinées à l'obéissance passive, prêtes à se battre par haine et pour leur intérêt plutôt que pour une idée. Édouard [2] m'écrit que c'est la même chose à Saint-Étienne. Entre les coquins d'en haut et les coquins d'en bas, les gens honnêtes qui pensent vont se trouver écrasés. J'ai trop de dégoût pour l'un et pour l'autre pour donner la main à l'un ou à l'autre. Je déteste le vol et l'assassinat, que ce soit le peuple ou le pouvoir qui les commette. Taisons-nous, obéissons, vivons dans la science. Nos enfants plus heureux auront peut-être les deux biens ensemble, la science et la liberté.

Quant au gouvernement, je crois qu'il durera. Il a l'ar-

1. Voir Gréard, *ib.*, p. 180, 10 décembre.
2. E. de Suckau.

rnée, il a déjà fait un pas vers le clergé ; les campagnes vont lui donner une majorité énorme. Les commerçants et les grands propriétaires ne désirent rien tant qu'un État à la Russe ; et ce qui est pis, je vois une quantité de jeunes gens qui pensent de même. Nous ne sortons pas d'un siècle d'idées, comme les hommes de la Révolution française. Notre philosophie, bâtarde du christianisme, est nulle hors de nos écoles, et c'est maintenant une mode de bafouer les principes pour diviniser les faits. Les philosophes socialistes ont invoqué comme principe l'amour, ce qui était bon à l'époque mystique du Christ ; ont attaqué l'indépendance et la divinité de l'individu, ce qui est contraire à tout le mouvement moderne ; ont prêché le bien-être matériel, ce qui produit des Jacqueries, mais non des Révolutions. Je ne vois donc rien qui puisse tenir contre un homme appuyé de 400 000 baïonnettes, de 40 000 goupillons et des légendes des campagnes. S'il n'est pas stupide, il se tiendra dans un juste milieu, ne touchera pas à l'état social établi, parlera de son amour pour le peuple, et vivra là-dessus ; il ne périra que lorsqu'une doctrine prouvée, prêchée, acceptée, propagée, sera capable de s'emparer du pouvoir.

N'en sommes-nous pas là depuis cinquante ans? Napoléon, les Bourbons, Louis-Philippe, M. Louis Bonaparte ne sont que des compromis nés des circonstances. L'Idée elle-même, en 89 et en 48, n'a régné que par accident et pour un moment. Elle ne régnera que quand tous en feront leur religion. Une religion est longue à substituer à une autre. Quels cris a excités M. Proud'hon quand il a mis la divinité de l'homme à la place de la divinité de Dieu? Il faut attendre, travailler, écrire. Comme disait Socrate, nous seuls nous nous occupons de la vraie politique, la politique étant la science. Les autres ne sont que des commis et des faiseurs d'affaires.

Sais-tu quelque chose d'Edmond[1]? Il ne me répond pas. Qu'a-t-il fait dans toute cette échauffourée? Va-t-il en Grèce? Et Planat?

Ici, mon ami, je ne vois personne. Dans les conversations, j'entends des mots et j'en prononce, mais ce n'est qu'un échange de sons. Privé d'amis, de famille, de musée, de théâtre, de conversation, ma vie est un peu sévère. Je ne mange pas mon cœur, comme dit Homère. Mais je suis quelquefois triste, et j'aurais besoin de vous. Entouré de morts, je voudrais voir des vivants.

Je m'étonne chaque jour davantage de la platitude et de l'engourdissement universels. J'ai vu quelques jeunes gens, et j'ai laissé tomber toutes les occasions, j'aime encore mieux ma solitude que cette compagnie. Je serais bien heureux, si j'avais l'an prochain un de vous avec moi. T'aurai-je jamais? Je n'aurais jamais eu de meilleure fortune! Mes illusions s'en vont tous les jours; la sottise, l'ignorance, la grossièreté, le manque d'honnêteté sont la règle. Les contraires ne sont que l'exception.

Je relis les auteurs, Homère surtout et Marc-Aurèle.

1. About.

Car Hegel casse la tête et mes recherches personnelles de psychologie ne me fatiguent guère moins. Je laisse quelquefois flotter ma pensée vers l'avenir, qui me paraît tantôt brillant, tantôt sombre. — En tout cas, nous aurons fait notre devoir.

J'ai écrit à M. Vacherot, sans savoir au juste son adresse ; il ne m'a pas répondu. A-t-il reçu ma lettre?

Que disent les nouveaux catholiques de l'École? Approuvent-ils la Révolution?

La solitude augmente l'amitié. Il me semble que je pense maintenant à vous avec un souvenir plus tendre. Pourquoi Planat m'oublie-t-il ainsi? Les idées sont abstraites, on ne s'y élève que par un effort. Quelque belles qu'elles soient, elles ne suffisent pas au cœur de l'homme. D'amour proprement dit, nous ne pouvons plus en avoir. Restent les amitiés d'homme à homme ; rien ne me touche plus que de lire celles de l'antiquité. Marc-Aurèle est mon catéchisme [1]. Relis-le, c'est nous-même.

Adieu, mon ami, ou pour parler grec χαῖρε.

* * *

AU MÊME

Nevers, 15 décembre 185.

Est-ce un reproche [2] ?

Mais alors l'École entière est dans le même cas que

---

1. *Marc-Aurèle* fut le livre de chevet de M. Taine jusqu'à se. ierniers jours.

2. Voir Gréard, *id.*, p. 181, lettre du 17 décembre.

moi, puisque nous sommes fonctionnaires au même titre.

As-tu voulu seulement me faire connaître une belle action [1] ?

Soit, mais observe pourtant ; 1° qu'un professeur n'est pas un préfet, qu'il est un fonctionnaire de l'État, non du gouvernement, et que ce n'est pas se rallier au pouvoir que d'enseigner l'histoire de Sésostris et de Darius. M. Thomas [2] pouvait à la fois garder son honneur et sa place ; 2° que ce pouvoir, illégitime aujourd'hui, deviendra légitime dans huit jours, étant confirmé par six millions de suffrages ; 3° que M. Thomas est rédacteur de la Politique dans la *Revue des Deux-Mondes*, et que son article du 1er décembre contenait la plus violente attaque contre le pouvoir. Cette démission ne serait-elle qu'un refuge contre une destitution?

Je fais de laides suppositions, n'est-ce pas? Mais **en** principe je crois que l'espèce des Regulus est rare, et je ne les admets que sous bénéfice d'inventaire.

Je maintiens toute ma dernière lettre. Je ne donnerai pas d'adhésion à une action que je regarde comme

1. M. Taine avait reçu, écrite de la main de Prévost-Paradol, une lettre que M. Thomas, professeur démissionnaire du lycée de Versailles, avait envoyée à l'École normale avant de partir pour l'étranger, avec prière de la répandre dans l'Université.

2. Thomas (Alexandre-Gérard), professeur et publiciste, né à Paris en 1818, mort à Bruxelles en 1857, accompagna en Belgique le comte d'Haussonville en décembre 1851 et rédigea avec lui une feuille politique, le *Bulletin Français*, qu'on introduisait clandestinement en France. M. d'Haussonville rentra à Paris en 1852. M. Thomas demeura en Belgique, exilé volontaire jusqu'à sa mort.

malhonnête ; mais je crois pouvoir en conscience continuer à professer la théorie de l'association des idées ou du jugement comparatif.

Sois franc, et réponds-moi autrement que par la lettre d'un autre. Blâme-moi, je suis l'être le plus calme du monde et je discuterai ton blâme avec toi.

Pas un mot sur Edmond [1], ni sur Planat ?

Que fait Planat maintenant que ses journaux [2] sont à moitié supprimés ?

Tout à toi quand même, courtisan ou non-courtisan, comme tu voudras.

A MADEMOISELLE VIRGINIE TAINE

Nevers, 18 décembre 1851

Tu peux lire de Voltaire *Charles XII*, le *Siècle de Louis XIV*, l'*Essai sur les Mœurs*. Ce sont ses trois grands ouvrages d'histoire. Si tu veux rire, cherche à la table la *diatribe du docteur Akakia*.

Quoique tu ne lises pas la politique, tu sais que M. Bonaparte, violant son serment, a confisqué les libertés publiques et fait tuer ceux qui défendaient la loi. Le recteur (un prêtre) nous a envoyé, il y a deux jours, la circulaire suivante : « Les soussignés, fonctionnaires de l'enseignement public à Nevers, déclarent adhérer aux mesures prises le 2 décembre par Monsieur le Président

1. About.
2. Émile Planat faisait, sous la signature de *Marcelin*, des dessins pour le *Charivari* et autres journaux illustrés.

de la République, et lui offrent l'expression de leur *reconnaissance* et de leur respectueux dévouement. » Mes collègues, même les plus libéraux, ont eu l'impudence de signer. J'ai refusé. Je n'ai pas voulu commencer ma carrière de professeur par une lâcheté et un mensonge. Chargé d'enseigner le respect de la loi, la fidélité aux serments, le culte du Droit éternel, j'aurais eu honte d'approuver un parjure, une usurpation, des assassinats. Je refuserais encore si cela était à refaire, et je suis sûr que vous auriez fait comme moi.

Mon refus est pourtant moins dangereux que je le croyais d'abord. Le recteur, quoique faible, est bon et honnête. Il a fait signer le titulaire de philosophie[1] et a envoyé la liste sans noter mon refus. J'en ai causé avec lui, et je pense qu'au fond il pensait que seul j'ai fait mon devoir.

Tous mes. amis étaient décidés à faire de même. Mme N. tourmentait son fils pour qu'il n'exposât pas sa place et donnât toutes les soumissions. Est-ce à une mère d'être plus soigneuse des intérêts de son fils que de son honneur? D'autres ont fait bien plus et bien mieux que moi : lisez la lettre ci-jointe adressée par un professeur de Versailles [2] au ministre.

Au reste, je suis d'une extrême prudence : le recteur m'a dit que ni mon cours ni ma conduite n'avaient donné lieu à aucune plainte. Je me tais, et je fais tout ce qui est compatible avec l'honneur, mais rien de plus.

1. Malade et en congé.
2. M. Thomas. Voir la lettre précédente.

Que ma mère soit donc en repos. Mon honnêteté est intacte, et le recteur lui-même pense que ma place n'est pas exposée.

Parlons d'affaires moins sérieuses. Je lis *Clarisse Harlowe*, de Richardson, à la bibliothèque. Cela me délasse un peu de la métaphysique. J'ai essayé de connaître un jeune peintre ; mais il s'est trouvé que son plus grand plaisir consistait à peindre son chien, sa casserole, son poêle, le tout de grandeur naturelle, à la manière des enseignes. Tous mes essais de connaissance avortent de la sorte, et je retombe sur moi-même. Je vis au coin de mon feu ; je me repose avec bonheur le jeudi et le dimanche, entre une tasse de café et des cigarettes ; mes études sont si fatigantes que jamais je n'ai mieux goûté le repos. Depuis un mois le ciel n'était qu'une pluie, et la terre qu'une boue ; mais hier le soleil et la gelée sont venus, et j'ai couru la campagne, le cœur réjoui par la vue de ce grand horizon et de la belle et divine lumière. Que de fois le soir dans les rues j'ai admiré les grandes ombres et pensé à Rembrandt et à toi. Si nous étions ensemble, nous causerions de tes études.

Je suis quelquefois un peu triste de ce manque d'amitié et de conversation. Il faut m'excuser, car j'ai tout perdu à la fois, ma famille, tous mes amis, l'École et Paris, les deux pays de l'intelligence. Mais avec un petit effort de volonté, cela s'en va. Je prends un livre. Montesquieu disait qu'une demi-heure de lecture suffisait pour lui faire oublier les pires chagrins de la vie.

A ÉDOUARD DE SUCKAU

Nevers, 22 décembre **1851**

Cher ami, merci[1], mais je ne puis pas : 1° Nous aurons
à peine trois jours de vacances; 2° Si j'allais à Paris,
deux oncles[2] que j'ai, l'un à Juvisy, l'autre à Poissy me
couperaient la gorge, et avec raison, si je n'allais pas
chez eux. Et ma mère ne me pardonnerait pas de ne
pas avoir pris un jour de plus pour aller chez elle, où
elle s'ennuie et voudrait me voir; 5° Il est possible que
j'aille bientôt à Paris, et contre mon gré. Le recteur
nous a présenté à signer la sincère déclaration suivante :
« Nous soussignés, professeurs au collège de Nevers,
nous déclarons adhérer aux mesures prises le 2 décembre par M. le Président de la République, et lui offrons
l'expression de notre *reconnaissance* et de notre respect. » — Tous mes honorables collègues ont signé.
J'ai eu le malheur de faire exception, l'air retentissant
de menaces de destitution. De sorte que je pourrais bien
un jour ou l'autre aller prendre le frais sur le boulevard de Gand. Le gouvernement, aimant la liberté,
désirera sans doute me fortifier dans la vertu, en
m'ôtant toute tentation d'y manquer à l'avenir, etc.

Mais j'ai ta promesse sous seing-privé, et je t'aurai le
samedi 2 (45, rue du Commerce). Et je te garderai tant
que je pourrai et que tu pourras. Je te défilerai le plus
magnifique chapelet philosophique, et toi de même. Ce

1. M. de Suckau avait invité M. Taine à venir passer les vacances
du jour de l'an à Paris, chez ses parents.
2. MM. Alexandre Bezanson et Adolphe Bezanson.

sera une jolie prière en commun, bonne à faire dresser tous les cheveux saissetiques et simoniques (s'ils en ont encore). Voilà déjà que nous chantons à l'unisson les louanges du vrai Dieu au chapitre de la liberté, et sans doute tu tourneras bien d'autres feuillets dans l'adorable livre de l'hérésie. Tu verras ici une suite d'analyses sur les sensations[1], les images, les rapports de la pensée pure au cerveau, et la nature du *moi*, qui te réjouiront le cœur. Je fais de temps en temps quelques cavalcades physiologiques[2], historiques[3], et j'ai lu deux volumes

---

1. *Des Sensations* (observations) 98 pages, petit format. — Plan. « Énumération préalable des questions : 1° Des sensations en particulier, toucher, vue, etc.; 2° De la sensation en général. » Méthode : « 1° Déterminer la nature de la sensation; 2° Appliquer cette définition aux différentes espèces de sensations ». Suivent de minutieuses analyses d'expériences personnelles sur le toucher, l'odorat, le goût, l'ouïe, la vue, sur la nature du son musical, sur la sensation imaginative, les images, l'association des idées, la mémoire.

2. *Notes de physiologie et d'histoire naturelle*, 93 pages, grand format, d'après Cabanis, Müller, Broussais, Bichat, E. Geoffroy-Saint-Hilaire, Isidore Geoffroy-Saint-Hilaire, Serres, Coste, Dumortier, Bérard, Carus.

3. *Idées générales sur l'histoire* : 52 pages, grand format.... « Le but de l'histoire est de trouver des lois ou faits généraux; son aide est la psychologie ».... « Noter les moyens par lesquels les nations sont des individus ».... « Ajoutez les causes physiologiques et climatériques. Le fils tient du père et du climat ».... « Il faudrait donner une définition : 1° du *Gouvernement* et de ses différentes fonctions, la guerre, la justice, la perception des impôts, l'administration; des *Corps*; 2° de l'*État* et de ses différentes classes possibles, prêtres, nobles, populace, agriculteurs, commerçants; 3° de la *Famille* et des relations de ses différents membres; 4° de l'*Art*, de la *Religion*, de la *Philosophie*, etc.... » Suit une analyse de la Philosophie de l'Histoire de Hegel (58 pages, grand format); *id.* de la religion (20 pages, grand format); *id.* du droit (6 pages, grand format). Au milieu de l'analyse sur l'État, le travail est interrompu à cette phrase : « 3° Puissance législative.

de ce casse-tête chinois, appelé vulgairement *Logique*
de Hegel[1]. Je suis comme Cornélie, mon cher. Mes
bijoux ce sont mes enfants.... Enfants intellectuels,
bien entendu.

J'imagine aussi que tu n'es amoureux que de nos
froides déesses. Froides est le mot, mon cher bonhomme. De temps en temps, à l'aspect d'un théorème
métaphysique il s'allume dans mon cerveau un feu de
paille. Mais, faute d'un co-philosophe, il s'éteint vite.
Les pleutres qui m'entourent ne sont pas faits pour
l'exciter, et je n'ai pour élèves que des âmes de papier
mâché que je m'amuse quelquefois à pétrir, mais que
je n'enflammerai jamais....

Je t'écris des folies, parce que j'ai en ce moment des
idées noires. Cela m'arrive quand j'ai mal à la tête; et
je n'ai d'autre ressource que de me moquer de moi-
même et des autres, ou de penser à ma grande consolation stoïcienne que tu sais. (*To die, to sleep*, ce que
confirme de plus en plus ma psychologie.) Or, comme
je ne suis pas foncièrement bouddhiste, et que la contemplation du zéro pur finit par lasser, je m'amuse à

Le prince, les fonctionnaires et les classes diverses de la nation
y prennent part.... Inutile de continuer. — Courtisanerie; le pauvre
Hegel! cela est humiliant pour la philosophie. Aristote a bien
montré le droit du plus fort en parlant à Alexandre, mais il n'a
pas montré son opinion politique. Hegel n'a pas la notion du droit,
de la volonté individuelle, de la personne inviolable, il ne connaît
que le bien, le raisonnable, le meilleur. La volonté est sacrée,
même quand elle veut le pire. Il y a dans ce livre un mauvais
mélange de politique et de droit. Le droit est une géométrie *a
priori*; la politique [est] un empirisme. »
1. Voir p. 162, note 1.

être bête. « La vie est un enfant qu'il faut bercer jusqu'à ce qu'il s'endorme. » Conclusion : viens manger ma soupe samedi 2, et voir ma pendule et mes tableaux (représentant le supplice d'un brigand italien, destinés à faire frémir les locataires qui ne paieraient pas leur terme en leur montrant les conséquences de l'inconduite; en outre un tendre berger dérobant un nid pour son Estelle, tableau ordonné par la police pour adoucir les âmes féroces). Tiens, j'en pleure d'attendrissement.

Allons, mon Némorin, viens trouver ton Estelle.

A SA MÈRE

Nevers, 24 décembre 1851

Je quitte mon Hegel et mes paperasses pour venir causer un moment avec vous. Je suis fatigué et je ne trouve pas de meilleur repos que votre souvenir. Dans tout ce grand monde indifférent qui m'entoure, et où à chaque pas je dois livrer bataille pour me faire un chemin, il y a un petit coin où j'ai trois amies.... le bon temps de Paris ne reviendra pas.

M. Vacherot m'a écrit[1], et me recommande les dis-

---

1. Lettre de M. Vacherot, 19 décembre : « ...Ne pouvant ni parler ni écrire sur la politique, sous le régime militaire et *populaire* qui nous est imposé et qui peut durer longtemps, il faudra bien que les esprits sérieux et élevés se réfugient dans la science pure, dans la philosophie. Traduisez donc Hegel tout en vous occupant de votre agrégation. C'est le service le plus urgent que vous puissiez rendre à la philosophie française en ce moment. Soignez votre santé.... Aristote prétend que l'esprit en soi est infatigable et

tractions permises à un philosophe, la musique et la
danse. La musique, soit : Clémenti et Mendelssohn sont
divins. Mais la danse! je deviens de plus en plus ermite
et méprisant. J'espère bien laisser cet hiver les Nivernais tricoter de leurs jambes cette danse cahotée de
dindons sautillants vulgairement appelée polka. — Chacun a ses plaisirs. Un brave employé pêcheur à la ligne
est plus heureux quand il attrape un carpeau d'un
quart de livre que le plus merveilleux des rois de salon
au moment où il bat ses plus piquants entrechats. Je
suis pêcheur à la ligne dans la rivière de la philosophie
(des mauvaises langues diraient que je pêche en eau
trouble); et une petite vérité tirée à grand'peine du
fond de l'eau me rend heureux pour toute la journée.
— Viennent parfois des migraines, des faiblesses de
volonté, quelque ennui de ma solitude. Mais quel ciel si
beau n'a pas ses nuages? Somme toute, ma vie est à
envier. Je gagne en peu de temps ce qu'il me faut pour
vivre, j'ai une bonne santé, j'amasse pour l'avenir;
quoique je sois terré et enfoui comme la taupe, je fais
comme elle mon chemin. Il ne faut pas penser à ce que
je suis, mais à ce que je puis être. C'est dans l'avenir
que je vis, c'est lui que je prépare ; le présent n'est
rien; plus je suis obscur et enfoncé dans le travail, plus
j'ai de chances ; je me compare à ceux qui en France

que c'est son contact avec le corps qui le rend sujet à la fatigue.
J'en doute fort..., l'esprit a besoin de repos..., je vous recommande
toutes les distractions permises au philosophe, et particulièrement
la musique et la danse. Vous savez que la sagesse antique n'y
répugnait pas.

gouvernent la science, et je crois que, sans orgueil, j'ai tout lieu d'espérer.

Rien de nouveau. Je crois que le recteur avait raison, et que je ne cours aucun danger. Je continuerai jusqu'aux vacances à tenir dans ma cage patentée mes seize petits serins.

A PRÉVOST-PARADOL

Nevers, 30 décembre 1851

Cher ami, je suis à peu près décidé à devenir ton concurrent[1]. J'attends encore une lettre qui achèvera de me fixer. Tu comprends qu'il faut que je sache au juste ce qui se passe dans les hautes régions, et si la philosophie a chance d'être rétablie. Je voulais d'abord laisser là les agrégations et me présenter au doctorat à la fin de l'année. Je ne quitterai la philosophie qu'à la dernière extrémité, et je ne deviendrai serviteur du thème grec et du vers latin que dans l'espoir d'y rentrer un jour.

Si, comme tu dis, tu trembles de ma concurrence, tu as de la charité de reste. Desséché et durci par plusieurs années d'abstractions et de syllogismes, où retrouverai-je la verve, le style, les grâces latines et les élégances grecques nécessaires pour ne pas être submergé par quatre-vingts concurrents, pour arriver à côté de

-----

1. Voir Gréard, *ib.*, p. 184, 24 décembre. Prévost-Paradol annonce à M. Taine que l'agrégation de philosophie est supprimée par le Ministre de l'Instruction publique, M. Fortoul.

Max[1], Sarcey, toi, etc. Je vais repiocher mon sol en jachère, tu sais comme, et avec quels coups. Si j'ai la même fortune que l'an dernier, comme il est probable, ma volonté en sera innocente; je ferai *tout*, pour surnager. Que Cicéron me soit en aide !

Je compte un peu sur toi. Écris-moi des renseignements sur les livres qu'il faut lire, etc. Parle-moi de Babrius[2], de Denys d'Halicarnasse[3], de l'histoire de la métrique ancienne et autres jolies choses. Je t'enverrai peut-être quelquefois un thème grec, pour avoir tes corrections ou celles de M. Benoît[4]. Prête-moi l'épaule. Tombé une fois déjà, j'en suis tout meurtri.

Veux-tu prier Ed.[5] de m'acheter un petit Virgile de vingt sous, édition allemande, et de me l'apporter au retour? Heureux Ed. Mais il vaut mieux qu'il soit agrégé que moi, parce que peut-être je pourrai retrouver mes périodes cicéroniennes et mes hexamètres défunts. Son bonheur me console. Qu'il me donne au moins une bonne demi-journée, et toutes sortes de nouvelles et conversations de toi.

M. Simon vient de répondre à un mot que je lui avais écrit. Sa lettre laisse percer un blâme fort vif contre

1. Gaucher (Maxime), publiciste, né en 1829, élève de l'École normale en 1849, mort en 1888.
2. Voir p. 293, note 3.
3. Voir p. 193, note 2.
4. M. Benoît (Jean-Joseph-Louis, dit Charles, né en 1815, entré à l'Ecole normale en 1835, mort en 1898, remplaça M. Havet comme maître de conférences de langue et littérature grecques en 1850. Il ne fut pas le professeur de M. Taine, qui ne suivait pas cette conférence pendant sa troisième année d'École.
5. Édouard de Suckau.

M. X.... Qu'a donc fait l'autre? Passons maintenant
à ton avant-dernière lettre[1]. J'ai longtemps tardé à t'en
parler, exprès. Les événements semblaient t'avoir irrité.
Tes paroles étaient douces; mais le ton signifiait ·
« Mon ami Taine est un demi-poltron qui calme avec
des sophismes sa conscience alarmée. » J'imagine pourtant que ceci n'a été que la passion d'un moment, et
cela parce que tu ne voudrais pas pour ami d'un pareil
être. Je ne crois pas me faire trop d'honneur ni trop te
demander en te priant de croire que si mon devoir y
eût été le moins du monde engagé, je serais allé courir
le cachet à Paris. Tu tranchais bien vivement la question en traitant de sophismes des raisons que tu ne
réfutais pas. Es-tu si peu fidèle à tes principes que tu
ne reconnaisses pas aujourd'hui M. Bonaparte comme
pouvoir légitime? Son action est toujours détestable.
Mais le voilà l'élu de la nation, et que dira contre la
volonté de la nation un partisan du suffrage universel?
Les sept millions de voix ne justifient pas son parjure,
mais lui donnent le droit d'être obéi. — Que les bourgeois aient été lâches, et les paysans stupides, soit;
mais respect à la nation, même égarée. — Nous allons
souffrir à cause de notre grand principe; mais nous ne
l'en défendrons pas moins. Sinon je ne te reconnais plus,
et je ne sais comment t'accorder avec toi-même. Quant
à la distinction de l'État et du Gouvernement, du préfet
et du professeur[2], c'est le seul moyen de mettre la

1. Voir Gréard, *ibid.*, p. 181, lettre du 17 décembre.
2. Voir p. 174 et Gréard, *ibid.*, p. 182.

justice dans l'administration. Nous sommes fonctionnaires de l'État et non de tel gouvernement parce que nous enseignons la même chose sous M. de Montalembert, sous M. Barrot, sous M. Ledru-Rollin. Nous servons le public, et non telle opinion régnante. Un préfet, au contraire, est l'agent du gouvernement présent, et l'ennemi des autres. Qu'il donne sa démission quand son chef tombe. Il ne peut se faire contre son chef l'agent de ses adversaires. Le professeur garde sa place, comme le juge et le garde-champêtre, parce qu'il n'agit ni pour, ni contre le gouvernement. — Si l'on admettait ces principes, l'administration deviendrait honnête et indépendante, tandis qu'on n'y voit que souffrances de conscience et lâchetés.

Pardonne ce reste de *complainte*, comme tu dis ; je vais te fournir des armes contre moi : 1° Le préfet fait effacer des monuments publics les mots « Liberté, Égalité, Fraternité ». On coupe les arbres de la liberté, et on en distribue le bois aux pauvres ; 2° tous nos honorables collègues ont signé une adhésion[1] au 2 décembre. Croirais-tu que la plupart sont républicains et le disent. — J'ai vu que Fillias[2] et Challemel-Lacour sont mis en disponibilité. Est-ce pour avoir refusé de signer ? Ce serait un présage. Alors j'irais t'embrasser et travailler avec toi à Paris.

Dis à Ponsot[3] que je lui répondrai sous peu. Qu'il

1. Voir, p. 178, le texte de la circulaire.
2. Fillias (Jean-François-Victor-Henry), né en 1827, élève de l'École normale en 1847, mort en 1859.
3. Ponsot (Francis), né en 1829, entré à l'École normale en 1849, mort professeur au lycée de Nice en 1868.

fasse de la médecine, bon Dieu! L'heureux homme, il sera indépendant et se débarbouillera de sa psychologie officielle.

La psychologie vraie et libre est une science magnifique sur laquelle se fonde la philosophie de l'histoire, qui vivifie la physiologie et ouvre la métaphysique. J'y ai trouvé beaucoup de choses depuis trois mois et j'ai lu deux volumes de Hegel[1]; jamais je n'avais tant marché en philosophie. Et quitter! aligner des hémistiches, et trembler devant un barbarisme! Ah! mon ami, quelle misère que d'avoir un estomac! — Dis donc à Suckau d'aller voir à la galerie d'Apollon le grand tableau de Delacroix[2]. On m'en parle avec enthousiasme. Je n'ai pas pu aller vous voir, n'ayant que trois jours de congé.

A SA MÈRE ET A SES SŒURS

Nevers, 1ᵉʳ janvier 1852

Il était écrit dans les archives célestes que je serais professeur de littérature et que tôt ou tard je redeviendrais le fidèle adorateur du thème grec. L'agrégation de philosophie est supprimée pour cette année[3], et,

1. Voir, p. 162, note 1.
2. Delacroix (Ferdinand-Victor-Eugène), membre de l'Institut, né en 1798, mort en 1863. Il s'agit sans doute du plafond de la galerie d'Apollon.
3. Gréard, *ibid.*, p. 184 (lettre de M. Fortoul à M. Michelle) : « Monsieur, le personnel actuel suffisant aux besoins de l'enseignement, j'ai décidé qu'il n'y aurait pas cette année d'agrégation pour les classes de philosophie. »

d'après les lettres ci-jointes, probablement pour toujours. J'ai pris une décision et après-demain je commence héroïquement à me préparer à celle des lettres ; j'ai ici les livres, je travaillerai avec le professeur de rhétorique, mon plan est fait. J'espère trouver encore assez de temps pour rassembler les matériaux de ma thèse et de mon doctorat. Vous devinez *mon* ennui, mais j'ai pris mon parti, vu les nécessités de l'estomac, et maintenant je ne rêve plus qu'au succès.

Je te remercie d'approuver ma conduite. Ce qui se passe n'est pas propre à me rendre ami du gouvernement. M. Simon[1] a été suspendu pour une leçon sur les principes de la Morale : il est clair en effet que parler du droit ou du devoir c'est faire la satire du gouvernement. Les choses vont au rétablissement de l'Inquisition, et bientôt on ne pourra plus ni écrire, ni penser en France. Comme je l'ai pensé d'abord, M. Bonaparte va tout donner aux évêques pour s'en faire un appui. Il va faire sur notre dos pénitence de ses fautes. Ainsi soit-il. *Te Deum laudamus.*

A propos, nous sommes allés en corps écouter aujourd'hui un *Te Deum.* Quelles singeries ! Je suis toujours tenté de me demander : qui diable joue-t-on ici ? J'aime mieux l'Opéra. Les comparses y jouent mieux leur rôle, et les figurants sont moins laids. — Après quoi, nous sommes allés faire les visites officielles au préfet et au général. Le général nous a dit au sujet des gens de Cla-

1. Gréard, *ibid.* « Tu connais sans doute la suspension de M. Simon à la Sorbonne et à l'École, pour une bien belle leçon.... »

mecy : « S'ils n'avaient fui, j'en aurais pavé les rues. Dieu aurait choisi les bons. » — C'est le mot de l'abbé de Citeaux lors de la guerre des Albigeois : « Tuez tout, Dieu connaît les siens. » Assassins mitrés, égorgeurs en plaques, ils se valent. Le préfet a ajouté : « Je les tiendrai en prison le plus possible, et j'en enverrai à Cayenne autant que je pourrai. » Gouvernement paternel ! Cela m'attendrit. Il vaut mieux n'être rien comme je suis, ou destitué, que d'être geôlier ou boucher patenté. On doit se trouver heureux de n'être pas exécuteur des hautes œuvres. J'aime mieux mon vieux frac qu'un habit brodé et doré avec du sang dessus.

Sois tranquille, du reste. Il me paraît certain que mon refus de signer n'aura pas de suite. Pour ma place, je ne sais si le titulaire ne la reprendra pas à Pâques, je ne puis lui parler là-dessus que dans quelque temps.

Un mot à mes sœurs : je suis enchanté de voir qu'elles comprennent si bien ce que je leur ai lu. Croiriez-vous que M. B..., homme intelligent, spirituel, lettré, qui a l'expérience de la vie, blâmait mon roman de Julien[1], le trouvant exagéré, hors de nature, disant qu'il n'avait jamais rien vu qui lui ressemblât !

Ne vous inquiétez pas d'ignorer toute sorte de détails techniques et les quelques particularités de géographie, physique, etc., que répètent les perruches savantes des pensions. Sachez seulement l'orthographe, l'arithmétique, l'essentiel de la géographie. Fiez-vous pour le reste à vos lectures, aux conversations, à la réflexion. Le but de

1. Stendhal, *Rouge et Noir*.

l'éducation est d'ouvrir l'esprit, de donner des idées, d'habituer à en chercher. Les études ne sont qu'un moyen. Une femme ne passe pas un examen avant d'entrer dans le monde ; on ne l'interroge pas dans une compagnie sur une date ou sur une dissolution chimique. Pourvu qu'elle ait des idées sur tout, qu'elle puisse suivre toute conversation, qu'elle ait un jugement assez libre et assez étendu pour prendre son parti sur les questions de morale, de conduite et de religion qui peuvent lui être soumises, elle en sait assez, et l'homme le plus savant est heureux de sa conversation. Une conversation qui est un échange de dates et de faits n'est qu'un dialogue de pédants ennuyeux. Une conversation qui est un échange d'idées vivement exprimées est peut-être le plus grand plaisir qu'on puisse goûter, et, sans grande instruction, dès qu'on pense, on peut l'avoir. Le seul examen qu'une femme ait à passer roule sur la toilette, la tenue, la danse, la musique, et je vois que vous vous en tirez bien.

A PRÉVOST-PARADOL

Nevers, 10 janvier 1852

Édouard vient seulement de m'envoyer ta lettre. Puisqu'elle est du 3, j'imagine que tu étais hors de l'École et que tu as trouvé en rentrant celle que je t'écrivais[1] le 30 décembre. Serait-elle perdue par hasard ?

1. Voir p. 183.

Dans tous les cas, cher ami, comment peux-tu me croire assez niais pour ne pas t'accorder une liberté dont j'use! Ai-je l'habitude de me montrer susceptible? Et ai-je gagné à l'École la réputation de ne pas savoir souffrir la contradiction? Contredis, réfute, attaque, blâme; je discuterai tout cela, et je t'en aimerai davantage pour ta franchise. Je te dirai même que j'ai encore ta lettre sur le cœur. As-tu pu supposer que je voulusse rompre une amitié de cinq ans? N'aie jamais de pareilles idées à l'avenir; ne me parle jamais « de retirer ta main de la mienne »; fais-moi bien vite amende honorable pour ces vilaines paroles. Frères en philosophie, en politique, en littérature, nos deux esprits sont nés ensemble et l'un par l'autre; et si je te perdais il me semble que je perdrais tout mon passé.

Mais tu souffriras de ma part la même franchise, si je te dis que je suis fâché de ta volte-face. Ce n'était point à un philosophe à changer de doctrine pour une circonstance. Le raisonnement qui donnait droit au suffrage universel est toujours le même, et partant la vérité n'a pas changé. S'il y a, comme tu dis, sept millions de chevaux en France, ces sept millions ont le droit de disposer de ce qui leur appartient. Qu'ils gouvernent et choisissent mal, n'importe. Le dernier butor a le droit de disposer de son champ et de sa propriété privée; et pareillement une nation d'imbéciles a droit de disposer d'elle-même, c'est-à-dire de la propriété publique. Ou niez la souveraineté de la volonté humaine et toute la nature du droit, ou obéissez au suffrage universel.

Remarque pourtant qu'il y a des restrictions à cela, que je les faisais déjà auparavant contre toi et que je refusais à la majorité le droit de tout faire que tu lui accordais. C'est qu'il y a des choses qui sont en dehors du pacte social, qui, partant, sont en dehors de la propriété publique et échappent ainsi à la décision du public, par exemple, la liberté de conscience et tout ce qu'on appelle les droits et les devoirs antérieurs à la société. Mais, dans la question d'aujourd'hui, dans le choix d'une forme de gouvernement, la volonté nationale est évidemment souveraine; et nous ne pouvons mieux marquer notre loyauté qu'en défendant nos principes, même lorsque la masse stupide s'en sert contre nous.

Sinon tu vas droit à la tyrannie. L'empereur de Russie peut dire : je suis le seul intelligent dans mes États (ce qui est assez vrai). Donc c'est ma volonté et non celle de mes sujets qui doit régner. — Les catholiques diront : Nous sommes les seuls qui sachions la vraie fin de l'homme, et la science de nos adversaires les aveugle plus que ne ferait l'ignorance. Donc notre volonté doit être maîtresse. — Le mot de Pascal est décisif : « Qui doit passer le premier? Le plus savant? Mais qui jugera? Il a quatre laquais, je n'en ai qu'un. C'est à lui de passer. Il n'y a qu'à compter et je suis un sot, si je conteste. »

Je ne te répète pas les arguments d'utilité que tu sais. Entre des hommes comme nous, les seules raisons qui valent sont celles de *justice*. La question se réduit à ceci. Admets-tu, avec Rousseau, que la volonté humaine, portant sur ce qui lui appartient légitimement, soit inviolable? Sinon, tu nies le droit.

En fait, la solution serait l'instruction du peuple. Dans cent ans, il l'aura. Mais, pour Dieu, défendons son droit, même contre nous-mêmes, tout en lui souhaitant des lumières et tout en tâchant de lui en donner.

Adieu, mon cher ennemi, je t'embrasse.

Edmond ne va donc pas en Grèce? — Quels sont les grammairiens du xviiie siècle[1] qu'a inspirés Denys d'Halicarnasse[2]? Parle-moi d'agrégation. Je fais des vers latins.

A ÉDOUARD DE SUCKAU

Nevers, 15 janvier 1852

Mon cher ami, je t'attendais pour mes étrennes. Le samedi, à 5 heures du soir, j'avais mis ton fauteuil à côté de mon feu, comptant passer la soirée avec toi, et te mettre en voiture le lendemain. *Dis aliter visum.*

1. Gréard, *ibid.*, p. 188. Réponse de Prévost-Paradol : « Il n'y a qu'un grammairien du xviiie siècle, c'est Le Batteux. M. Havet et les autres n'en voient pas après celui-là. »

2. Nous avons retrouvé une courte analyse de Denys d'Halicarnasse intitulée « De l'Expression », dans le cahier des « Idées générales sur la Littérature et les Arts » (Voir p. 197). Nous y lisons ceci : « La loi générale est celle-ci : le concret reçoit de l'abstrait sa forme intellectuelle. L'abstrait reçoit du concret sa forme concrète. — Cette théorie de l'Expression est magnifique et a des applications prodigieuses : Toutes les langues, tous les arts, toutes les sciences, tout l'intérieur humain, toutes les formes de la matière dans le monde organique et inorganique, le Tout lui-même qui n'est que la forme abstraite la plus haute s'exprimant dans le concret. »

Mon commencement d'année est triste. Je vais en perdre une bonne partie à préparer une agrégation douteuse ; douteuse, mon cher, malgré tes flatteries. Il y a là-bas Marot, Prévost, Gaucher, Dupré, Sarcey, etc., et la philosophie dessèche le style, jette les idées en dehors du courant vulgaire. Supposez que je mérite d'être reçu, voudra-t-on de moi ? Une vieille tante[1], catholique ultra, que j'ai au fond des Ardennes, m'a écrit une lettre métaphysique pour me ramener dans la bonne voie, me parlant de Spinoza, disant que j'ai fait une profession d'athéisme à l'agrégation, tout cela d'après ses prêtres. L'espionnage et la calomnie s'étendent fort loin, comme tu vois ; je suis noté comme pendable, et peut-être voudra-t-on me chasser de la littérature comme on me chasse de la philosophie. Vive le Bon Dieu quand il se fait diable ! Enfin je tente encore la chance, à demi consolé d'avance : car, vois-tu, j'admire combien peu de chose il faut pour vivre ; j'ai beaucoup trop d'argent avec 1 615 francs. Voici pourquoi : il n'y a pas ici de théâtre ; je paierais pour ne pas aller dans ces antres qu'on appelle cafés ; je suis allé dans ces cohues qu'on appelle bals, et à ces buvettes qu'on nomme soirées ; j'y renonce pour ne pas mourir de chaleur et d'ennui ; et du Nivernais je ne veux connaître que le coin de mon feu. Travailler et fumer des cigarettes n'est guère coûteux ; je suis donc trop riche, et comme je pourrai toujours me procurer cette richesse, je me moque assez de l'avenir.

1. Mlle Eugénie Taine (Voir p. 8).

Prévost a trouvé deux lettres de moi en rentrant à École, et m'écrit qu'il regrette celle que tu m'as nvoyée. J'ai une polémique avec lui sur le suffrage u.iversel. Comme tu dis, il est anglais et aristocrate, d'où sa politique; puis il est trop passionné pour obéir à de pures déductions. Il me fait peur : qu'est-ce qu'il parle d'un licenciement possible à l'École, et d'une loi organique sur l'enseignement? Cher Ed., avec lui et About, on est toujours sur le qui-vive; l'amitié est presque militante; avec toi, je suis comme dans la cour de l'École, aux récréations d'été, t'en souviens-tu? la tête sur ta poitrine, tranquille et heureux.

Il serait bien long de t'analyser mes petits papiers. J'ai rédigé un grand diable de cahier sur les Sensations[1]. Voici en gros ma doctrine : le moi sentant, ce sont les nerfs et le cerveau; il est leur unité, leur cause finale, leur principe de durée, leur détermination. Chaque sens contient dans son essence une relation avec un mode d'être déterminé de l'Extérieur, l'œil avec la vibration de l'éther, l'ouïe avec l'ondulation de l'air, etc., et sa fonction est de recevoir et de reproduire le mode d'action particulier de cet Extérieur. Par là les individus constitués, séparés et opposés, s'unissent, et le moi forme une unité avec le non-moi. Tu sais que, depuis la matière indéterminée et diffuse, le mouvement de la nature est vers l'individualité, et la séparation. L'essence de l'animalité est de rétablir cette unité primitive par une unité supérieure. Mais la sensation, se transmettant

1. Voir, p. 139, lettre du 22 octobre 1851.

au cerveau, y produit son image ; de sorte que la voilà capable de durer après que l'action de l'Extérieur a cessé, de se reproduire, de subir l'action de la pensée et de fournir à la science. — Ce mouvement est la solution de ce problème : Intérioriser l'Extérieur. — Alors commence le rôle de la pensée, qui n'a d'autre objet que le moi, et qui, grâce au curieux mécanisme de la perception extérieure, aperçoit le non-moi dans le moi. Ce nouveau mouvement est la solution du problème : Extérioriser l'Intérieur. — Mais ceci n'est qu'un cas d'une loi plus générale : la fonction du cerveau dans la mémoire est de reproduire les images passées, et de rendre ainsi le passé présent ; la fonction de l'Esprit, grâce à une théorie que tu avais déjà vue esquissée à l'École, est de considérer cette image présente comme passée. Ces deux mouvements, opposés comme ceux de la perception extérieure, constituent la mémoire. Si je développais, je montrerais comment ceci s'applique à 'Induction, à la raison, comment l'esprit aperçoit le futur dans le présent, l'universel dans le particulier. — La nature du moi est en général d'individualiser l'universel, et d'universaliser l'individuel ; il est l'abrégé du Tout, et il a par la Pensée relation avec tout. Le mouvement de la nature consiste à quitter son indétermination, ce qu'elle opère par des séparations, des oppositions, des limitations réciproques, et à supprimer ces limitations par un Être à la fois universel et individuel, qui ait l'unité du premier moment et la détermination du second.

Je passe une foule de recherches et de théories particulières sur les couleurs, saveurs, contacts, odeurs, surtout sur les sons, d'autres sur les sensations musculaires, les différents modes de l'imagination, la relation du langage à la pensée, etc. Je te parlerai d'Hegel mais pas avant les vacances?

Quel malheur pour moi! mon cher ami; je courais comme un vaisseau lancé sur la pente psychologique, je trouvais toutes sortes de choses, je comprenais M. Jouffroy qui voyait un monde dans l'âme, j'avais commencé des applications à la philosophie de l'histoire[1], et me voilà retombé dans les hémistiches latins, et l'accentuation grecque. Je me console pourtant un peu, en songeant que se sera pour moi une occasion de me faire un cours d'esthétique. J'ai déjà écrit diverses choses sur le Drame et l'Épopée[2]. Mais quand serai-je libre de tout cela et entrerai-je en pure métaphysique? *Magna mater*! C'est l'océan de la Beauté dont parle Platon, qui est fermé aux profanes. Comme dit Louis XI, je n'ai d'autre paradis en tête que celui-là.

---

1. Voir p. 179, note 3.

2. Un cahier daté du commencement de 1852 est intitulé « Idées générales sur la Littérature et les Arts ». Il contient 23 pages petit format. Il traite de l'Épopée, du Drame, de l'Ode; de l'Idéal dans les trois genres (débutant par cette définition : « L'Idéal est le réel purifié »); du roman et de l'Épopée; du Drame et de la Tragédie; Idéal de la Poésie: Principes de variétés et variations de la Poésie: la Rime et la Mesure: de l'Expression. — A la fin, quelques pages sur la Sculpture, la Peinture et la Musique. — Une « Comparaison des trois Andromaque » Euripide, Virgile, Racine), datée du 12 janvier 1852, est une application littéraire de ce travail d'analyse (40 pages, grand format).

Adieu, mon Stéphanois! Rien d'Edmond. On dit qu'il va partir[1]. J'ai peur qu'il ne soit perdu. Tu t'es retrempé à Paris, et tu vis. Vivifie-moi.

Tuissimus.

——— ———

A PRÉVOST-PARADOL

Nevers, 18 janvier 1852

C'est donc une polémique que nous engageons? Il n'y a pas grand mal puisque les journaux politiques sont supprimés. Mais je ne chicanerai pas plus longtemps que tu ne voudras. Ferme-moi la bouche quand je t'ennuierai. Mon grand amour de la discussion est aujourd'hui parfaitement assoupi.

Remarque d'abord que tu abuses contre moi d'un souvenir inexact[2]. Quand je trouvais légitime la monarchie de Louis XIV, c'était en me fondant, non sur les besoins, mais sur la *volonté* des gens d'alors. On aimait le roi, on voulait son pouvoir, sans raison, il est vrai; mais cela suffisait. C'était un suffrage universel *tacite*. Rappelle-toi combien de querelles je me suis faites avec ce mot.

Toute la question entre nous dépend de l'opinion que

1. Edmond About allait partir pour la Grèce.
2. Gréard, *ibid.*, p. 186. Lettre de Prévost-Paradol : « J'ai encore dans quelque coin une note écrite de ta main, en rhétorique, où tu dis avec grande raison que la France de Louis XIV devait obéir à Louis XIV..., où tu t'appuies sur ce principe, que les droits ont pour source et pour mesure la nature et l'étendue des besoins. »

nous avons sur le principe du droit. J'ai dit à l'agrégation et je redis qu'il est fondé sur la *volition*.

Pour toi, voici ta phrase : « Ce principe, le seul vrai,
peut-être, que nos droits ont pour source et mesure
l'étendue et la nature de nos besoins, etc. . »

Remarque encore que tu n'oses poser absolument
cette thèse, et que tu la restreins par un peut-être. Le
reste de la lettre est un développement de cette idée.

Eh bien, mon cher ami, voici les preuves de mon
opinion. Si tu veux discuter sérieusement, réfute-les
point par point, et donne la démonstration de la
tienne[1].

1° Preuve directe. — C'est un fait de conscience
morale, qu'en présence de la volition d'un homme, portant sur une chose qui lui appartient, nous sommes
convaincus intérieurement que cette volition est inviolable et que personne, sous quelque prétexte que ce soit,
ne peut empêcher l'action voulue. Voici un paysan sur
sa terre ; il est stupide et l'ensemence mal. Moi qui suis
savant, je lui conseille avec toute raison de faire autrement. Il s'obstine et gâte sa récolte. Je fais une injustice
si j'essaie de l'en empêcher.

Voici un peuple qui décide de son gouvernement.
Comme il est bête et ignorant, il le remet à un homme
d'un nom illustre qui a fait une mauvaise action et qui
le conduira aux abîmes, et de plus il s'ôte lui-même ses
libertés, ses garanties, le moyen de s'instruire et de
s'améliorer. J'en suis désolé et indigné, je fais par mon

1. Voir Gréard, *ibid.*, p. 188, réponse de Prévost-Paradol.

vote tout ce que je puis contre une pareille brutalité.
Mais ce peuple s'appartient à lui-même et je fais une
injustice si je vais contre la chose sainte et inviolable,
sa volonté.

(J'ai fait dans ma dernière lettre une restriction pour
les choses qui sont en dehors de l'État. la liberté de
conscience; les devoirs de famille. Ceci n'étant pas du
domaine public, le peuple ne peut pas en disposer.
— Mais le mode de gouvernement est indubitablement
du domaine public. — Ainsi ne m'attaque pas là-
dessus.)

2º Preuve indirecte. — Si la minorité éclairée a le
droit de violenter la majorité stupide, un seul homme
éclairé a le droit de violenter l'unanimité stupide. Ce
qui est la justification, non de la royauté, mais de la
tyrannie.

Si je suis convaincu que, seul, je suis éclairé et que
le reste est stupide (ce qui arrive à tout homme convaincu
de son opinion), je me crois le droit de violenter toute
la nation. D'où la jolie application suivante : Supposez
M. Bonaparte non pas accepté, mais *rejeté* par le peuple
et convaincu que ses idées sont les seules justes : il
agirait en conscience en se faisant dictateur envers et
contre tous, et l'on devrait le considérer comme un
homme vertueux. Tu l'attaques maintenant que son
pouvoir est voulu du peuple : tu l'excuserais si le
peuple ne voulait pas de lui.

Enfin voici l'horrible : (tu n'y as pas répondu.) Les
catholiques, sous peine d'hérésie et de damnation, se

croient seuls éclairés. Par conséquent ils doivent se croire le droit d'opprimer toutes les résistances, et d'établir tout ce qu'ils voudront. Philippe II est excusable dans sa guerre des Pays-Bas.

Somme toute, dès que tu prends sur toi de considérer tes adversaires comme des chevaux, et de mépriser en eux la sainteté de la volonté humaine, sous ce prétexte vain qu'ils ne sont pas hommes, tu leur donnes ce droit vis-à-vis de toi, et tu justifies toutes les injustices, puisqu'une injustice n'est qu'une attaque contre une volonté humaine.

3° Réfutation. — (Pardon du pédantisme, mais souviens-toi de nos petits papiers de rhétorique. On n'aboutit que de cette façon).

En fait, il est faux que, lorsque je vois un homme souffrant d'un besoin physique ou moral, ma conscience me montre en lui un droit de satisfaire ce besoin. Un pauvre qui a faim est à plaindre et je dois le soulager; mais il n'a pas pour cela le droit de prendre de force un pain. Un homme politique qui a besoin de la vie politique, etc., n'a pas pour cela le droit de renverser la volonté de la nation qui se l'interdit et de chasser le gouvernement qui la lui ôte.

Ceci est un fait de conscience; il est primitif. Nie-le si tu peux, sinon ton argument est détruit.

Je passe les autres réfutations. Tu sais tout ce qu'en a dit contre M. Louis Blanc. Je t'y renvoie. Ton principe est le sien.

Cher, je vis dans l'abstrait, je le sais bien, et il faut

du courage en face des malheurs publics et de nos malheurs privés pour défendre la cause de l'ennemi. Peut-être si j'étais un politique comme toi, le spectacle des choses m'entraînerait contre mes principes. Je te comprends donc, mais je reste idéologue.

« Périssent les colonies plutôt qu'un principe. » Je crois bien en effet que l'Université va périr. Le préambule de M. Bonaparte n'en dit pas un mot, et il l'omet en louant toutes les autres institutions de l'empire. Enfin, mon bon ami, quoi qu'il arrive, on aura toujours besoin de science ; et puis tu sais : *Highlanders, shoulder to shoulder.*

Tu serais bien aimable d'aller voir Planat, et de me dire un mot de lui ; je n'en puis rien tirer.

Dis à Crouslé que je vais lui répondre sous peu.

A SA MÈRE

Nevers, 27 janvier 1852

J'ai prié avant-hier le recteur de sonder le titulaire de philosophie. Le recteur désire que je reste. Mais l'autre est un avare parfait, qui le soir achète pour souper un hareng saur chez l'épicier, et qui peut-être voudra reprendre ses 1 615 francs, d'autant plus qu'à Pâques il n'aura plus que trois mois de cours, et qu'il est fort agréable de toucher le traitement des vacances sans rien faire. Ce titulaire est un vieux pédant maniaque, qui parle avec mots saccadés et bégayés, qui ne fait pas de leçons aux élèves et leur dicte un simple programme. Je sais que mes seize petits serins désirent garder leur oiseleur et qu'ils feront un charivari au hibou grognon, s'il veut reprendre sa place. A la grâce de Dieu et du hibou.

Je m'aperçois de jour en jour que le nombre des grands hommes est infiniment petit. En fait d'idées ce pays-ci est le désert du Sahara. Si fait pourtant, je suis allé hier dimanche pour la première fois au théâtre. (Je hais le drame comme le vin bleu, mais ce jour-là, par hasard, il n'y avait que des vaudevilles). J'ai trouvé un comique de talent et naturel, mais le malheureux meurt de faim avec sa troupe, et nos ingénieux Nivernais le méprisent comme de la boue à cause de son métier.

Le matin j'étais allé au sermon où j'avais entendu une diatribe attendrissante contre la philosophie. Nous sommes très mal en cour. Les hauts pachas administratifs veulent, dit-on, faire tomber le feu du ciel sur Sodome et Gomorrhe ; gare à l'odeur du roussi ; mes pauvres amis de l'École s'attendent à un licenciement. Ne suis-je pas heureux d'être sorti de cette galère ? Si on supprime la philosophie ou les professeurs de philosophie, je suis plus heureux que personne ; les vers latins et le thème grec coulent chez moi depuis quinze jours comme d'une source vive et le Dictionnaire répand ses fleurs numérotées, ses épithètes et ses synonymes sur mon intelligence qu'il féconde ; je suis dix fois plus fort (vanité, n'est-ce pas ? mais il n'y a pas de quoi) que le professeur de rhétorique mon collaborateur, et j'ai pour arriver toutes sortes de chances. L'ennuyeux est que M. B., qui m'avait promis une lettre sur la situation, reste muet comme un poisson. Il paraît qu'il a été fort désolé du coup d'État et de la suppression de la Constitution, sou premier-né politique. M. Bonaparte a biffé sans cérémonie toute sa vie parlementaire.

Rien de nouveau ici comme ailleurs. Nous sommes de bons bourgeois, comme le ministre de Wakefield pour qui toutes les révolutions étaient d'aller du lit blanc au lit brun et du lit brun au lit blanc. La vie est monotone et c'est toujours le même oreiller ; endormons-nous pacifiquement en faisant de beaux rêves ; j'en fais le plus possible ; ma science que je cultive dans toutes mes heures de loisir m'ouvre des horizons infinis. Je bâtis sur des espérances solides. Faut-il regretter que mon avenir soit celui d'un savant? Aujourd'hui il n'en est pas d'autre, la politique et les places ne donnant accès qu'à la servilité. Le seul chemin où l'on puisse avancer sans s'éclabousser de fange, est celui des découvertes abstraites. On m'eût empêché d'écrire et de parler sur l'État, le Devoir, le Droit, etc. Qui m'empêchera de publier ce que j'aurai trouvé sur les nerfs et les sensations? Il faut de la patience et du courage, il est vrai, mais on peut rester honnête et avancer.

A PRÉVOST-PARADOL

Nevers, 5 février 1852

Laissons là la politique, puisque nous sommes d'accord sur les principes. Quant aux conséquences, si tu peux prouver qu'on nous a volé les libertés qu'on nous a prises, j'en serai ravi. Ce serait une consolation de pouvoir crier au voleur.

J'aime mieux te parler d'affaires. Comprenons bien notre avenir. Tu dois voir maintenant que l'homme qui règne a des chances pour durer. Il s'appuie très ingénieusement sur le suffrage universel qui ne lui demandera pas de libertés, mais du bien-être. Il a le clergé et l'armée; ajoutez le nom de son oncle, la crainte du socialisme, les opinions opposées entre elles du parti ennemi. Par conséquent, la vie politique nous est interdite pour dix ans peut-être.

Le seul chemin est la science pure ou la pure littérature. C'est là-dessus maintenant qu'il faut compter.

Eh bien, mon ami, regarde quelle est la meilleure position pour s'occuper de littérature ou de science. A mon avis, c'est l'Université, et voici pourquoi : 1º Elle ne nous prend que quatre heures de travail par jour; 2º Elle nous fait professer sur des sujets de science et de littérature; 3º Je vois par ma propre expérience qu'on peut le faire avec honneur et conscience sans être tourmenté.

Je ne sais pas quelle est la place que tu cherches. Si tu me l'avais dit, j'aurais pu discuter plus précisément sur ta résolution[1]. Mais je doute qu'elle ait ces avantages. Être secrétaire, ou précepteur, ou donner des leçons, ou se faire collaborateur d'un ouvrage, etc ?... En tout ceci tu trouveras moins de liberté d'esprit, moins de loisir, plus de gêne que dans l'Université. C'est une bonne chose pour apprendre que d'enseigner. J'ai vu beaucoup de vérités nouvelles en psychologie en rédigeant mon cours. Le seul moyen d'inventer, c'est de vivre sans cesse dans sa science spéciale. Si j'ai pris le métier de professeur, c'est parce que j'ai cru que c'était la plus sûre voie pour devenir savant. Les meilleurs livres de notre temps ont eu pour matière première un cours public ; et je ne vois d'autre moyen de sortir aujourd'hui de la boue qu'un bon livre auquel on a travaillé dix ans. Ajoute la solitude extrême, la nécessité de penser toujours pour ne pas mourir d'ennui, le manque de distractions ; toutes ces misères de la province sont des secours pour ceux qui veulent en sortir.

N'imagine pas que tu doives être fort tracassé. Quand on s'abstient d'allusions politiques et religieuses, et qu'on vit chez soi sans se mêler aux orateurs de café, l'administration se tient tranquille. J'ai pour recteur un prêtre ; il y a un évêque dans la ville, ennemi du collège ; mon principal va à vêpres et communie ; le père

1. Gréard, *ibid.*, p. 189 : « Dans l'espoir... que le licenciement de l'École allait nous rendre notre liberté, je me suis mis en campagne, cherchant une place modeste qui me donnât le temps de faire tout doucement mes thèses, pour le jour lointain où l'Université redeviendrait habitable. »

d'un de mes élèves est noble et relit toutes ses rédac-
tions, et je sais qu'il n'y a pas une plainte contre
moi[1], quoique ma psychologie soit physiologiste, et que
j'aie fort maltraité la *Raison* et la *Liberté*. En gardant
les noms on dit les choses. Et je sais par les professeurs
de rhétorique et d'histoire, que les parents eux-mêmes
seraient fâchés de donner à leurs enfants des pères
Loriquet[2]. Ils sont du siècle en dépit d'eux-mêmes.
Ils disent du bien du petit séminaire qui est aux portes
de Nevers ; mais ils auraient dégoût de faire de leurs
fils des calotins. On peut leur enseigner la science, leur
donner tous les faits historiques et philosophiques, leur
faire comprendre les plus irréligieuses des civilisations,
Rome et la Grèce. L'effet moral du cours est le même ;
il suffit de ne pas en formuler les conséquences, ou
plutôt de ne pas les formuler en termes de journaux.

Les parents sont trop bêtes pour y rien voir, et les
élèves, suivant la bonne disposition de cette bonne
nature humaine, sont trop portés à la révolte pour ne
pas en recevoir l'esprit. La religion et la royauté ne
sont plus maintenant que de vieilles habitudes. Chez les
plus fanatiques, l'éducation prépare le monde à venir
et détruit le passé. Partout les enfants sont traités à

---

1. Voir, p. 229, lettre du 28 mars 1852. On verra par la suite
que M. Taine se faisait de grandes illusions sur la bienveillance
de son entourage nivernais.

2. Le Père Loriquet (J. N.), jésuite, né en 1767, mort en 1845,
écrivit beaucoup de livres élémentaires, dont une Histoire de France
très répandue dans les pensionnats ecclésiastiques sous la Restauration.

l'égal des parents; on cause avec eux, on se fait leur ami, on favorise le premier élan de leur liberté; ils respirent l'égalité et la liberté dès le berceau; demande aux vieilles gens ce qu'était l'éducation de leur temps.

— Nous avons donc les parents pour complices; opprimée au dehors, et comprimée en apparence, l'éducation peut être au fond aussi libérale qu'on le voudra.

Voilà mes raisons principales, mon cher ami. Les choses vues de près sont moins noires qu'on ne le croit à l'École. Quant à tes craintes pour l'agrégation, n'as-tu pas ton magnifique français, et M. Dubois pour juge? N'as-tu pas été le premier en thème grec à la licence? Tes seuls concurrents sérieux sont Sarcey, Dupré, Gaucher, Marot et il y a neuf places. Il est probable que l'agrégation durera puisqu'on l'a proposé[1]. J'ajoute donc un *mais* à tous ces mais qui t'importunent[2] depuis huit jours, et je suis insupportable selon mon habitude. Que dis-tu de l'espérance de te trouver l'an prochain avec un de tes amis, Édouard[3], Levasseur, Gréard, et un autre que *je n'ose nommer*, et qui en serait bien heureux, tu en es sûr? Ah, cher! quels coups de pioche, si dans la solitude de la province nous pouvions ensemble fouiller les terrains vierges! Il y en

1. L'agrégation des lettres.
2. Gréard, *ibid.*, p. 190. « Mais, Anatole, vous serez reçu, en travaillant beaucoup, et, pour six mois d'attente, c'est une belle compensation. — Mais, Monsieur... mais.... — Voilà huit jours que cela dure.... »
3. E. de Suckau.

a partout. Te rappelles-tu notre rhétorique? Je n'ai jamais été si heureux !

J'insiste, sinon pour que tu ailles chez Planat, du moins pour que tu t'informes à sa porte, s'il habite encore là. Sa maison est sur ton chemin quand tu vas chez ton père. Voici trois lettres que je lui écris sans réponse. A propos, fais donc les tiennes plus grandes, tu ne m'écris que sur trois pages, et sur demi-papier encore ! Imagine, mon ami, que je relis trois ou quatre fois vos lettres. Je suis privé de toute conversation.

A MADEMOISELLE SOPHIE TAINE

Nevers, 15 février 1852

Je suis heureux que vous vous amusiez : au fond la patrie est où sont les parents[1] et quand on est reçu avec tant d'amitié, on ne peut que se trouver bien. J'ai connu moi-même cette hospitalité aimable ; ces jours-là ont été peut-être les plus agréables de mon existence...

Rien de nouveau ici. Ma vie est d'une monotonie parfaite. T'annoncerai-je que je finis le troisième volume de Hegel[2], que j'ai préparé une partie de ma thèse, le quart de mon agrégation ? Insipides nouvelles, n'est-ce pas, et qui ne sont bonnes à dire qu'à des hiboux comme moi : ton hibou est allé, il y a huit jours, au bal du

----

1. Mme et Mlles Taine étaient à Sedan, en visite chez M. Auguste Bezanson.

2. La *Logique*.

préfet, et n'a pas eu le courage de danser dans la cochue. En voyant le sourire éternel des danseuses, et en écoutant les banalités mielleuses des danseurs, je n'ai trouvé rien de mieux à faire que de regarder cette singerie du plaisir et cette comédie de l'ennui. Imagine-toi qu'on était venu à ce bal de douze lieues à la ronde. J'en bâille encore, mais après cette corvée officielle je suis délivré — J'attends toujours une réponse du titulaire. On me dit que je resterai certainement et cela est assez probable.

Je ne pourrai aller à Vouziers au mois d'août, mes examens m'en empêcheront; il y en a un le 20 août et un autre le 15 ou le 20 septembre. Je serai obligé de travailler dans l'intervalle. L'avenir est incertain. Nous dépendons des caprices du maître et nous attendons sa loi sur l'enseignement. Personne ne doute que l'histoire et la philosophie ne doivent subir de grands changements. Quant à l'enseignement, le mettra-t-on aux mains des congrégations, ou sous la surveillance des évêques?— M. de Montalembert sera-t-il notre ministre? Nos conjectures hésitent entre tous ces accidents fâcheux. Nous sommes les vaincus et naturellement nous payons les frais de la guerre. — Mon ami Prévost veut quitter l'Université; M. About a eu l'esprit d'aller en Grèce, moi je resterai tant qu'on ne me chassera pas.

J'ai trouvé à la bibliothèque des recueils de zoologie et le journal *l'Artiste*. J'y retrouve un souvenir de Paris, de l'Exposition, de la peinture et de la musique. Cela me dérobe le dimanche à la prose nivernaise. Je passe le reste de la journée au piano, et surtout j'improvise, c'est-à-dire je laisse aller mes doigts sur tous les accords et toutes les fantaisies qui me viennent. Souvent en le faisant je songe à autre chose, mais cela est un accompagnement pour mes idées, et il est très doux de penser en musique. Mais mon esprit est ailleurs; je ne puis étudier sérieusement, ni acquérir un talent; je ne cherche là qu'une distraction, et je suis heureux d'en savoir assez pour jouer autre chose que des contre-danses. La musique n'est guère pour les autres qu'une occasion de vanité, j'y trouve un plaisir.

A PRÉVOST-PARADOL

Nevers, 22 février 1852

Vois comme je suis exact, je te réponds le jour même[1]. Ne va pas pourtant m'en savoir gré, je suis si seul, j'ai si grand besoin de causer avec un ami, que je saute sur tes lettres dès qu'elles arrivent, et que je les lis trois ou quatre fois de suite, pour entendre encore une fois un langage humain.

Hélas, mon pauvre ami, je roule comme toi par tous les bas-fonds du marais de la mélancolie.

Je m'ennuie avec un excès que tu n'as jamais connu. Heureux homme, qui as Gréard[2]. Je sens combien tu

---

1. Gréard, *ibid.*, p. 190, lettre du 21 février.
2. *Ibid.*, p. 191 : « J'ai ici un trésor dont j'abuse. C'est Gréard mon refuge. »

dois aimer ce cher et charmant garçon. Que ne donne-
rais-je pas pour un jour de causeries avec quelqu'un
comme lui ou comme toi ! Mais ici je retombe sans cesse
sur moi-même, et ma compagnie n'est pas gaie, tant
s'en faut. L'exécrable nécessité des dissertations latines
et de l'accentuation grecque me tient à la gorge. Quand
je reviens fatigué et dégoûté de la platitude des seize
petits nigauds que je catéchise, je retombe dans l'agrégation.

Il me semble que je vis à contre-temps, que je vais
retourner au collège, recevoir des pensums et des
férules. Et bien loin derrière, de belles idées entrevues,
un monde infini outre-Rhin me rappellent, et il faut
laisser tout cela s'enfuir. Quel métier ! Je te rends bien
les Ὀλοφυρμοί.

> Cet homme ainsi bâti vivait en joie ; à peine
> Le spleen le prenait-il une fois par semaine.

Voilà mon état.

Rien d'Édouard. Sa dernière lettre est du 8 janvier.
La mienne n'a pas sans doute été arrêtée. Je lui parlais
de philosophie[1] et je lui donnais les plus sèches des
formules que j'eusse trouvées en psychologie. Pas un
mot d'Edmond[2] ; pas un mot de personne. J'exige
absolument que tu ailles à la porte de Planat demander
s'il loge encore là, et que tu me dises, si tu peux, si son
journal vit encore et s'il gagne sa vie. J'essaierai alors
un nouvel effort pour lui arracher une réponse. —

1. Voir, p. 195, lettre du 15 janvier à Édouard de Suckau.
2. About.

Peut-être, mon cher bonhomme, aurai-je dans cinq semaines le plus grand plaisir que je puisse espérer. Le recteur, à ce qu'il paraît, a eu l'obligeance et le bon goût de ne pas noter au ministère mon refus de signer l'adhésion que tu connais et de plus il désire que j'achève l'année ici ; tu sais que ma commission n'est que de six mois ; il va donc demander au titulaire de prolonger son congé de six mois encore. Si je reste ici, et que je ne sois pas obligé de courir au diable, je profite des vacances de Pâques, et je vais voir ma mère en passant un jour à Paris ; je te donnerai rendez-vous, tu me mèneras à l'Exposition, et nous bavarderons ensemble ; car j'imagine que ton vieux camarade n'est pas tombé dans le même malheur que le pauvre N..., et que tu ne fuiras pas un pédant provincial.

Quoi que tu dises, si tous les deux nous étions agrégés, la vie universitaire serait supportable. On ne nous jetterait pas dans un trou de *collège* communal comme Nevers. (N'écris plus « lycée » sur tes lettres.) Et alors il y aurait chance de rencontrer un ami. Un ami d'École, la solitude, assez de loisir, plus d'agrégation, de la philosophie et de l'histoire naturelle, y penses-tu ? Voilà ma terre promise ; je bâtis là-dessus des milliers de châteaux en Espagne, tout seul malheureusement, sans un Gréard. Que je vous comprends et qu'Édouard, mon patient consolateur, m'a fait du bien, en première année surtout, dans mes rages noires !

Pauvre Édouard, je l'aime à distance et en silence. Lui aussi m'a-t-il oublié ?

Je relis Musset et Marc-Aurèle pour me consoler. Singulier assemblage, n'est-ce pas? Mais je trouve dans le premier tous mes ennuis, et le second me parle du remède universel, de la grande pensée antique, τὸ μηδὲν εἶναι.

Voilà, mon cher, ce que j'ai trouvé encore de plus efficace contre le spleen. Cela repose et assoupit l'âme, comme l'espoir du sommeil pendant la fatigue de la journée. Ajoute le travail machinal qui tue la réflexion et absorbe l'ennui dans l'épuisément. Je sais qu'on trouve ici que je mène la vie la plus bizarre, nuit et jour enfermé, sans société, ni plaisirs. Mais c'est la seule que je puisse supporter.

J'attends le printemps pour revoir une chose belle; depuis cinq mois je n'ai sous les yeux que la laideur; un pays fangeux, des rues étroites et sales, ni musique, ni tableaux, ni jolies figures. Le soleil et les arbres verts me tiendront lieu de tout cela.

J'ai écrit à N..., parce que je lui avais promis. Il a été plus qu'amical pour moi lors de ma *non-agrégation* et je lui devais au moins cette politesse. Mais je sens bien comme toi que la sympathie ne pourra jamais aller bien loin.

Je suis seul ici pour expliquer, et je ne puis m'argumenter moi-même; c'est un grand inconvénient, mais enfin il y a neuf places et... je ne veux pas penser à l'horrible nécessité de préparer l'an prochain une troisième agrégation. Si tu peux, donne-moi quelques détails sur la bibliographie de l'agrégation.

Je vais tâcher de me procurer le numéro dn 12 février[1]. L'auteur est-il donc de toutes les publications?
Quand Bernardin sera-t-il couronné?

Edmond[2] ne t'a pas remis en partant un travail sur
la Grèce de moi et pour moi? J'écrirai un de ces jours à
Ed. Que Crouslé me réponde, dis-le lui.

A ÉDOUARD DE SUCKAU

Nevers, 25 février 1852

Cher Ed., ta dernière lettre était du 8 janvier.
Qu'oses-tu répondre à cette éloquence des dates? Parce
que vous êtes, Monsieur, un illustre professeur dans un
illustre lycée national ou royal, vous croyez-vous en
droit d'oublier le cuistre nivernais que vous avez honoré
de vos bonnes grâces? Apparemment, ma dernière
réponse n'a pas été interceptée. Messieurs de la poste ou
de la préfecture n'ont pas dû être fort pressés de lire
les abstractions psychologiques que je t'envoyais. Ce
n'est pas le temps qui te manque; tu n'as pas comme
moi deux classes par jour, et une agrégation à préparer.
La soupe stéphanoise aurait-elle le privilège des eaux du
Léthé?

Prévost me dit que votre commerce est interrompu,
par suite de curiosité gouvernementale. Il t'a écrit au

1. Numéro de la *Revue de l'Instruction publique* où Prévost-
Paradol avait publié un article anonyme sur la réception de M. de
Montalembert à l'Académie française.
2. About. Il s'agit sans doute du travail perdu sur Homère.

commencement du mois, et n'a rien reçu en retour de cette assignation. Arrêter nos lettres! Les jolis conspirateurs que nous sommes! Ce seront les tendresses d'Anatole et mes syllogismes qui feront sauter le gouvernement! Ce n'est pas assez d'être maître, il faut encore être bête! Quelles gens et quels temps! — Anatole est triste *usque ad mortem*, la discorde est dans sa section, il est dégoûté de l'Université, il veut la quitter; je lui envoie des remontrances magnifiques et très parlementaires qu'il traite à la Louis XIV. Je lui prouve doctement qu'aucun métier ne lui donnera du pain moyennant trois heures de travail par jour. Il ne répond pas et continue; nous habitons deux mondes, et nous ne pouvons nous toucher; lui celui des nerfs, moi celui du cerveau; il raisonne électriquement, moi pédantesquement; lui avec une sensibilité agacée et bondissante, moi avec le flegme d'un recteur suivi des quatre facultés. Il n'y a rien de plus comique que cet échange de lettres, aucun des deux ne répondant à l'autre; je le comprends et je l'approuve; en fait-il de même à mon égard? Que t'en dit-il, ou que t'en *disait-il*? Au reste, je trouve comme lui l'agrégation rebutante. Et j'ai toutes les terreurs du monde quand je songe qu'il me faudra peut-être recommencer. — Anatole est tombé dans une nouvelle amitié, celle de notre cher et aimable Gréard. Ils sont bien heureux d'être tristes ensemble. Cher Édouard, quand pourrai-je te dire tous mes θρῆνοι οα, οα, οα, etc.? — Je bâille, je wertherise, je byronise, je me souhaite au fond de la mer Rouge. O bonne mer

Rouge! Mais c'était moitié mal quand je m'y souhaitais avec toi.

Rien d'Edmond ni de personne. Le soleil de l'amité s'éteint comme celui de l'intelligence (belle phrase, n'est-ce pas? et qui sent l'agrégation). Je me sens tous les jours plus seul, et dans ce glorieux pays où s'étale la bêtise dans toute sa fleur, il me semble que je bourgeonne et fleuris à l'égal de tous les autres. J'ai pourtant lu le dernier volume de la Logique[1]. Hélas! encore une illusion tombée! Cela est grand, mais cela n'est pas la métaphysique vraie; la méthode est artificielle, et cette construction de l'absolu tant vantée est inutile. Enfin voilà les matériaux de ma thèse. Mais toi, où en es-tu? Quelles études? Que disent ton sous-préfet, ton proviseur, tes élèves, ton chien, ton chat, ta portière et toi-même?

Allons, mon ami, envoie-moi toutes tes confidences, et commérons. Il n'y a rien de bon que cela au monde.

A MADEMOISELLE VIRGINIE TAINE[2]

Nevers, 26 février 1852

... Je vois que tu préfères la peinture à toute autre chose. J'apprécie tes goûts artistiques; je te conseille de rester fidèle à tes talents et à ton éducation; je serais fâché si tu oubliais jamais l'amour des belles choses,

1. De Hegel.
2. L'original de cette lettre est en anglais.

des occupations élevées et sérieuses; j'espère que, dans
quelque situation que la fortune te place, tu conserveras
le sens des couleurs, de la lumière, des formes, de la
poésie, de toutes les choses qui peuvent élever l'esprit
au-dessus des vulgarités insipides de la vie ordinaire.
Mais, ma chère enfant, je ne puis que répéter ce que j'ai
dit si souvent. Sais-tu si tu es une artiste? Tu auras un
charmant talent de société, une noble et agréable occupation dans ton intérieur. N'est-ce pas mieux que de
ramper dans la foule des peintres hommes et femmes?
Souviens-toi qu'il y a en France dix ou douze mille de
ces personnes; peux-tu espérer prendre une place
prééminente? Tu as une santé délicate, tu es une
femme, et une honnête femme, tu ne peux pas faire les
études qui seraient nécessaires pour gagner un nom
dans l'art; tu ne peux pas avoir la vie tempêtueuse,
mobile et licencieuse sans laquelle l'imagination lan-
guit et le génie défaille. Je t'en prie, considère tout ceci;
je sais que toutes ces paroles sont des blessures pour
toi et que je trouble un rêve très charmant. Mais c'est
par amité et affection. Tu ne connais pas le monde; tu
ne peux pas comparer la vie combattante, troublée,
misérable de ceux qui essaient d'émerger du niveau
ordinaire à la vie tranquille et heureuse de ceux qui
demeurent dans la voie usuelle et ornent avec des distractions raffinées l'uniformité du chemin. Je me repens
quelquefois d'avoir pris le premier parti. Il y a des moments de spleen, de timidité, de langueur, dans lesquels
je sens que j'aimerais mieux être un tranquille profes-

seur dans quelque coin retiré que de lutter pour trouver, pour publier et pour établir des idées nouvelles. Je comprends facilement la situation de ton esprit; tu es dans une disposition enthousiaste causée par la conscience de tes progrès, par les louanges méritées qu'on a accordées à tes œuvres. Échappe à cette disposition et considère froidement les nécessités d'une vie féminine. Agis comme un homme et oublie cette passion momentanée. La conscience de ta raison et de ton courage te sera une consolation suffisante.

Je suis un éternel prêcheur comme tu vois et je professe la philosophie dans mes lettres comme dans ma chaire. Mais tu as pris l'habitude de l'écouter.

Rien de nouveau à Nevers. Le recteur tarde et ne me donne pas de réponse. Je pense que je serai obligé de lui poser la question moi-même. Je joue du piano et je cause de temps en temps avec un jeune peintre qui me prête des ouvrages sur la peinture, des dessins, etc. Je vais dans les champs et je regarde le ciel en pensant à toi; je suis sûr qu'il y a en ce moment tant de sujets de paysage. La triste couleur des prairies, la désolation de toute la campagne, les teintes grises et variées des nuages seraient belles dans un tableau. Il y a là du sentiment, de l'âme, de la couleur, n'est-ce pas assez? — Plus je vois la nature et les champs, plus je les aime; ils semblent avoir en eux plus d'intelligence et d'âme que l'homme.

A ÉDOUARD DE SUCKAU

Nevers, 16 mars 1852

Dear don, j'attendais cette seconde lettre pour laquelle tu me promettais tant de détails et de confidences ; elle ne vient pas et je la demande....

Pense beaucoup à moi, mon ami, et écris-moi souvent, oui, écris-moi, j'en ai besoin. Je suis dans un état d'esprit incroyable. Porte à la dixième puissance la tristesse et le dégoût des mauvais jours de ma première année d'école, et tu n'auras pas encore une idée de ce que je ressens. — Tu te souviens de ces moments où je ne trouvais de consolations que dans la pensée antique du τεθνάναι. Aujourd'hui je suis plus bas, et cela est habituel. J'ai combattu bravement jusqu'ici l'ennui par le travail. Tu sais ce que j'ai fait en psychologie. J'ai lu toute la logique d'Hegel, et je n'ai plus qu'à rédiger. Mais voilà que cette dernière ressource me manque. Je suis souffrant, et d'ailleurs dans une telle langueur d'esprit, qu'il m'est impossible de mettre deux idées ensemble. Mon dernier refuge contre moi-même a péri. Je ne puis penser à moi-même ni à quoi que ce soit sans dégoût ; à peine de temps en temps et par un exploit de volonté, un éclair de philosophie ; je retombe aussitôt sur moi-même, et quel oreiller ! La conversation des gens qui m'entourent m'assomme ; je ne puis parler de choses élevées, ni de choses intimes. J'aime encore mieux mon ennui libre et solitaire que l'ennui contraint de la société. Enfin il me semble que je suis une vieille

machine détraquée qui ne va plus que par habitude, et
en qui toutes les sensations effacées ne laissent qu'un
affadissement universel. Il y a des jours où je suis si las
de moi, que je voudrais me vomir moi-même. Si j'étais
à Paris, j'irais disséquer à l'amphithéâtre ou voir des
opérations chirurgicales pour ranimer mes facultés
éteintes; mais j'étouffe dans cette atmosphère de province; l'universelle platitude des hommes, des événements et des choses, la préparation assoupissante de
cette agrégation littéraire, la solitude forcée où je me
renferme, l'insipidité d'une classe tout élémentaire, la
privation de mes amis et de mes compagnons d'étude,
me jettent dans un engourdissement douloureux, et
dans une sorte de cauchemar tourmenté, où j'ai l'agi-
tation et la souffrance intérieure des vies actives, sans
avoir le bien-être de tous les lézards humains qui se
chauffent au soleil, à mes côtés.

Que je suis bien puni de ces rêves orgueilleux qui me
représentaient la solitude studieuse comme un bonheur!
Le fier solitaire ne peut vivre seul. Ah! qu'on ne jouit
pas des biens qu'on respire tous les jours. Transporté
d'une atmosphère pensante et aimante dans ce lourd
élément de l'indifférence et de la bêtise, je sens combien
la première m'était nécessaire. Je ne l'ignorais que
parce qu'elle ne m'avait jamais manqué. Et cela, mon
cher ami, durera donc pendant toute notre vie! Paris
m'est fermé pour toujours. Les ambitieuses illusions de
l'adolescence se sont envolées; et je sens que je suis con-
damné à jamais à une position mesquine et à un entou-

rage plat. Où en es-tu? Et ne sens-tu pas quelque chose qui ressemble à cette asphyxie morale que je te dépeins? J'ai lutté jusqu'à présent, mais maintenant j'étouffe, et je ne vis que dans l'espoir de quinze jours de congé à Pâques; ma suppléance n'est que de six mois, mais si le Ministre me continue ici, je prends mon vol et je vais embrasser ma mère. Je suis fou vraiment, j'ai un besoin passionné d'embrasser quelqu'un que j'aime. J'aurais un plaisir inexprimable à te serrer la main, et une lettre d'un de vous est une soirée de bonheur, Conçois-tu ceci? Où en suis-je? Cher ami, il a fallu que je te quitasse pour savoir combien j'avais besoin de toi. Je me ronge intérieurement par une action sans frein et sans but, ou je m'alourdis dans une inertie souffrante. Je ne puis trouver de remède dans l'extérieur, parce que la société augmente ma langueur, et le plaisir mon dégoût. Ma tête malade m'empêche de m'étourdir dans le travail. Allons, ma bonne sœur, envoie-moi une potion calmante et fortifiante; pas de reproches, je m'en fais à chaque instant; un reproche n'est qu'un coup d'éperon qui excite un bond convulsif et aboutit à une chute plus lourde. — Dis tout ce que tu voudras. — Quoi que ce soit, la vue de ton écriture me fera du bien.

Crois-tu qu'après quatre ou cinq ans de province j'y serai habitué et résigné?

A MADEMOISELLE VIRGINIE TAINE[1]

Nevers, 18 mars 1852

Je sens amèrement ce que c'est que d'être esseulé, et je ne prévois pas quand je serai réconcilié avec la vie provinciale et solitaire! Je suis un peu fatigué en ce moment, et mal à mon aise. Le changement de saison en est la cause. Aussi je demeure oisif auprès de mon feu, ou je me promène dans les champs, me chauffant aux premiers clairs rayons du soleil et du printemps.

J'écris à mon oncle Adolphe[2] pour lui demander son avis et son opinion sur le sort de l'Université. M. Dubois, le précédent directeur de l'École normale, et M. Cousin viennent d'être mis dehors du Conseil supérieur de l'Instruction publique et le concours public pour les chaires de Facultés est supprimé. Mon métier est maintenant le pire de tous, mais il est trop tard pour songer à en prendre un autre; je ne puis plus être autre chose qu'un savant. Je mourrais si j'étais obligé de m'enfermer dans une boutique à procédure ou n'importe où ailleurs. L'habitude de penser ne peut plus se perdre; je serai pauvre certainement, et peut-être dans une situation sociale inférieure; mais je lirai, je parlerai et j'écrirai, je l'espère, et les hommes les plus distingués de ce temps n'ont pas eu d'autres commencements.

Je suis fâché que vous n'alliez pas au bal et aux réunions. Pourquoi? Pensez-vous qu'il n'est pas néces-

1. L'original est en anglais.
2. M. Bezanson.

saire pour une femme de connaître le monde, la conversation, les usages ordinaires de la société? C'est en outre une occasion de connaître la manière de voir de ceux avec qui vous devez vivre; et ce qui est mieux, c'est une occasion de prendre quelque récréation et d'apporter quelque diversité dans la monotonie de la vie ordinaire. Suivez mon exemple. Il faut que j'aille lundi à la Préfecture pour entendre un concert d'amateurs, chanteurs et instrumentistes, au bénéfice des pauvres. Je n'ai pas une grande opinion de la musique, mais je regarderai les figures et les contenances, j'apprendrai quelque chose et peut-être je rirai.

Pas de réponse de notre pacha universitaire; on ne m'a pas informé si je dois rester. Mon voyage à Vouziers est toujours incertain. — Je suis sûr, quoi que tu en dises, que tu peins beaucoup mieux que quand je t'ai quittée. Essaie quelque composition personnelle, et surtout, si tu peux, quelque vue des champs. Il n'y a rien au monde de plus beau.

A M. ERNEST HAVET[1]

Nevers, 24 mars 1852

Quelle obligeance à vous, Monsieur, de vous souvenir d'un élève que vous avez connu trois mois à l'École normale! Ici je suis comme mort; plus de conversation,

1. Havet (Ernest-Auguste-Eugène), membre de l'Institut, né en 1813, entré à l'École normale en 1832, mort en 1889.

ni de pensée; il me semble qu'il y a dix ans que j'ai quitté Paris. Votre livre[1] vient de me rendre pour une journée à la vie et au monde. Ce sont bien là les questions que nous avons tant agitées dans la chère patrie de l'Intelligence, pendant les trois ans où il nous a été permis de penser et de discuter. Ce sont là les livres nécessaires; c'est faire œuvre politique et travail de convertisseur, que les écrire; c'est montrer de nouveau, comme dit Michelet, la face pâle de Jésus crucifié. On masque et défigure le monde passé, et il n'y a que ceux qui ont vécu dans les poudreux in-folio des Pères qui le connaissent dans toute son horreur. Les Jansénistes sont les vrais écrivains du Christianisme, comme Murillo et Zurbaran en sont les vrais peintres; ce sont les fidèles disciples de saint Augustin et de saint Paul; et Pascal, en homme sincère, parle comme eux de cette masse de perdition, de cette prédestination fatale, de cette infection de la nature humaine. Nous frissonnons en lisant Dante, et Dante est doux et modéré, en comparaison des effroyables traités de saint Augustin sur la Grâce et de cette dialectique invincible qui précipite le monde dans l'enfer. Je ne sais si vous y avez pensé; mais votre livre est un admirable traité polémique, et maintenant qu'éloigné de l'École, je languis loin de la liberté et de la science, et je vois de près le mal qui nous attaque, je souhaite ardemment qu'il en paraisse beaucoup de pareils.

J'essaie de me consoler du présent en lisant les Allemands. Ils sont, par rapport à nous, ce qu'était l'An-

1. Les *Pensées de Pascal.*

gleterre par rapport à la France au temps de Voltaire.
J'y trouve des idées à défrayer tout un siècle, et si ce
n'étaient mes inquiétudes au sujet de l'agrégation des
lettres que je vais tenter l'année prochaine, je trouverais
un repos et une occupation suffisante dans la compagnie
de ces grandes pensées. Les idées du moins ont cela de
bon, qu'elles nous rendent frères et qu'elles nous font
tous participer à la joie et au bien que cause un beau
livre. Vous venez de me le prouver, Monsieur; merci
encore, et croyez que je ne vous quitte que pour reprendre la lecture que je viens d'interrompre.

Veuillez agréer, Monsieur, l'expression de mon respect et de mon dévouement.

A PRÉVOST-PARADOL

Nevers, 28 mars 1852

Illustre Monsieur, recevez mes félicitations sincères.
Auteur[1] ! Auteur payé! Auteur à Paris, lauréat futur de
l'Académie des sciences morales et de l'Académie française ! Cette triple couronne m'enchante et il ne me
reste plus qu'à vous prier de jeter de temps en temps
vos regards glorieux vers votre pauvre ami, qui, tandis
que vous triomphez dans le ciel, patauge et pataugera
toujours dans son infernal bourbier.

Serieusement, je te porte envie du fond de mon âme.

1. Gréard, *ibid.*, p. 193. — Prévost-Paradol venait de conclure
un traité avec la librairie Hachette pour un livre intitulé : *Revue
de l'Histoire universelle*, qui parut en 1854.

Mais que dois-je faire, dis-moi? J'imagine que l'agrégation des lettres durera encore cette année dans les anciennes conditions[1]? Le sais-tu? Et faut-il continuer à me préparer? Quelle vie incertaine et misérable, et s'il y avait une Providence, qu'elle aurait bien fait de m'attacher en naissant sur le nombril un titre de rentes de 2 000 livres! Comme j'aurais renoncé aux grandeurs du professorat, et laissé crier les cuistres qui nous lardent aujourd'hui à coups d'épingles! Le sot métier que celui de martyr! Je ne sais pas même si je resterai ici jusqu'à la fin de l'année. J'ai prié M. Vacherot de m'obtenir de suite une réponse. Si tu le vois, demande-lui si M. Lesieur ne lui a rien dit. De la réponse, dépend mon voyage à Pâques. Si elle disait oui, que je serais content, en passant, d'aller t'embrasser! J'ai soif d'amitié, et j'étouffe ici; j'ai le spleen la moitié de la semaine; j'écris à Suckau des lettres désolées; je me souhaite à chaque instant au fond de la mer Rouge. Nous en sommes tous là. Une circulaire d'Edmond[2], qui m'est parvenue, ressemblait à une lamentation de Jérémie. Si nous étions deux, dans un pays quelconque, il me semblerait voir le ciel s'ouvrir.

Comment as-tu connu le pacha de la librairie? Te

1. Prévost-Paradol, *ibid.*, p. 192 : « Je te dis en confidence que le plan d'études proposé par le ministre au conseil de l'Université, et qu'on peut considérer comme définitif, a mis à 25 ans l'agrégation qui, sous le nom d'agrégation des lettres, comprend l'histoire, la rhétorique et la grammaire, les trois agrégations n'en faisant plus qu'une. » — On verra plus loin que l'agrégation des lettres fut supprimée pour l'année 1852.

2. About.

voilà décidément son fournisseur. J'ai vu un nouvel article de toi sur le discours de Flourens[1]. Mais, homme utile aux mœurs, comment peux-tu être utile aux mœurs qu'on vante aujourd'hui, et écrire un livre? — Tu vas parler du progrès? Mais le progrès est une pure abomination panthéiste, écoute plutôt nos sacrés maîtres. — De la force naturelle et personnelle par laquelle le genre humain se fait à lui-même sa destinée? Mais c'est nier la Providence, et le Dieu de Bossuet, le grand joueur d'échecs dont nous sommes les pions. — Des lois nécessaires et régulières qui mènent le monde? Mais c'est nier la liberté, la chère liberté de M. Cousin, et par contre-coup l'enfer, etc., etc....

Il faudra biaiser. Mais pourras-tu rester éloquent sous un demi-masque? — Enfin, j'ai toute confiance en ton habileté, et je désire que l'Académie soit assez immorale pour couronner notre morale[2]. Dis-moi surtout ce que tu comptes faire sur les six derniers siècles, car il n'y a là qu'une grande guerre contre l'Église et le dogme, guerre si visible que M. Donoso-Cortès conclut que le monde va à sa perdition, et que Jésus-Christ, pour le sauver, lui fera bientôt une nouvelle visite. — Je t'apporterai, si tu veux, aux grandes vacances, la Philosophie de l'Histoire de Hegel, et tu verras là des pyramides d'idées à casser les jambes de tous les Français qui voudraient les escalader. Mais j'ai beau regarder,

1. Dans la *Revue de l'Instruction publique.*
2. Prévost-Paradol avait l'intention de présenter son ouvrage : *Revue de l'Histoire universelle,* à l'Académie des Sciences morales et politiques.

je ne vois de science possible que comme une guerre.
Lucien Sorel[1] l'a dit, et je l'aime trop pour ne pas approuver ses idées, et craindre qu'elles n'attirent la
foudre. Des paratonnerres, mon cher bonhomme, des
paratonnerres! L'histoire est, de toutes les poudrières,
celle qui fait le mieux explosion!

Crouslé qui m'écrit ne me paraît pas savoir ton dessein, et me dit que l'École est en désarroi[2]. Il a une en-
torse et le spleen.

Ce pays-ci, mon cher, a son meilleur représentant
dans l'abbé Gaume, l'auteur du ver rongeur, dont parle
ta Revue. Je m'en ressens, et je commence à cueillir
toutes les fleurs du métier; un polisson de seize ans,
noble, qui l'an dernier était le premier, étant tombé au-
dessous du dixième, s'amuse à dire que j'ai fait l'éloge
de Danton en classe, et venge sa vanité blessée par des
calomnies. Les cancans brodent là-dessus, et je suis obligé
de me justifier auprès du recteur. Il est vrai que mes
quinze autres élèves m'aiment, ont demandé au recteur
de me conserver ici jusqu'à la fin de l'année, et auraient
voulu rosser l'Escobar au maillot. Mais ce petit coquin
est un trou à ma cuirasse et, quoi que je fasse, je serai
bientôt blessé par toutes les flèches qu'il me tirera.

Réponds-moi avant les congés de Pâques, et prie

1. Prévost-Paradol avait signé du pseudonyme de Lucien Sorel
plusieurs articles dans *la Liberté de penser*.

2. Prévost-Paradol annonçait sa décision de quitter l'École. « Il
devient presque impossible de travailler, tout le monde est dégoûté.... Les épurations continuent à la Bibliothèque. On retranche
des volumes de Voltaire et de Rousseau.... » (**Lettre de M. Crouslé
du 24 mars.**)

M. Vacherot de me répondre. Si je reste ici, et que j'aille aux Ardennes, je t'écrirai d'avance le jour où j'irai te voir à Paris.

Et Planat? Est-il perdu? Par charité réponds-moi sur lui. Nous étions une trinité à Bourbon. Veux-tu qu'une des trois personnes périsse? L'artiste surtout?

LE MINISTRE DE L'INSTRUCTION PUBLIQUE A H. TAINE[1]

Paris, 30 mars 1852

Monsieur, en vous informant de ma décision du 23 mars qui met un terme à la suppléance dont vous aviez été momentanément chargé au collège de Nevers, M. le recteur de l'Académie départementale de la Nièvre a dû vous faire connaître que je me proposais de vous donner une autre destination. Par un arrêté en date du 29 mars, je viens de vous confier la suppléance de la chaire de rhétorique du lycée de Poitiers. C'est après avoir pris une connaissance attentive des notes qui vous concernent que j'ai résolu de vous essayer dans un enseignement moins périlleux pour votre avenir. J'ai remarqué, en effet, que vos leçons philosophiques[2], à Nevers, rappelaient trop les doctrines qui

1. Cette lettre, signée du ministre, émane en réalité de M. Lesieur. M. Taine annonça à sa mère sa translation à Poitiers par ce court billet daté du 3 avril : « Je suis nommé suppléant de rhétorique à Poitiers. Cela vaut mieux à tous égards; mais la lettre du ministre est sévère et menaçante et je sais que j'ai été desservi directement au ministère.... Tu ne saurais croire combien à présent je me moque de mon métier et de ses chances; quoi qu'il arrive, je vivrai toujours à Paris avec des leçons. Une destitution serait peut-être ce qui pourrait m'arriver de mieux.... »

2. Voir appendice n° III, p. 566.

vous ont été reprochées à juste titre dès votre début. Aussi je ne suis pas sans inquiétude sur les résultats de l'épreuve nouvelle à laquelle vous allez être soumis. Si M. le recteur de l'Académie de la Vienne, que je charge de surveiller particulièrement vos leçons, veut bien vous aider de ses conseils, je vous engage à les suivre avec déférence; sous la direction éclairée de ce fonctionnaire, vous parviendrez, je l'espère, à dégager votre enseignement de doctrines, qu'avec plus de maturité vous apprécierez un jour à leur juste valeur, et qui ne sont pas du domaine des études classiques. Je ne dois pas vous laisser ignorer, Monsieur, que si cette épreuve ne répondait pas à mon attente, je me verrais dans la nécessité de renoncer à vos services.

Je vous invite à vous mettre à la disposition de M. le recteur le 15 avril. Ce fonctionnaire vous délivrera une copie certifiée de mon arrêté.

Recevez, Monsieur, l'assurance de ma considération distinguée.

Le ministre de l'Instruction publique et des Cultes.

H. Fortoul.

CHAPITRE II

Poitiers. — Correspondance.

A SA MÈRE

Poitiers, 6, rue des Carmélites, 17 avril 1852

Je touche ici 2 000 francs, plus 2 ou 300 francs pour une conférence de baccalauréat. Je suis installé d'hier soir dans une fort belle chambre, un peu loin du collège, il est vrai. Tu vois que j'ai gagné au change.

J'ai trouvé ici un de mes anciens amis de Bourbon, ingénieur au télégraphe, M. Émile Saigey. Il est spirituel et aimable et je m'ennuierai moins qu'à Nevers.

Les concours d'agrégation annoncés pour le 20 août ne s'ouvriront pas[1]. Le décret du ministre porte qu'on en fixera plus tard l'époque, ce qui m'ennuie, car alors ils se feront suivant la nouvelle ordonnance qui exige vingt-cinq ans, cinq ans de service, etc., choses que je n'ai pas. Je vais consulter le recteur, et, dans tous les cas, je vais travailler vigoureusement à mes thèses, demander l'approbation des examinateurs de Paris, tâcher d'être docteur. Ce sera une recommandation aussi bonne que celle d'agrégé.

1. Voir p. 227, note 2.

Aujourd'hui, je fais toutes mes visites officielles. J'ai déjà vu le proviseur et l'aumônier. Je ne crois pas avoir affaire à des génies et j'espère avoir affaire à de bonnes gens. — Mon prédécesseur quitte sa classe pour faire une suppléance de Faculté. Le professeur qu'il supplée travaille pour être nommé à Bordeaux ou à Paris. Dans ce cas il obtiendrait sa place, et moi je resterais peut-être à la sienne. Mais au diable les choses incertaines et advienne ce qui pourra !

Je t'écris avec ton portrait devant moi. Que Virginie a été bonne de me le donner ! — Suckau, que j'ai vu un instant à Paris, m'a dit que les grands peintres n'avaient pas exposé à cause du jury et que l'Exposition était pauvre. J'ai moins de regrets pour elle et pour moi.

A ÉDOUARD DE SUCKAU

Poitiers, 20 avril 1852

Cher Ed., j'ai lu ta première page avec terreur. Quelle prose effrayante, mon ami, quand tu t'en mêles ! Je me suis demandé un moment quel était ce *dernier* et *fatal décret*[1], et je me suis souvenu qu'il s'agissait de l'agrégation interdite. Donc, ne crois pas que j'aie besoin de toute ma vieille amitié pour te pardonner ton silence. Quand ta lettre ne serait pas venue jeter des fleurs sur ma tombe, tu n'en serais pas moins mon cher Ed., et tout ce que je te demande aujourd'hui c'est

---

1. Voir p. 252.

d'être aussi consolé que moi. Pourquoi le suis-je? La
raison est simple, mon ami. Depuis huit mois, les désil-
lusions ont été si grandes et vont si fort en croissant,
que je commence à comprendre non plus seulement la
théorie de Spinoza, mais sa pratique. Je considère mon
avenir universitaire comme perdu; comme c'est le seul
auquel je puisse prétendre, et que je ne vois aucune
basse porte pour sortir de la fosse aux lions, je m'habitue à cette idée que mon métier ne doit être pour
moi qu'un moyen de gagner ma vie. Au lieu de chercher à satisfaire mon ambition, je cherche à me défaire
de l'ambition. Depuis plusieurs mois, je ne suis guère
ambitieux qu'une fois tous les quinze jours. J'espère
que cela ira de mieux en mieux et qu'à la fin je serai
tranquille. Je vis fort heureux à Poitiers, occupé à écrire
ma thèse sur la Sensation. Si je n'avais pas les craintes
de l'examen, je serais parfaitement calme. Penser,
ordonner ses pensées, écrire ses pensées est une chose
délicieuse; moins on pense au public, plus on est content. C'est le tête-à-tête de l'amour; si je puis une fois
prendre sur moi d'oublier définitivement le monde, et de
vivre uniquement avec cette chère et charmante maîtresse,
je crois que je n'aurai plus rien à désirer. J'essaie de
calmer toutes mes colères et tous mes désirs. Il y a six
mois que je ne lis plus de journaux; je ne parle plus
politique ni religion; cela me chagrinait il y a six mois,
aujourd'hui cela m'agrée. J'évite même dans mes études
de penser aux différences qu'il y a entre notre science
et celle du parti régnant; je tâche de m'abstraire com-

plétement des choses présentes, de vivre uniquement dans le monde des idées générales, de n'être plus acteur, mais spectateur. Nos maîtres, depuis le commencement de la philosophie, ont vécu ainsi. Pourquoi souhaiterais-je un meilleur sort?

Non que je sois déjà αὐτάρκης καὶ ἀπαθής. L'animal passionné et combattant que tu as connu bondit de temps en temps et s'irrite, mais je l'endormirai, j'espère, sauf à le réveiller si jamais vient le jour du grand jugement.

Je t'ai dit que j'écris mes thèses. J'ai demandé à M. Simon une approbation; ne voyant pas de réponse, j'ai prié Prévost de le voir. Point de nouvelles. J'attendrai jusqu'à jeudi et alors j'écrirai directement à M. Le Clerc[1]. J'aurai 150 pages de français et une cinquantaine de latin. Il paraît qu'il faut trois semaines pour imprimer cela. Je souhaiterais fort d'être docteur à la fin de l'année. — Accepteront-ils ma thèse? je dis que le moi sentant est étendu et situé dans les nerfs et je prouve l'ἐντελέχεια d'Aristote. Un fracas de méthode psychologique et ce grand nom me sauveront peut-être.

Ne crains-tu pas de les hérisser d'horreur en ayant le sens commun sur la Liberté[2]? Fataliste, gare à toi. Matérialiste, gare à moi. Voilà le danger, on ne peut se remuer sans leur donner des coups de pied.

Ne me parle jamais de ma classe, mon cher bonhomme. C'est le comble de la paresse, de la bêtise, de

1. M. Victor Le Clerc, doyen de la Faculté des Lettres.
2. M. de Suckau avait commencé une thèse sur « la Liberté ».

la platitude, bien pis qu'à Nevers. (Il m'est arrivé des aventures posthumes à Nevers, après mon départ. Mais cela est si ennuyeux que je n'ai pas le courage de te l'écrire.) Je distribue force cinq cents vers. Toutes ces âmes sont mort-nées, et l'on s'empuantit de vivre avec elles.

Les sots depuis Adam sont la majorité.

J'ai trouvé ici par bonheur un camarade de collège[1], ingénieur, curieux, spirituel et distingué. Nous causons; c'est le seul, mais c'est un bien inespéré.

Quant à Poitiers, pour te donner une idée de ce monde, je te dirai que j'ai dû refuser à mes élèves la permission de lire à leur bibliothèque *les Provinciales*, *l'École des Maris* et Lamartine.

Le serment peut se prêter, je crois, en conscience. Il signifie, j'imagine, que nous obéirons aux lois, et que nous ne conspirerons pas contre le Président. Je n'entends rien de plus, et je ferai tout cela. Qu'il me laisse vivre seulement et penser dans ma chambre; je lui ferai pour son argent une classe aussi nulle qu'il voudra.

A PRÉVOST-PARADOL

Poitiers, 25 avril 1852

Mon cher ami, me voici Poitevin, il n'y a pas de quoi être fier. La ville est affreuse, pavée de têtes ou plutôt de pointes de clous, religieuse au possible, peuplée de

------

1. M. Émile Saigey.

nobles, légitimistes ultras, et qui font bande à part ; le collège est grand et beau, mais les élèves sont beaucoup plus bêtes qu'à Nevers, surtout plus paresseux, et me donnent des discours inouïs, qui me font faire des haut-le-corps à chaque instant. Imagine-toi l'excès du mauvais goût, de la déclamation froide, du style noble, des prosopopées et des hypotyposes, et surtout un vide d'idées dont rien n'approche. Avec cela, pour la passion et la chaleur, ils sont à 40 degrés au-dessous de zéro (Réaumur). De plus, d'une lourdeur telle qu'ils ne comprennent pas quand on se moque d'eux. — La province et Paris sont deux mondes. On n'en a pas d'idée quand on n'y est pas. Averti par le recteur et par l'aimable lettre que tu as vue [1], j'ai consulté l'autorité pour savoir s'il fallait donner à un élève l'autorisation de lire *les Provinciales* qu'il demandait. Refus. Voilà où on en est.

Plus d'agrégation pour moi cette année. Donc je fais mes thèses. J'ai écrit tout le plan de la française (sur la Sensation) et j'ai consulté M. Simon, lui demandant son approbation. Elle ne vient pas, et j'ai envie de me mettre à rédiger. Peux-tu le voir comme tu me l'avais promis ? Je lui ai donné les principales idées, je fais de la psychologie et de l'observation pure, pour le fond je m'autorise d'Aristote. Peut-être n'est-il plus examinateur depuis que Cousin reprend son cours ? Alors il faudrait écrire directement à M. Joseph-Victor Le Clerc, doyen, etc. Je souhaite avoir une prompte réponse, afin de passer,

1. La lettre de M. Fortoul, p. 230.

s'il est possible, au commencement d'août. Le doctorat vaut pour deux ans de services, et je serais alors *agregabilis*, — ce que je me souhaite, mon frère. Pousse une pointe jusqu'au n° 10 de la place de la Madeleine [1], en méditant sur les Chinois et les Mandchous, et écris-moi à la fois sur le Céleste Empire et sur les volontés de la sacrée Faculté. Quel bourbier, mon cher, que le nôtre ! On ne demandera, dit-on, à l'agrégation, que les matières des collèges. Ce sera la mort des études supérieures. Les professeurs de Facultés (je viens d'en voir), obligés de faire leurs cours devant les étudiants en droit, leur feront de grands résumés de littérature et d'histoire; les recherches originales finiront. C'est un abaissement universel.

Tu vas voir, dit-on, une belle cérémonie le 10 mai. Quelqu'un d'ici qui a entendu les gosiers des gardes-républicaines beugler « Vive », etc., me disait que ce sont les plus belles basses-tailles du monde. Arrosés de rogomme, ce sera un sublime concert; allons-nous revoir 1804? Heureux les fripiers qui auront conservé les costumes! La France est prise d'une manie d'antiquaire, et sa *Marseillaise* est : Vieux habits, vieux galons !

Enfin, *quid novi?* Je ne lis plus les journaux depuis le 2 décembre. L'*Officiel* m'ennuie, et n'étant plus à Paris, je ne prends pas intérêt aux concerts, spectacles, etc.... Régale-moi, homme politique, homme du

----

1. Chez M. Jules Simon.

monde. Ici on est forcé de se taire, et quelque bonne
envie qu'on en ait, on ne se tait jamais assez.

Je t'enverrai ma prose française quand elle sera faite.
Il y aura peu de style. Ce sera de la pure science.
Tu m'enverras un paquet de notes et de corrections.
Réellement, je crois avoir trouvé plusieurs choses, et
une théorie une; surtout des faits palpables sur la nature
de l'âme. Sera-ce trop hardi? Tu apprécieras.

J'ai trouvé ici Saigey que tu as connu à Bourbon. Il
est fâché d'avoir fait le métier de machine mathématique à son école, et voudrait goûter des sciences morales. Il est poli et spirituel et je suis heureux de l'avoir.

Réponse vite *voci in deserto clamanti*.

A M. LÉON CROUSLÉ[1]

Poitiers, 25 avril 1852

Mon cher ami, Prévost t'a vu sans doute et t a raconté
mes aventures. Me voici à Poitiers, suppléant de rhétorique, avec une lettre menaçante et promesse de destitution, si je ne suis pas parfaitement nul. Mais laissons-
là toutes ces misères. J'en suis si las, que je n'ai plus
même envie d'en parler.

Nous sommes tombés tous les deux dans le même
trou. Plus d'agrégation (pour moi du moins cette année),
et pour tous deux dans dix-huit mois, un examen

---

1. Crouslé (François-Léon), né en 1830, entré à l'École normale
en 1850, professeur à la Faculté des Lettres.

absurde qui recevra toutes les médiocrités. Que faites-vous à l'École? Y restez-vous? Prends-tu une autre carrière? Quelle désillusion, mon ami! Il faut être en province pour comprendre jusqu'à quel point les parents poussent la susceptibilité, et les élèves, la bêtise. Je corrige des discours français, qui me donnent la nausée; d'après l'avis du censeur, je refuse aux élèves qui me la demandent l'autorisation de lire *les Provinciales*; j'entends dire par mes collègues que la philosophie a perdu l'Université. Ce qu'on demande au professeur, c'est l'absence d'idées, de passion, une âme machine, le vieux pédantisme des vieux cuistres qui enseignaient « Barbaro » et « Amo Deum ». Tout ce que tu acquiers à l'École t'est nuisible, connaissances, distinction d'esprit, opinions personnelles, jugement libre sur quoi que ce soit. Je comprends enfin le grand mot de M. de Talleyrand : « N'ayez pas de zèle. » Le vrai professeur est un fossile parlant, qui ne sait pas un mot de son siècle, une sorte de La Harpe et de Lebeau (¹). Ton titre d'élève de l'École te sera funeste. Sortir de ce repaire infâme, c'est être pestiféré; on n'imagine pas ce qu'il faut d'efforts, d'attention sur soi-même, de persévérance pour arrêter sur ses lèvres l'idée neuve, ou l'expression vive qui veut en sortir. On n'imagine pas surtout, quand on a passé trois ans parmi des gens instruits et de grands auteurs, quelle désolation c'est de corriger les plates niaiseries emphatiques des élèves,

1. Humaniste et historien, secrétaire de l'Académie des Inscriptions en 1755.

de sentir qu'on n'est pas compris, de répéter forcément
ce qu'on juge indigne d'être écouté, de rabaisser ses
idées et son enseignement, de vivre parmi des gens
sans idées ni passion, que les idées et la passion
offusquent. Notre histoire est celle de Julien[1] au
Séminaire.

J'essaie de me distraire en faisant mes thèses (la
française sur la Sensation ; — la latine sur la Perception extérieure). J'ai laissé là les Allemands ; aujour-
d'hui, on ne peut les lire qu'en cachette. Creuser et
mettre au jour les mines d'outre-Rhin, c'est s'exposer
à faire explosion. J'ai écrit à M. Simon, supposant que
M. Le Clerc lui remet encore l'examen des thèses, et
qu'il me faut son autorisation préalable. J'ai passé si
vite à Paris que je n'ai pu voir ni lui, ni M. Vacherot, ni
toi, ni personne, sauf Prévost un instant.

Es-tu guéri? Oui, j'espère. Mais l'âme est-elle encore
malade? Que je comprends bien ces dégoûts, ce besoin
de plaisir, et d'émotions que nous n'aurons jamais,
qui sont pour les nobles et les riches!... De loin, peut-
être ils sont heureux ; mais de près leur vie est si vide
et si ridicule, que je cesse de la désirer. Somme toute,
travailler est encore le meilleur sort. On s'intéresse à
son ouvrage, l'ennui passe, on a détruit le temps et
sans s'en douter on approche du grand repos. On perd,
à mesure qu'on vit, toutes ses espérances. Quels
bonheurs ne rêve-t-on pas à dix-sept ans! La gloire,
l'amour, la fortune. Aujourd'hui, je ne demande qu'à

1. Stendhal, *Rouge et Noir*.

être tranquille. Le métier me tient à la chaîne, et la grande main de notre Dieu d'en haut, le Ministre, nous tire de temps en temps pour nous la faire sentir. Sauf cela, je n'aurais presque point d'ennuis. Il me semble que Spinoza et Descartes ont été heureux dans leurs villages de Hollande, que si j'avais assez d'argent, j'irais vivre au cinquième à Paris, que la science vaut bien qu'on l'aime pour elle-même, sans en faire un moyen de succès. Je ne compte plus sur rien d'heureux pour l'avenir ; je commence à renfermer mes désirs en un désir unique, qui est celui d'éclaircir mes idées et de résoudre mes problèmes. Je l'essaie du moins, malgré des boutades de colère, d'amour-propre blessé, d'ambition trompée ; j'espère pourtant qu'après quelques bourrasques mon ciel finira par devenir serein. Je tâche de m'apaiser de toutes les manières ; je vois peu de monde, je ne lis plus de politique ; s'il était possible, je voudrais oublier les choses d'aujourd'hui, et vivre avec mes amis, les idées et les arts.

Ceci est bien ermite et j'avoue que j'ai mes accès comme toi. Qu'y faire ? notre jeunesse se révolte contre notre condition. Il faut choisir, quitter l'une ou l'autre, faire de son métier un gagne-pain et philosopher en silence, ou jeter la robe aux orties et se lancer dans l'incertitude de l'avenir. Lequel est le mieux ? Prévost a peut-être raison[1]. Mais chacun suit son caractère. Où te porte le tien ? Cher ami, causons, gardons notre

1. Prévost-Paradol avait quitté l'École, en congé, avant la fin de sa troisième année.

vieille fraternité d'École. — Tu me disais dans nos promenades autour de la cour carrée que le premier je t'avais parlé sérieusement et intimement. Faisons comme alors. Platon a bien raison de dire qu'il n'y a que deux biens au monde, la philosophie et l'amitié.

Que font Marot, Ponsot, et la 3e année?

A MADEMOISELLE VIRGINIE TAINE

Poitiers, 28 avril 1852

Positivement, ma chère, ma mère a tort de croire que j'embellis (sous-entendu : ma position; diable! j'aurais l'air d'un fat). Ma chambre est tranquille et jolie; je vois au bout du jardin un ciel magnifique. Et en ce moment je t'écris enfoncé dans une ganache, entre ma bibliothèque, mon divan et mon piano, comme un vrai sultan. Il est vrai que je ne puis plus être agrégé. Peut-être, pourtant; quoique la chance soit petite. J'écris mes thèses, le titre de docteur compte pour deux ans de services. Si je l'étais au mois d'août, cela ferait cinq ans de services, j'aurais vingt-quatre ans et demi. On pourrait peut-être obtenir une dispense d'âge; cela est douteux. mais enfin.... — J'ai vu ici le recteur à qui j'ai expliqué les sales petites aventures de Nevers. La lettre que lui a écrite M. Lesieur est la répétition de la mienne. On tente une épreuve sur moi. Soit, j'essaierai de la bien subir. Pour commencer, et d'après l'avis des autorités, j'ai refusé aux élèves l'autorisation de lire à leur bibliothèque *les Provinciales*, *Tartufe*, *l'École des Femmes*, *Jocelyn*. Cela est à mourir de rire, mais nécessaire. Cette ville est ultra-vertueuse, et les pieux parents qui lisent Paul de Kock vous vilipenderaient si vous corrompiez ainsi leurs enfants. Notre honnête cité est encore un peu plus bête que Nevers. On y regorge de couvents et de nobles. Et entre tous les pays de la terre, c'est un des moins pensants. Je suis épouvanté en lisant les devoirs de mes élèves. Hier, dans un discours français de trois pages, j'ai trouvé six prosopopées, l'une à l'Italie, l'autre à Constantinople, l'autre au siècle de Périclès, l'autre au Génie des Beaux-Arts, etc. Je leur demande la raison de ce lyrisme effréné : « Monsieur, nous ne savions que mettre. » — Voici quelques vers français sur les insectes de l'Hypanis (un des insectes parle du haut d'une fleur) :

> Je veux vous faire part de mon expérience,
> Apporter *moi aussi* le fruit d'un peu de science
> Qui vous est *due* de droit. Parmi tous les malheurs
> Qui *diminuent* de Dieu les immenses faveurs,
> Comptons surtout, Messieurs, cet esprit d'injustice
> Envers le Créateur. Portés *ainsi au* vice,
> Nous oublions déjà le sort qui nous attend.
>   Etc....

Que dites-vous de l'esprit du sexe masculin ? J'ai peine à croire qu'une fille osât écrire de pareilles sottises. Je suis vraiment dans la fosse aux lions, je me hérisse d'horreur à chaque instant en écoutant ces gentillesses poitevines. Au moins, à Nevers, mes élèves ne mettaient pas d'absurdités. Ici, ce sont les écuries d'Augias.

Je suis content d'avoir passé un jour à Rethel[1]. Ce sont des mœurs antiques, mais elles me plaisent, parce qu'elles sont naturelles, et que rien n'y manque. Ensuite, ce sont des personnes très bonnes, et je trouve au fond de moi-même quelque chose de Rethelois, l'esprit de famille.

J'imagine que vous irez bientôt à Beaurepaire[2]; les feuilles s'ouvrent, et la campagne verdit d'une manière charmante. Les paysages ont une grâce qu'ils n'ont à aucun moment de l'année. En passant par le moulin, et du côté de Longwé, il y a un petit sentier qui monte dans les bois et rencontre souvent le ruisseau, avec de grandes clairières pleines d'herbes fraîches et épaisses. Le ruisseau est noir, bordé d'aulnes, l'eau est claire et rapide. Il n'y a rien de plus solitaire et de plus charmant.

J'ai trouvé ici un professeur de Faculté, condisciple de mon père, dont le fils est le premier élève de ma classe, M. Anot de Mézières. Son frère, inspecteur à Versailles, vient d'être destitué pour un article qui blâmait la loi sur l'Instruction. Le gouvernement a la main rude et jette à bas ceux qui se permettent le moindre mot. Je n'ai envie de rien dire; la table où je suis est composée de gens bien élevés, et l'on n'y parle pas politique. Il est probable qu'à mesure que je m'éloignerai de l'École normale, je me façonnerai mieux au monde, et que j'en prendrai le silence et la nullité. Mon

1. Chez sa grand'mère et ses tantes.
2. Propriété de la famille Taine dans les Ardennes.

éducation et la vie de Paris m'avaient mis hors du niveau ordinaire. Je découvre que la province en est encore au xiiie siècle ; je vais redescendre et tâcher de ne pas faire disparate. Ainsi soit-il.

Ma grande distraction est ma thèse. C'est une fatigue et un plaisir que d'ordonner ses idées et de les écrire. Cela détruit l'ennui et le temps passe. — Allons, si cette position dure, je serai content. L'ambition n'est guère satisfaite, mais le temps est rempli et la pensée occupée. Que faut-il de plus ?

Sophie devrait prendre ce sujet : les Insectes de l'Hypanis. (Ils vivent un jour ; raconter les discours de vieillards qui ont au moins dix heures. C'est une parodie des sentiments humains.)

Ces huit jours à Vouziers m'ont fait du bien.

A MADEMOISELLE SOPHIE TAINE

Poitiers, 11 mai 1852

En ce moment, Poitiers est sens dessus dessous. De splendides calèches, vieilles d'environ cent cinquante ans et chargées comme des tombereaux, roulent dans des nuages de poussière ; de nobles jeunes gens avec habit, chapeau, pantalons noirs courent à cheval au grand soleil ; les officiers de la garnison ont endossé leur uniforme le plus doré et ont fait cirer leurs bottes les plus luisantes. Tout court, se presse, s'étouffe, sue et avale la poussière sur une route que je vois du jardin, pour aller voir douze chevaux efflanqués qui feront le tour d'une grande plaine sèche et dont l'un arrivera avant les autres. On avait collé les affiches jusque dans le département de la Nièvre; hier une dame me demandait si les Parisiens viendraient en grand nombre. C'est le texte des conversations depuis quinze jours.

Les gens de la maison que j'habite sont très convenables et il y a de jolis enfants. Hier j'en caressais un; la mère en profita pour me régaler pendant une heure d'une dissertation sur l'amour maternel : «Oh! mes chers enfants! Faudra-t-il donc les quitter jamais? Ah! je ne puis être un moment sans les voir! J'ai renoncé au monde pour eux et sans effort. » Ce haut pathos, débité avec un accent approprié au sujet, m'a tenu sur mes jambes, le chapeau à la main, et je me promets bien à l'avenir de ne jamais lâcher ce robinet d'eau tiède. Les gens ici ne comprennent pas qu'on n'a pas envie de leur parler ni d'écouter leurs paroles. Ils sont si charmés de s'entendre qu'ils croient que tout le monde est comme eux.

Un des plus parfaits bavards est M. N..., bonhomme du reste et bienveillant. Il est venu chez moi et j'ai écouté une de ses leçons à la Faculté. Horreur! Voilà ce que la rhétorique et la province font d'un homme! Et dans vingt ans je serai comme cela! C'en est à se pendre d'avance. Imagine-toi une doucereuse abondance d'eau de réglisse coulant avec un nauséabond glouglou de manière à affadir et à engloutir le cœur. Pas d'ordre, aucune méthode, aucun accent, un véritable tuyau percé qui laisse échapper l'eau qu'il ne peut plus conduire.

En fait d'idées, les paradoxes suivants : La Fontaine a beaucoup d'esprit. Le Tasse a inventé la femme artificieuse dans Armide, etc. — Même talent dans les autres. A peine glanent-ils une douzaine d'auditeurs hébétés ou ennuyés. C'est un courant de nullité qui va du professeur aux auditeurs et des auditeurs au professeur. Juge de l'effet quand cela s'ajoute à l'éducation et à la nature ! Cela donne au moins cette grande leçon, qu'il est inutile de penser pour faire son chemin ; que le manque d'idées est estimé et recherché ; que la perfection consiste à être automate, parce qu'un automate est plus docile qu'un être intelligent.

Rien de nouveau. J'écris ma thèse, les gens de Paris dont j'ai demandé l'approbation officielle ne me répondent pas, ce qui m'ennuie. Tu as eu un échantillon de l'esprit de mes élèves. Les visites de rigueur sont faites et je ne vois personne. Moins j'aurai de contact avec ceux qui m'entourent, moins je perdrai. Je crois être d'une prudence méticuleuse et mes leçons sont aussi vides que possible. Mes amis d'École m'écrivent des lamentations sur le métier, et je chante à l'unisson dans le concert ; l'un d'eux vient encore de donner sa démission. Les autres veulent quitter à la fin de l'année. Mais j'ai un canapé et un piano, et cela console.

Vous devriez bien lire un peu d'histoire naturelle et tâcher de déterrer parmi nos livres cette Flore des environs de Paris [1], qui peut servir pour Vouziers. Il

1. *La Flore*, de Mérat. M. Taine s'en servait encore en Savoie, dans les dernières années de sa vie.

n'y a rien d'amusant comme de causer des plantes en
se promenant.

Deviens une grande pianiste, ma chère; nous n'avons
qu'une ressource, nous ennuyer ou beaucoup apprendre,
et je te crois trop d'esprit pour te résoudre à t'ennuyer.

---

*Réponse à la lettre de M. Taine, professeur au lycée
de Poitiers, écrite de Poitiers, le 6 mai 1852[1].*

Le Doyen.
Victor Le Clerc.

M. ADOLPHE GARNIER A M. VICTOR LE CLERC

Paris, 17 mai 1852

Monsieur le Doyen,

Vous me faites l'honneur de me demander mon opinion
sur les sujets de thèses proposés par M. Taine. Vous con-
naissez mon goût pour les thèses dogmatiques. Vous savez
que les thèses historiques, au lieu d'éclairer un point douteux de l'histoire philosophique ou littéraire, se bornent la
plupart du temps à une analyse de quelque auteur, ce qui
ne fait guère avancer la science. Je suis donc très favora-
blement disposé pour les sujets de thèses de M. Taine[2].
Vous dire maintenant que les conclusions annoncées par
M. Taine sont diamétralement opposées aux miennes, ce
n'est pas vous proposer de refuser les sujets qu'il veut

---

1. Cette note, de la main de M. Le Clerc, est placée en tête de
la lettre de M. Garnier. Nous n'avons pas la lettre de M. Taine du
6 mai.

2. Voir p. 254.

traiter. Seulement, veuillez l'engager à y réfléchir encore :
il sort de l'École, et je sais qu'on n'y enseigne pas Reid :
qu'il prenne la peine de l'étudier complètement ; qu'il
revienne sur les théories ou au moins sur les expressions
de sa lettre. Qu'est-ce que c'est que des *images de sensations*, qui seraient dans le cerveau, des sensations *illusoires*
qui nous représentent les objets extérieurs? Le monde
extérieur n'est donc qu'une illusion? Qu'est-ce que c'est
encore que la nature qui a l'*intention* de nous faire connaître l'extérieur, et qui emploie pour cela un moyen *ingénieux*? Comment parvient-il à rétablir la théorie d'Aristote
sur la ψυχή qui périt avec le corps, sans considérer que,
s'il attribue au corps les inclinations et, comme le veut
Aristote, les connaissances particulières, il ne sera pas
difficile d'attribuer au corps des connaissances générales?
Comment dit-il que ces doctrines-là ne sont pas dangereuses?

J'ai vu M. Taine au dernier concours d'agrégation. Il a
un très grand talent de parole; ses mœurs oratoires sont
irréprochables, il est impossible de s'exprimer avec plus de
grâce et de mieux séduire son auditoire; mais ce sont là
des qualités oratoires et non des qualités philosophiques.
Il n'avait été que le cinquième dans les compositions, et,
après s'être élevé au premier rang dans l'argumentation, il
retomba au dernier par sa leçon sur l'*Être* identique au
Bien[1]. Je suis persuadé qu'il a trop d'imagination pour
être philosophe, et qu'il trouverait dans la littérature et la
poésie un emploi plus légitime et plus heureux de ses bril-
lantes qualités.

Agréez, monsieur le Doyen, mes profonds respects.

Adolphe Garnier.

1. Voir, p. 124 et suivantes, les faits relatifs à l'agrégation de
philosophie.

A SA MÈRE

Poitiers, 26 mai 1852

Depuis mon arrivée, je travaille soir et matin, jours ouvriers, dimanches et fêtes, à mes deux thèses. Je les ai achevées ce soir, et dans quinze jours je les aurai mises au net et envoyées à Paris. Je joue gros jeu, peut-être. Je mets au jour des idées toutes nouvelles, partant contraires à celles des examinateurs ; mais si j'arrive, je sors de la foule, et c'est là ce qu'il me faut.

J'ai été fort heureux pendant tout ce temps. Causer avec des idées est un plaisir infini et une occupation passionnée. Toutes les facultés sont tendues, on oublie le reste, les jours fuient comme une flèche et, à la fin, on est content de soi, parce qu'on a fait un véritable effort et une action d'homme. Cela même est une sorte d'ivresse, plus on a bu, plus on veut boire, et l'habitude aidant la passion, on en vient à ne plus vouloir sortir de sa chambre. Je comprends en ce moment ceux qui ont vécu sur leur chaise, regardant dans leur cerveau, ne daignant pas même mettre la tête à la fenêtre pour regarder ce qui se passe. Il semble qu'aucune affaire particulière et pratique ne vaille la peine qu'on s'en occupe, je n'ai pas eu la moindre curiosité de lire les journaux ; je me soucie de la politique comme d'un fétu, j'ai mon monde à moi, je veux y rester, et je laisse ceux qui voudront, se quereller pour les habits, le gouvernement, l'argent, les places, etc. N'est-ce pas là une disposition heureuse ? Il me semble que, quoi qu'il arrive, j'ai désormais en moi-même un refuge contre **tous les** événements.

Je ne pense pas que qui que ce soit ait la plus petite chose à dire contre ma classe. Je lis à mes élèves Bossuet et *le Misanthrope*, et je vais corriger un discours que deux d'entre eux adresseront à l'évêque le jour de la confirmation au collège. J'imagine que je finirai par devenir un saint, et qu'un jour je vous enverrai mes reliques.

La table où je mange est mieux composée qu'à Nevers. Quelques-uns des jeunes gens qui s'y trouvent sont musiciens, et nous jouerons ensemble. Mon propriétaire a une charmante petite fille de dix-huit mois, qui marche déjà un peu, qui regarde en face avec ses grands yeux bleus, et qui embrasse tout le monde ; son jardin est plein de roses ; enfin, j'ai vu aux environs deux endroits assez riants et assez verts. — Du reste, aucune nouvelle ; je ne pourrais vous en donner qu'en racontant ma thèse, et, Dieu merci, mes juges seuls subiront cette corvée. — La conférence qu'on me promettait au collège s'en est allée en fumée, et j'aurai simplement mes 2 000 francs. Aucune lettre de qui que ce soit.

La Faculté gardera peut-être longtemps ma thèse pour l'examiner avant de me donner la permission de l'imprimer. — L'impression, dit-on, durera plus de trois semaines. — Enfin ce ne sera que dix jours après que l'examen oral commencera. Mes collègues me disent que j'aurai du bonheur si je passe cette année ; et si je passe je devrai probablement rester à Paris jusqu'à la fin d'août. Au premier septembre la Faculté cesse d'examiner.

M. Barthélemy-Saint-Hilaire, à qui mon oncle[1] m'a présenté, a refusé le serment, et partant n'est plus rien. M. Simon non plus : il écrit pour vivre ; tous mes amis sont détruits. Il faut se tapir dans un trou et vivre comme un rat philosophe. Pour le moment, mon trou me plaît, la musique m'égaie, le ciel est beau et je ne demande qu'une chose, des lettres.

————

A M. LÉON CROUSLÉ

Poitiers, 2 juin 1852

Mon cher ami, merci de tes bonnes et aimables lettres, et pardon pour mon silence obstiné. Je pioche depuis un mois et demi dans le rude sol du doctorat, de cinq heures du matin à onze heures du soir ; j'ai fait le brouillon du latin, et je viens de mettre au net la thèse française. Littéralement, j'ai l'âme noyée dans les sensations, les nerfs, la conscience, le cerveau, la perception extérieure, et je suis presque incapable encore de répondre à ta lettre.

Je regarde ma thèse avec plaisir et terreur parce qu'elle est nouvelle ; M. Garnier en a approuvé le sujet[2], mais en blâme les conclusions et finit par dire que je suis orateur et littérateur, mais non philosophe.

1. M. Adolphe Bezanson, qui avait été le collègue de M. Barthélemy-Saint-Hilaire à l'Assemblée Constituante de 1848.
2. Voir, p. 249, la lettre de M. Garnier à M. Victor Le Clerc.

Quelle mine fera-t-il en la lisant? La sacro-sainte Sorbonne recevra-t-elle un hérétique? Voilà la question qui me trotte aujourd'hui dans la cervelle. Mon sujet est beau; la chose dont je traite est la limite des sciences morales et des sciences physiques, du monde naturel et du monde intellectuel. Elle donne la relation du moi et des nerfs, de l'âme et du corps, de la force et de la matière, de l'unité et de la multiplicité, et cela expérimentalement, ce qui est le grand problème des sciences naturelles; elle donne une théorie du moi en tant qu'objet de la conscience, partant des idées, par conséquent de tous les phénomènes humains, puisque les volontés dépendent des passions et les passions des idées. Elle plonge donc dans les deux mondes, et donne le résumé de l'un et le principe de l'autre. Mais l'horreur, c'est qu'elle est nouvelle. Je vais écrire à M. Garnier[1], en lui envoyant ma prose, sur l'avantage des théories nouvelles, de la contradiction, etc.; lui prouver syllogistiquement que je ne suis ni sceptique, ni matérialiste. Prie Dieu, ou plutôt les grands hommes de la petite salle noire par qui il se manifeste, d'être bénins et débonnaires.

Je tente la fortune comme notre ami Prévost. Ce serait trop, quoi qu'en dise Horace, d'avoir à la fois

Exiguum censum turpemque repulsam.

Maintenant, mon cher, un mot sur ta morale. Je t'assure que j'ai l'âme parfaitement calme et que je n'é-

1. Voir p. 260.

prouve ni mépris ni rancune pour les bonnes gens qui
m'ont battu. Comme tu dis, je suis tout en Dieu, et je
m'abîme dans l'espérance de la vie éternelle. Depuis
deux mois, je n'ai pas donné une heure de pensées à
mon avenir, à mes espérances de fortune ruinées, aux
affaires politiques ; par système, je ne lis plus de journaux, et j'évite les conversations irritantes. Je m'enferme dans l'abstrait et dans le général pur. Je tâche de
vivre en dehors du temps et de l'espace, et je trouve
même qu'on y vit fort bien. Un travail acharné et une
construction d'idées donnent un contentement profond et
une paix absolue. Quand j'ai la tête trop lasse, j'ai mon
piano et la campagne, et j'y prends une quiétude infinie. On n'imagine pas cela dans votre fiévreux Paris, ni
surtout dans notre ergoteuse École. Je comprends entièrement la vie de Descartes et de Spinoza, et je ne vois
pas pourquoi nous ne ferions pas comme eux. Descartes,
il est vrai, avait le suprême bonheur de posséder de
quoi vivre, mais l'autre était obligé de polir des verres
d'optique. Eh bien ! nous sommes obligés d'enseigner
la rhétorique ou la grammaire. Est-ce pire ? pas du
tout ; en moyenne, le service de l'État me prend deux
heures par jour. Je trouve fort beau d'affranchir sa vie
moyennant un si court esclavage. Nous allons en Terre
Sainte, et le tribut qu'on nous fait payer à la porte n'est
pas exorbitant. En cela l'Université est excellente ; pour
peu qu'on supprime en soi l'ambition, le désir du plaisir, l'amour de la société et qu'on sache vivre seul avec
ses idées, on peut y être heureux. Or j'espère pouvoir

opérer toutes les réformes intérieures dont je te parle. Ceci est une affaire de temps. En sortant de l'École, nous sommes expansifs, politiques, militants ; nous avons besoin d'art et de société ; je pense qu'en quelques années on finit par se contenter de sa propre conversation et de celle des arbres et des nuages. L'Université a l'avantage de nous défendre toute autre vie que la vie scientifique. Elle nous force à être philosophes, sous peine d'être brutes. Mon choix est fait.

De même pour les élèves. On finit par les traiter comme ils le méritent : je mets les miens en retenue avec un succès parfait et je lis leurs platitudes avec une tranquillité stoïque. Quand on a pris son parti, on ne s'irrite plus de voir des hypocrites et des sots.

C'est là, mon cher ami, la réforme difficile. Nous prenons trop à l'École l'esprit égalitaire. Nous faisons l'absurde hypothèse que tous les hommes sont des hommes. Pas du tout : quelquefois on en rencontre un par hasard ; les autres sont des machines, comme tu dis fort bien, qui nous font du pain et des habits, et j'ajoute, qu'on salue avec respect. Il faut s'habituer à vivre dans la grande mécanique des rouages stupides. En se cuirassant d'orgueil, on ne sent plus leurs chocs, on oublie les êtres particuliers, et l'on ne songe plus qu'aux choses générales qui seules méritent de nous occuper.

Écris-moi pourquoi tu es resté dans la boutique. Ma seule raison est qu'elle me donne 1 800 francs et ne me prend que deux heures par jour.

Qu'est-ce qui remplace M. Simon en première année ?
Qui a donné sa démission ? Est-ce de Benazé[1] ? Amitiés
à tous les nôtres, et à toi, salut et fraternité.

A PRÉVOST-PARADOL

Poitiers, 2 juin 1852

Mon cher bonhomme, je te félicite d'être un grand
homme[2]. C'est fort joli d'abord, ensuite c'est profi-
table, et si ton traité avec Hachette était venu un mois
plus tard, ton brevet d'éloquence aurait été escompté.
Mais n'importe, te voilà lancé : relations, journaux,
revues, etc., tu as tout. Pousse ferme ta bête, et que du
fond de mon trou noir j'entende les applaudissements
qui te sont dus.

Moi aussi, mon ami, je me remue dans mon étroit
domaine : non pas que j'aspire aux suffrages de la littéraire Académie,

Non tanta decet fiducia victum.

(Pourtant, par parenthèse, envoie-moi la question de
l'Académie des sciences morales sur le sommeil.)

Mais je me présente à nos inquisiteurs patentés de
Sorbonne, et d'ici à huit jours j'expédierai 150 pages de

1. M. de Benazé, entré à l'École normale en 1851, mort en 1860.
Son frère aîné, ancien condisciple de M. Taine à Bourbon, es⁚
demeuré son ami.
2. Prévost-Paradol avait eu le prix d'éloquence à l'Académie
Française pour son éloge de Bernardin de Saint-Pierre.

prose française et un grand thème latin à M. Garnier.
Mes *Sensations* sont au net, mais mes phrases cicéroniennes ne sont encore qu'au brouillon. Pourquoi ai-je
été si vite? Parce que nos seigneurs et maîtres mettront
un mois et plus pour me donner l'autorisation d'imprimer, et que l'impression durera trois semaines. Te dire
avec quels tours de reins il a fallu piocher pour arracher
de mon cerveau ce chardon psychologique, et cela en
six semaines de temps, est impossible.

Encore en ce moment les sensations, les perceptions,
les imaginations, les conceptions, les représentations,
les illusions et tout le bataillon des *on* me danse dans
la tête, et je suis ahuri et étourdi comme un chien de
chasse après une course au cerf de trente-six heures.
Mais ce système est bon, et je pense qu'on ne fait jamais
si bien une chose que quand, après l'avoir méditée
longtemps, on l'écrit sans désemparer.

M. Garnier m'a dit qu'il approuvait les sujets, mais
non les conclusions. (Je le savais, puisque je fais la
guerre à Reid.) Que va-t-il dire, et me recevra-t-il? *That is
the question.* Il y a là une théorie des rapports du moi et
du système nerveux, qui n'est pas matérialiste, mais qui
scandalisera les spiritualistes. C'est l'ἐντελέχεια d'Aristote prouvée expérimentalement. Mais le pis est que le
reste est nouveau. Tu es trop dans l'Académie Française
pour que je t'envoie ces épines scientifiques. Mais à
parler franc, j'ai horriblement peur de piquer les doigts
de ces Messieurs.

Quant aux nouvelles que tu demandes, mon cher,

rien du tout. J'ai vu Treille[1] deux heures. Je mets mes élèves en retenue et j'obtiens un silence parfait. La retenue, système fort ingénieux, consiste à mettre l'élève dans une chambre où il écrit pendant une heure sous la dictée du maître d'études au lieu d'aller en récréation. A propos je suis professeur de rhétorique ; ne me jette pas le titre de philosophe à la tête, comme tu fais sur tes enveloppes. Cela me ferait pendre.

Voici maintenant mes mœurs : je corrige un discours français qu'un de mes élèves va prononcer à sa Grandeur Monseigneur l'évêque[2], qui vient donner la confirmation au collège. — J'ai acheté une palme universitaire. — Par ordre du recteur, je fais moi-même la prière latine en entrant en classe. (Il est vrai que je l'ai abrégée de moitié, elle était trop longue.) — Je lis à mes élèves le traité de Bossuet sur la concupiscence ; je leur refuse l'*École des femmes* ; je cesse de lire les journaux par système ; je ne parle pas politique et je reste chez moi. — Ajoutons que je suis allé deux fois au mois de Marie. (Une prima donna de passage devait chanter.) Il est clair après cela que tu peux te recommander à mes prières, qu'un jour tu auras de mes reliques et que, si tu entres parmi les 40 Immortels, j'entrerai un jour dans les saintes phalanges des bienheureux.

Ce que je vous souhaite, mon frère.

Adieu, et vite des nouvelles de ton prix.

1. M. Treille était professeur de rhétorique au collège de Loudun. Voir p. 296.
2. Mgr Pie.

A M. ADOLPHE GARNIER

Poitiers, 7 juin 1852

Monsieur,

Monsieur le Doyen de la Faculté, en m'envoyant votre lettre[1], me fait supposer et espérer que mes thèses seront remises à votre examen. Permettez-moi de les justifier de quelques-uns de vos reproches : un malade ne peut mieux plaider sa cause que devant son médecin.

Vous approuvez les sujets; j'ose dire que dès lors vous devez excuser les conclusions. On ne peut traiter une question rebattue qu'en apportant des solutions nouvelles, et des idées nouvelles contredisent nécessairement celles qui les ont précédées. Le choix de mes sujets entrainait donc la témérité de mes conclusions; j'avais d'ailleurs Leibnitz pour m'appuyer, et le règlement du doctorat, en demandant que les thèses ajoutassent quelque chose à la science, semblait autoriser mes innovations.

Je n'ai point à parler ici de mes preuves; elles sont dans mes thèses; ni du soin que j'ai mis à ces recherches; mon travail lui-même en fera foi. Vous m'engagez à relire Reid; j'ai été élevé dans ses doctrines, et, l'an dernier encore, je l'ai analysé tout entier de ma main[2].

Je dois seulement me défendre contre les reproches généraux, et les accusations de tendance; non, monsieur, je ne suis ni sceptique, ni matérialiste, non plus qu'Aristote, non plus que Leibnitz, qui ont été les guides de mes

1. Voir, p. 249, la lettre de M. Garnier adressée à M. Victor Le Clerc.
2. Voir p. 122, note 3.

recherches, et les premiers auteurs de mes solutions.

Je ne doute pas plus que Reid de l'existence du monde extérieur. Ma thèse admet tous ses arguments. Le premier c'est l'impossibilité de faire autrement; le second, c'est la bonté de la Cause suprême qui n'a pas voulu nous tromper; le troisième, c'est la concordance des événements et de nos croyances. Les deux premiers sont de Descartes, et le dernier de Leibnitz. Il n'y a rien à y changer, et je n'y change rien. Je ne fais qu'en ajouter un quatrième. En étudiant la construction de nos représentations illusoires, je montre qu'elles doivent nous donner la même connaissance que des intuitions vraies et directes; je prouve que la nature ne nous trompe que pour étendre les bornes de notre esprit et qu'elle ne nous jette dans l'erreur que pour nous conduire à la vérité. Et cette preuve donne la raison de toutes les autres. Elle fait voir par l'analyse de la machine pensante la nécessité de la croyance, la bonté de la cause, et l'harmonie des croyances et des événements.

Quant à la nature de l'âme, j'ai séparé en premier la conscience du *moi sentant*. Seul, il est attaché au système nerveux; seul, il est cette ἐντελέχεια du corps dont parle Aristote. La conscience qui l'observe n'a ni étendue ni position; elle n'est réunie à aucun organe. Les spiritualistes vont-ils aussi loin que moi sur cette matière? — Pour le moi sentant, j'avoue que, tout en le distinguant de la pure matière, je l'unis étroitement au corps. Mais est-il un philosophe qui n'en fasse de même? Quelqu'un doute-t-il que les altérations des nerfs et du cerveau n'altèrent la faculté de sentir? Y a-t-il un spiritualiste, sauf Malebranche, qui croie qu'après la destruction du corps on puisse encore avoir les sensations de froid, de chaud, du bleu, du rouge, de l'amer? Chacun admet que l'âme est unie au corps. Ma thèse dit précisément en quoi et jusqu'à quel point; c'est parce qu'elle marque la jonction qu'elle peut marquer la séparation; c'est parce que je dis avec Aristote que le moi sentant est l'ἐντελέχεια du système nerveux que je puis dire avec Descartes que la conscience ou pensée pure n'a rien de commun avec le corps.

Ces explications seront développées et éclaircies, si la Faculté m'accorde l'honneur de soutenir mes thèses devant elle. Le matérialisme et le scepticisme me semblent non une doctrine, mais une maladie, non un système, mais une impuissance de système. Il suffit de chercher sérieusement pour croire à la vérité, et de vivre en soi-même pour croire à l'esprit.

Peut-être enfin les conséquences de ma thèse lui mériteront-elles votre indulgence? Le moi sentant est le seul objet dans l'univers où l'on puisse observer directement l'union de la force et de la matière, de l'un et du multiple, de l'âme et du corps. C'est là le grand problème des sciences naturelles, et pourtant, condamnées à n'apercevoir que le dehors et l'apparence, elles ne peuvent le résoudre que par des conjectures et des hypothèses. Car les sciences physiques et naturelles ne font que des conjectures parce qu'elles n'aperçoivent que le dehors et l'apparence des objets. La psychologie le résout expérimentalement, en analysant les rapports du système nerveux et du moi sentant. Le moi dans ses facultés inférieures touche au monde naturel| qu'il résume. En l'étudiant, on étudie l'abrégé du monde naturel.

Maintenant, si, comme je crois l'avoir prouvé, nos idées ne sont que la conscience de nos représentations, il est clair que le système entier de nos idées dépend de la faculté représentative. Mais les désirs naissent des idées, la volonté se fixe suivant les désirs, et les actions obéissent à la volonté. Le monde moral tout entier dépend donc de la faculté représentative, c'est donc en la décomposant [qu']on analyse le monde moral dans son principe. Ainsi l'objet dont je traite plonge à la fois dans les deux mondes, parce qu'il résume l'un et détermine l'autre; les théories qui l'expliquent remuent la philosophie tout entière. A ce titre, peut-être, une solution nouvelle de la question n'est pas indigne d'être mise sous les yeux de la Faculté.

Je serais heureux, Monsieur, si la Faculté daignait encourager par son approbation des recherches opiniâtres dont je lui offre une partie et que je continuerai sans doute toute ma vie; je voudrais en vain, selon votre conseil[1], chercher dans la littérature un chemin plus facile et un avenir plus heureux; il me faudra une longue expérience pour me croire entièrement impropre à des études que j'aime uniquement.

Mon grand désir est de passer l'examen avant les vacances; je souhaiterais vivement de recevoir à temps

1. Voir p. 250.

vos corrections, pour être en état, si vous le jugez convenable, de me présenter au mois d'août.

J'envoie mes deux thèses à M. le Doyen de la Faculté.

Veuillez agréer, Monsieur, les sentiments de respect dans lesquels j'ai l'honneur d'être votre obéissant serviteur.

A SA MÈRE

Poitiers, 7 juin 1852

Je suis allé chez le recteur qui m'a dit que rien n'est changé au décret sur l'agrégation, il est indépendant de la loi qu'on va faire. Ainsi, pas d'agrégation pour moi cette année. Je suis donc rejeté sur le doctorat, et le recteur d'ici a mes thèses pour les envoyer au Doyen de Paris. Rien à craindre. Il ne s'agit que de pure science et d'expériences nouvelles. L'examinateur, dans sa lettre, me reprochait des tendances dangereuses, j'ai adouci les endroits scabreux et je viens de lui écrire[1] une lettre « mielleuse et serpentine » comme dirait Sophie, à l'effet de lui prouver que ma thèse est parfaitement vertueuse, composée pour la plus grande gloire de Dieu et du roi, et qu'elle a précisément des tendances contraires à celles qu'il blâme. Le seul danger est que j'apporte des idées entièrement neuves, et une théorie importante. Comprendront-ils? Ne s'effaroucheront-ils pas de cette invention subite? Là est la question. Je t'écrirai dès que j'aurai la réponse.

1. Voir la lettre précédente.

J'ai prêté fort tranquillement les serments, cela était dans mes opinions. J'ai refusé d'adhérer au 2 Décembre; l'action était injuste et illégale et violait mon grand dogme de la souveraineté de la nation. Maintenant cet homme a un pouvoir légitime, déféré par la volonté universelle. J'obéis à la loi comme j'ai désapprouvé l'usurpation et par la même raison. J'ai la plus ferme intention de ne pas faire de propagande contre lui et de ne prendre part à aucune conspiration. Mon serment n'a fait que rendre publique et officielle la plus volontaire des résolutions.

Malheureusement, plusieurs de mes amis n'ont pas pensé de même. M. Libert, et M. Magy[1], surveillant à l'École, ont donné leur démission. M. Barthélemy-Saint-Hilaire, à qui mon oncle m'avait présenté, M. Simon[2], M. Despois[3], M. Barni[4], M. Bersot[5], beaucoup de

1. Magy (Jean-Baptiste), philosophe, né en 1822, entré à l'École normale en 1843, surveillant de 1848 à 1852, mort en 1887.

2. Lettre de M. Jules Simon à H. Taine, décembre 1851 : « Merci de ce que vous me dites d'affectueux. Je n'ai pas douté un instant que vous ne fussiez de ceux qui verraient avec le plus de peine ma carrière se briser. Je puis n'avoir pas été un aussi grand philosophe que ceux de mes collègues qui ont conservé leur chaire à l'École et à la Sorbonne, et qui se plaignent amèrement aujourd'hui que je les ai *compromis*; mais j'ai la conviction, pendant dix-huit années d'enseignement, d'avoir toujours élevé et de n'avoir jamais abaissé les esprits et les caractères de mes auditeurs. Qu'ils en disent autant, s'ils le peuvent. »

3. Despois (Eugène-André), littérateur, né en 1818, entré à l'École normale en 1838, mort en 1876.

4. Barni (Jules-Romain), philosophe, né en 1818, entré à l'École normale en 1837, mort en 1878.

5. Bersot (Pierre-Ernest), philosophe, né en 1818, entré à l'École normale en 1836, directeur de l'École de 1871 à 1880, mort en 1880.

professeurs d'histoire et de philosophie sont supprimés ;
on a fauché les plus hautes têtes. Cela fait du vide,
mais l'avenir n'est pas beau. Si je suis docteur, pourtant, cela pourra m'aider, et j'ai en vue un prix à l'Académie des sciences morales[1]. Si j'avais ces deux titres,
je pourrais me relever.

Mon ami Prévost a le prix d'éloquence à l'Académie
Française. Cela va lui ouvrir les journaux, les revues, et
commencer sa carrière littéraire : il arrivera, plus vite
que moi, mais chacun aura pris le sentier qui convient
à ses goûts. Le travail et le plaisir des découvertes
scientifiques me consolent de tout. Cela fatigue, mais
cela ne laisse penser à aucune chose triste ; je suis
moins heureux depuis que j'ai fini mes thèses. Je pense
à notre éloignement, à nos rares rencontres.... Il faut
vivre comme moi dans la science abstraite, pour n'avoir
pas besoin de société. Ceux à qui cette passion manque
ne savent que faire ; mes camarades d'École se marient,
ou vont au café, ou sont tristes comme des oiseaux en
cage. Quel bonheur si, pendant que je vais courir la
France, vous pouviez vous fixer aux Ardennes ! Ce serait
la patrie, et, du fond de mon trou, j'y tournerais toujours mes regards.

Mes sœurs ont-elles de l'amour-propre avec leur
frère ? Écrivent-elles à un ami ou bien à un professeur
d'orthographe et de français ? C'est assez d'être pédant
dans ma classe et d'en porter écrit sur mon front le

---

1. Voir, p. 257, lettre à Prévost-Paradol. M. Taine renonça à ce
projet.

titre officiel. Que mes sœurs du moins oublient cette ridicule robe noire et ce pot carré de drap froncé dont on enlaidit ma pauvre personne. Qu'elles m'écrivent tout ce qui leur passera par la tête, visites, musique, lectures, conversations, ce qu'elles sentent de la campagne, en quoi elles changent, en quoi elles restent les mêmes. Mon Dieu, ne posons pas les uns devant les autres. C'est déjà trop de la comédie du monde. Soyons libres entre nous.

J'ai quelquefois des rages musicales. Je m'enferme et j'improvise des morceaux fantastiques et démoniaques, fort ridicules sans doute pour la composition et l'harmonie, mais qui expriment ma pensée et me rendent heureux. Or, c'est tout ce que je demande. Le piano est un instrument magnifique, la vélocité des doigts accumule les notes à toutes les distances, et on peut jouer en accords. Des grands accords des deux mains, et de tous les doigts pendant tout un morceau, ont une majesté infinie, et rappellent en petit la grande musique des orgues ou celle de Meyerbeer.

Je vais quelquefois chez deux jeunes gens qui font des duos de flûte et qui jouent avec goût. Cela est doux et suave, et assoupit la pensée, comme le souffle d'un vent d'été.

Puisque je parle de choses pastorales, je vous dirai que je suis sorti deux fois dans la campagne. A une lieue de Poitiers, on trouve des bois et des prairies solitaires. Qu'on y oublie aisément tout le reste! Couché sur l'herbe, il me semblait que je n'avais qu'à me laisser vivre, que je n'avais plus ni ambition ni soucis, que tout le monde pouvait être heureux comme je l'étais. La campagne est un opium pour les cerveaux tourmentés.

Pourquoi ne m'enverriez-vous pas des portraits de votre société? La mienne est assez insipide, sauf M. Saigey; il va beaucoup dans le monde. Dois-je y aller pour si peu de temps? Car il me paraît certain que je quitterai Poitiers au mois de septembre. Et que dire? La conversation, me dit mon ami, ne roule que sur le tiers et le quart, et sur les nouvelles du jour. J'aurais à peine le temps de me mettre au fait des commérages, et quand je les saurais, il faudrait partir. Ajoutez que si ma thèse revient, il faudra corriger l'impression. Je verrai une ou deux personnes et je crois bien que le reste du temps je resterai chez moi. En ordonnant son temps et ses occupations, on s'y trouve bien. Ce sont les petits plaisirs qui égaient la vie : une tasse de café me rend heureux pendant deux heures.

Ma chère Ninette[1], que dites-vous du printemps? Votre âme de peintre n'est-elle pas ravie? Je ne suis jamais las d'admirer le ciel et les arbres au soleil, après la pluie. Je crois que j'aurais été paysagiste. Il me semble que tout peut prêter à un tableau. Les endroits les plus vulgaires deviennent splendides par certaines échappées de soleil. Tout à l'heure, en revenant, j'ai vu une affreuse rue pierreuse, tortue et déserte, peuplée de froides, ennuyeuses et décentes maisons bourgeoises.

1. Sa sœur Virginie.

Elle était coupée en deux par la lumière. La moitié du ciel, noire et cuivrée, jetait sur le commencement l'obscurité et des reflets métalliques, et l'autre étincelait dans la plus pure blancheur. Le soleil est le grand artiste; je conçois que des hommes comme Rembrandt aient passé leur vie dans l'amour des lumières, et des ombres. Les grandes masses de couleurs simples ont une âme, et il suffit de les regarder pour être heureux.

Je vais demain (par ordre) à la confirmation. L'évêque[1] la donne aux enfants du collége; on dit qu'il est orateur; cela m'amusera peut-être. C'est un de mes élèves (j'ai choisi le mieux noté dans les conférences religieuses), qui lui débitera un petit discours, corrigé par moi, que j'ai rendu le plus court et le moins emphatique que j'ai pu. — L'aumônier ne voulait-il pas m'obliger à faire de ma main une ode latine ou française, que j'aurais mise dans la bouche d'un de mes jeunes sansonnets? Tu conçois avec quel empressement j'ai rejeté un pareil licou. Le piquant est qu'il voulait une ode dithyram-bico-pindarico-galimatiaco-logique, à grand orchestre, sur la sublimité et l'importance actuelle du métier de prêtre. Il s'adressait bien. C'est assez de recevoir des coups de bâton sans baiser encore la trique.

1. Mgr Pie.

A ÉDOUARD DE SUCKAU

Poitiers, 15 juin 1852

Mein Liebling, la faute était à vous, j'attendais une réponse. De plus, comme vous le deviniez fort justement, j'accouchais. Présentement la mère et les deux jumelles se portent bien. Hélas, mon cher ami, souhaite-leur vie et prospérité. Depuis huit jours, elles sont remises au recteur, et sans doute en ce moment, entre les griffes patentées de M. Garnier. O bon et adoré Garnier, ἵλεως ἔστω καὶ πρᾶος; *Sancte Reid, ora pro nobis*. Qu'arrivera-t-il, mon pauvre bonhomme? J'ai joint à mes thèses une lettre serpentine, prouvant que j'ajoutais des démonstrations au dogmatisme et au spiritualisme. Mais je leur dis beaucoup de nouveautés. Aussi je me hérisse d'horreur, et j'attends le Jugement dernier, comme les saints qui contemplent la face du Très-Haut, avec tremblement. Bonnet carré, robe doctorale, diplôme sur parchemin, il me semble que cette trinité auguste s'enfuit devant mes yeux, en me disant : Je ne reviendrai pas. Mon Ed., je lis la *Philosophie de l'Histoire* de Hegel pour me distraire.

Je ne sais que te dire de mes conclusions; aucun moyen de t'abréger en une page 160 feuilles écrites en style de Code civil. Cependant voici quelques points : 1° l'âme en tant que sentante, non en tant que conscience, est l'ἐντελέχεια du système nerveux, étendue, indivisible. 2° Les sensations sont les modifications du moi dans les nerfs. Des modifications analogues aux sensations se produisent dans le cerveau pendant la sensation et se reproduisent après sous le nom d'images. 3° La conscience, par un système d'illusion naturelle et d'abstractions involontaires, aperçoit dans le moi individuel présent, le passé, l'avenir, le non-moi, l'universel. 4° Le tout forme une faculté unique, la faculté représentative, et résout le problème suivant : étant donné une conscience, étendre sa portée et outrepasser ses limites, en lui faisant connaître le passé, l'avenir, le non-moi, l'universel. — A mon avis, la machine qui résout la question est d'une simplicité et d'une complication magnifique, et prouve invinciblement que la nature tend à la science.

Et vous, Monsieur, qui avez la prétention de m'écrire une lettre, que sais-je de vos idées ? Vous êtes un avare, un sultan, un Gobseck. Allons, vite, levez le voile, montrez vos belles inconnues et vos méfaits philosophiques.

> Tum victor madido prosilias toro
> Nocturni referens prælii vulnera.

Comment trouves-tu assez d'eau de roses, de petit lait, de parfums catholiques pour déguiser l'odeur pénétrante de cette liberté spinozique que tu vas servir, infortuné convive, au banquet des Sorbonniens. Ah ! mon ami, la tapinaudière des chats fourrés ! Allons, des détails, et tout au moins tes grosses formules. J'attends dans un mois mes thèses. Il paraît qu'ils mettent un temps infini à les tourner, retourner, gratter, écorcher, etc. Puis trois semaines d'impression. Après quoi, je tombe

dans tes bras à Paris, et je pose avec toi le laurier académique sur le front d'Anatole (1).

Je t'écris des folies. Ceci me donne l'occasion de te
consulter, psychologue, sur un fait psychologique personnel. Que dis-tu de l'étrange contradiction où je me
trouve ? J'espérais me refroidir en province, je suis au
régime des abstractions les plus pures; l'ἐντελέχεια,
les images, les représentations n'ont rien d'échauffant,
il me semble que je devrais cesser d'être un homme et
devenir une pure idée. Eh bien, non, mon ami. Je viens
de lire les *Compagnons du tour de France*, de George
Sand, et mon âme est toute en éruption. Il se fait un
bouillonnement physique et moral dans mon cerveau et
dans mon cœur, dont je n'avais pas d'idée. Et cela
m'arrive sans cesse. Quelle est cette fontaine vive de
passions de tous genres qui s'est ouverte en moi-même?
Pourquoi cette manière brusque, ce langage précipité,
cette parole exaltée? D'où vient que je suis obligé de ne
lire aucun journal, d'éviter toute conversation religieuse
et politique, de peur de m'échapper? Pourquoi à chaque
instant, est-ce que je sens l'animal fougueux et aveugle
tirer la bride au moindre prétexte et bondir en avant?
Il y a des jours où je me battrais volontiers, et où je
sens le besoin de donner quelque coup de poing spirituel ou corporel. Quelle diable de bête s'est éveillée ou
réveillée en moi? La connais-tu? Elle m'ennuie fort.
Envoie-moi, si tu peux, son acte de naissance. Mon bon

1. Prévost-Paradol, dont l'Éloge de Bernardin de Saint-Pierre
venait d'être couronné.

bonhomme, que j'ai souvent besoin de tes lénitifs!

Tout respire, en Esther, l'innocence et la paix,
Du chagrin le plus noir elle écarte les ombres,
Et fait des jours sereins de mes jours les plus sombres[1].

Sérieusement, en ce moment, si tu étais ici, je sauterais avec toi comme une chèvre, et maintenant même je danse une foule de sarabandes intérieures. Monsieur, c'est un petit reste de ce matin, un effet de George Sand.

A PRÉVOST-PARADOL

Poitiers, 20 juin 1852

Mon cher Prévost, non seulement je te permets, mais je t'engage instamment à parler à M. Garnier[2]. J'espère qu'il a reçu ma thèse. Elle a été envoyée au recteur de Paris, avec des lettres pour M. Garnier et M. Le Clerc, et j'imagine que le tout a été remis, sans cependant en avoir de preuve. Surtout si tu as quelque autorité sur M. Garnier, obtiens que mes thèses (s'il les accepte) me soient renvoyées à la fin de juillet. Il faut quinze jours pour imprimer, dix jours de préalable entre les mains des juges. Ce serait tout au plus si je pouvais passer avant les vacances, et j'y tiens fort.

Tu prends la déplorable habitude d'écarter les lignes à six pieds de distance les unes des autres, et de faire

1. Racine, *Esther*, acte II, scène vii.
2. Gréard, *ibid.*, p. 195 : « Si tu le permettais, je parlerais bien à M. Garnier et je serais au courant. C'est un homme très aimable. »

chaque lettre haute comme une maison. Ce qui fait que
tes épitres sont d'une brièveté fâcheuse, et que mon
Prévost me manque presque tout à fait. Je ne sais ce
qu'il fait. Va-t-il dans le monde, dans le grand monde
universitaire, puisqu'il rencontre M. Garnier chez les
dames ? Où en est-il de son histoire? Je viens de lire la
Philosophie de l'Histoire de Hegel, et c'est une belle
chose, quoique trop hypothétique, et pas assez précise.
Je rumine de plus en plus cette grande pâtée philosophique, dont je t'ai touché un mot, et qui consiste-
rait à faire de l'histoire une science, en lui donnant
comme au monde organique une anatomie et une physiologie.

Qu'est-ce cette peine qui t'a rendu malade[1]? Si je
suis indiscret, gronde-moi, quoique, à vrai dire, il y
ait peu de questions entre nous qui soient des indiscrétions. — Enfin je ne te vois pas, je ne sais pas
ton intérieur, tu t'enfonces dans un nuage, tu deviens
un mythe. Es-tu par hasard resté à Pékin, ou à Bombay?
Es-tu mandarin ou fakir? Tu m'oublies, mon cher, et
dans quelques années d'ici, nous signerons nos lettres :
J'ai l'honneur d'être, Monsieur, votre très humble et
très dévoué serviteur.

Imagine-toi que j'ai fait toutes sortes d'efforts ici pour
me procurer la *Revue de l'Académie des sciences morales*, où est cette question du sommeil. Aucun moyen
de la trouver. Te voilà ma seule ressource, et con-

1. Prévost-Paradol, *ibid.*, p. 195 : « Je viens d'être un peu malade, moitié du temps, et moitié d'une vive contrariété. »

damné à me la transcrire. Tu vois que les lauriers de
Miltiade ne me laissent pas dormir.

Si tu sais aussi l'adresse de M. Magy, tu me la donneras; après sa destitution, je lui dois au moins une
lettre. N'as-tu rien appris sur la cause qui a éloigné
Planat de l'*Illustration* et sur ses moyens de vivre?

Pourquoi ne ferais-tu pas Duclos[1]? Personne n'y a
touché que je sache, et l'Académie ne l'a pas proposé en
prix. Tu es alléché du côté des portraits, comme ce bon
La Guéronnière, et tu veux battre la Sorbonne avec les
mêmes armes que l'Académie.

Edmond[2] vient de faire un voyage en Morée, il
l'écrit. Son ambassadeur suit les processions un cierge
à la main, un des attachés est secrétaire de M. de Montalembert, un autre vient de faire le pèlerinage de
Rome, et s'est fait dominicain au retour. Il n'y a que des
guenons à Athènes, mais en Morée les formes sont magnifiques. Malheureusement les beautés sont crasseuses. —
Francisque[3] remue une thèse sur Macrobe (quel sujet!)
et fraternise avec Dottain[4]. — Quinot[5] est heureux
comme un lézard à Alger, et travaille depuis six mois
à vouloir songer à apprendre l'arabe. Édouard[6] dis-

1. Prévost-Paradol avait consulté M. Taine sur un sujet de
thèse. *Ibid.*, p. 195 : « Je veux : 1° La littérature française; 2° Un
homme; 3° Le XVIIIe siècle; 4° Que ce soit court. » La thèse de
Prévost-Paradol est sur un sujet historique : Elisabeth et Henri IV.
   2. About. — 3. Sarcey. Il ne soutint pas sa thèse.
   4. Dottain (Ernest-Marie-François), né en 1827, entré à l'École
normale en 1847, rédacteur au *Journal des Débats* de 1864 à 1880,
mort en 1880.
   5. Voir p. 113.
   6. E. de Suckau.

serte intérieurement sur la liberté. — Pourquoi as-tu
dit à M. Simon que j'avais envoyé mes thèses à M. Garnier? J'ai écrit au Doyen [1], qui m'a renvoyé une consultation de M. Garnier [2].

Puisque tu es l'ami de M. Gérusez, rappelle-lui que
je suis son pays [3]. Je vais tâcher de lire la *Revue de
l'Instruction publique*. Depuis quatre mois, je ne m'occupe plus de politique, ni d'aucune affaire présente.

Ici rien : des rêveries et du travail.

Parle à M. Garnier.

A toi.

M ADOLPHE GARNIER A H. TAINE [4]

Paris, 22 juin 1852

J'ai lu, Monsieur, avec la plus grande attention les deux
thèses que vous venez de remettre à M. le Doyen. Ce n'est
pas dans une lettre que je puis combattre vos assertions :
« Qu'en croyant connaître l'extérieur, nous ne connaissons
que nous-mêmes; que cependant cette erreur se trouve
conforme à la vérité », comme si, dans votre hypothèse,
vous aviez des moyens de connaître la vérité; « que les
sens nous trompent, et que par conséquent leur connaissance n'est pas directe, etc..., etc... ». Tout cela serait
matière de discussion à la soutenance de votre thèse, mais

1. M. Victor Le Clerc.
2. Voir p. 249.
3. M. Gérusez était de Reims, comme la famille maternelle de
M. Taine. Prévost-Paradol venait d'écrire un article sur lui dans
la *Revue de l'Instruction publique.*
4. Cette lettre n'est parvenue à Poitiers qu'après l'envoi de la
lettre précédente.

ce que je ne crois pas possible de vous laisser soutenir
devant la Faculté, surtout dans les circonstances présentes
où les ennemis de la philosophie la surveillent de si près
et au besoin la calomnient, c'est « qu'il y a un *moi* étendu.
long, large, rond, carré, etc... ». Comme cette opinion que
je viens d'émettre tend à vous faire perdre le fruit d'un
long travail (car votre thèse latine n'est que la continuation de la thèse française et doit en partager le sort), je
ne veux pas prendre sur moi seul la responsabilité de la
décision, et vais prier M. le Doyen de consulter à ce sujet
M. Damiron, et M. Saisset qui a été votre maître à l'École
normale, et qui vous porte toute l'amitié que méritent vos
qualités d'ailleurs si distinguées.

Je souhaite vivement que leur impression diffère de la
mienne, et vous prie de recevoir les compliments tout par
ticuliers de votre dévoué serviteur,

Adolphe Garnier.

A MADEMOISELLE SOPHIE TAINE

Poitiers, 22 juin 1852

A genoux, les mains jointes, les yeux baissés, je
baise humblement, Mademoiselle, le bord de votre robe,
et suis prêt à toutes les génuflexions, soumissions.
prosternements, adorations possibles pour délier votre
langue muette et vous mettre une plume entre les
doigts.

Il a fallu une sommation d'huissier pour arracher une
lettre à votre vénérable sœur. Serez-vous plus récalci-
trante, et qui donc vous empêche, pendant vos longues
journées ennuyées, de dire à votre ami vos pensées

solitaires? Les meilleurs fruits se gâtent quand on les tient enfermés. Et, au fond, y a-t-il un bonheur dans la vie, excepté les causeries?

Peut-être maintenant en ai-je moins besoin qu'un autre : le monde où je vis est si abstrait et si peu fréquenté que j'ai dû renoncer à y trouver de la compagnie. Mais toutes les fois que je le quitte, quand je me retrouve seul sur ma chaise, ou que le soir je suis au piano, nos soirées me reviennent en mémoire et j'ai besoin de causer avec vous. Ma pauvre enfant, cela reviendra-t-il jamais?

Comme on voit tout couleur de rose quand on est jeune! Je ne sais pas d'idée plus vraie que le mot de Chateaubriand : « Si je croyais encore au bonheur, je le chercherais dans l'habitude. » Distribuer ses heures de manière à les trouver toujours occupées, travailler d'une façon suivie, même à une œuvre ingrate, conduire un ménage, faire un métier, voilà en somme la vie heureuse. Triste bonheur, n'est-ce pas? mais le seul qu'il y ait. Je l'ai éprouvé, à mon grand étonnement, quand j'ai recopié ma thèse. Cela me faisait horreur d'abord. Quoi! 150 pages à transcrire, ôtant ou ajoutant des bouts d'idées et de phrases. Plus d'invention, un travail de ravaudeur! Je m'y suis mis par nécessité et j'y suis resté avec plaisir. A chaque instant, il fallait un effort pour éclairer ou corriger un passage. Cela ôtait l'ennui, et le succès donnait une joie. Puis l'œuvre avançait, comme un enfant qui grandit, comme une fortune qui s'accroît, et j'étais heureux de ce progrès insensible.

Nous avons eu tort de mépriser cette vie régulière et mécanique. Je trouve même quelquefois un plaisir et toujours une distraction à corriger les affreuses sottises de la troupe de dindons dont je suis le gardien.

S'occuper, poursuivre constamment un but quelconque dont on approche avec lenteur, c'est la vie saine, le reste est une maladie. Ma science me dit que les grandes joies et les grandes passions ne sont que des excès, des changements, des renversements, que par conséquent un homme qui en aurait beaucoup cesserait de pouvoir agir, de pouvoir sentir et de vivre. Cela est triste et vrai. Il n'y a au monde que deux régimes, l'opium, l'ivresse, l'extase, l'alanguissement, la maladie, la mort. — Et le bouilli, la monotonie, l'ennui peut-être, et la santé. Sur cette prose, un peu de poésie, quelques fleurs auprès de ces plats fades ; les arts, des causeries, la campagne, à côté de l'insipidité journalière du métier, du ménage, de la recherche. Je ne vois rien au delà. Comme la pratique des choses change un homme, n'est-ce pas ? Et que ce que je dis est perruque et provincial ! Hélas, ma chère, j'ai perdu les lunettes roses avec lesquelles je voyais les choses, et maintenant que je regarde le monde avec des yeux libres, tout me paraît noir ou gris.

Rien encore de ma thèse, je ne sais même si l'on me rendra réponse avant le mois d'août. En tout cas, la distribution ici est le 10 et la Faculté vaque le 30. Je ne pourrai et ne devrai donc rester à Paris que du 10 août au 30, à moins que vous n'y vouliez passer les

vacances, auquel cas j'aurai l'honneur et le bonheur
d'être votre respectueux chevalier.

____

A ÉDOUARD DE SUCKAU

Poitiers, 27 juin 1852

Mon pauvre bonhomme, n'ébruite ce que je vais te
dire que quand l'affaire sera définitivement décidée.
M. Garnier vient de me répondre que mes thèses sont
scandaleuses, que le moi étendu est une hérésie, mais
qu'avant de me refuser il soumet la chose au jugement
de MM. Saisset et Damiron. J'écris à M. Saisset une lettre
polie mais très vive, où je lui représente que la Faculté
imprime sur les thèses qu'elle n'approuve ni ne blâme ;
que, par conséquent, je ne puis la compromettre[1] en
rien ; que, d'ailleurs, je ne fais que développer une phrase
d'Aristote et une phrase de Leibnitz, que tous les précédents sont en ma faveur, que, d'ailleurs, j'ai dit express-
sément que le moi sentant seul est étendu, et prouvé
que la conscience est sans position ni étendue, qu'elle
n'est attachée à aucun organe, ce qui est la propre
doctrine de Descartes, qu'enfin il serait inouï à la Sorbonne de fermer la bouche à Descartes, Leibnitz et
Aristote. Je conclus en proposant toutes les corrections
qui n'altéreraient pas le fond de ma pensée. Là-dessus,
j'attends une réponse, mais je n'espère guère. Ce sont
des poltrons intolérants, et il n'y a rien de pis que des

1. Voir la lettre de M. Garnier, p. 276.

lièvres inquisiteurs[1]. S'ils me rejettent, je connais ici à la Faculté M. Bertereau, professeur de philosophie, je tâcherai de passer. Docteur à Poitiers ou à Paris, que j'aie le titre, peu m'importe, pourvu que je cesse d'avoir affaire à cette bande d'oiseaux trembleurs. Voilà le second orage qui me tombe sur le dos, pour n'avoir pu me résoudre à la banalité officielle. Cette année est malheureuse : agrégation manquée, agrégation de philosophie supprimée, agrégation de littérature préparée puis supprimée, doctorat presque perdu. Je me casse le nez contre toutes les portes. Comment faire? Je n'avais pas d'autre sujet de philosophie. Rien en histoire, hors l'Allemagne, et c'était monter sur le bûcher. En dogme, je suis partout bon à pendre et ce que j'avais choisi me semble encore le moins périlleux. — Au diable! Je te dirai mon affaire quand j'aurai une réponse. *Écris-moi pour me consoler.* Je me console moi-même en pensant que ma thèse me reste. C'est le commencement d'une grande machine que je médite, et, sérieusement, je la crois nouvelle et bonne. J'oublie en ce moment mes ennuis, en travaillant à une Théorie de l'Intelligence. Je plane dans les espaces; la terre est si mauvaise qu'il faut s'envoler au ciel.

Mais, mon cher ami, que faites-vous? Certes, ce n'est point pour le doctorat[2] que vous distillez le petit

1. Voir, p. 128, note 2, les détails sur l'examen d'agrégation et l'extrait d'une lettre de M. Jules Simon; *ibid.*, p. 265, note 2, et 286, note 2.

2. M. de Suckau préparait une thèse sur la Liberté à laquelle il renonça après l'échec de M. Taine.

précipité chimique dont les trois substances composantes sont Jésus-Christ, Hegel et Spinoza. Ton travail s'est transformé sous ta main. J'attendais une Théorie de la Détermination humaine, et il me paraît que tu fais un traité *De omni re scibili et quibusdam aliis* ; cette théorie que l'homme est Dieu et qu'il faut de plus en plus le substituer à Dieu, est-ce une morale? Envoie-moi ton titre, et dis-moi dans quel cadre de la science tu places ton tableau. Tu attendras sans doute la prochaine révolution pour publier cette horreur allemande et, selon les vraisemblances, tu attendras longtemps. Car tu veux, dis-tu, être clair et populaire, et sortir des abstractions dont l'élévation te dissimulerait. Mon cher, ce sont précisément les vulgarisateurs qu'on brûle; on peut tolérer encore les innocents cerveaux qui ne font de bien qu'à eux-mêmes; les autres, non. Hegel n'a duré qu'en jouant une parade chrétienne devant son théâtre philosophique, en dénaturant le dogme pour l'accommoder à sa science, en disant par exemple que la religion est vraie parce qu'elle a proclamé un Dieu-homme et que l'homme est Dieu. Si je me sauve à la Faculté, ce sera en tambourinant sur Descartes et Aristote, en écrasant les matérialistes atomistes, en prêchant la spiritualité et en déguisant la mortalité. Pensons pour nous, faisons comme Leibnitz, qui tirait quinze exemplaires d'un de ses travaux et les envoyait à ses amis. Laissons les imbéciles, c'est-à-dire tout le monde, suivre la pente naturelle, et nous rejoindre dans trois mille ans d'ici. Tous les coups d'épaule que

tu voudras donner à leur pesant chariot ne le feront
pas avancer d'une ligne. Parlons aux esprits qui veulent et qui peuvent, et pour crier tout haut, attendons
des temps meilleurs. Tu vas être à Paris dans quelques
jours. Si ma thèse y est encore, lis-la. Mais, mon cher
Ed., oserai-je vous faire une demande? Vous allez être
trois mois dans la famille et la capitale. Serez-vous assez
aimable pour en distraire huit jours et prendre avec
moi votre volée dans les Ardennes, où je vous mon-
trerai mes ruisseaux et mes bois? Ce sera le seul
moyen de bavarder ensemble. Nous causerons bien un
peu à Paris, mais je voudrais vous avoir à moi. N'est-ce
pas, dis?

Prévost écrit dans l'*Instruction publique*; j'ai peur
qu'il ne s'enfonce dans la phrase académique, ses
articles ne sont pas assez amusants. Mais il loue Gérusez, gagne de l'importance et des amis. Un jour, nous
irons applaudir son discours de réception à l'Académie.

Edmond a fait le tour de la Morée et trouve le vide à
Athènes. Il écrit son voyage et dit qu'il a éprouvé pour
la première fois le sentiment du beau.

Ici, rien; je suis un peu las, mais je travaille. Mon
piano est assez bon, et j'ai un divan. Mon plus grand
plaisir est un polytechnicien, ancien camarade de collège, spirituel et ouvert aux idées. Mais toi, pauvre Ed.,
cher Ed., quand t'aurai-je? Si nous pouvions aller dans la
même ville! Cela est possible, je désire maintenant
rester en littérature. D'ici à quelque temps, il me serait

impossible d'enseigner la philosophie. La gangrène hérétique croît en moi tous les jours. Et toi?

Ma thèse latine est sur la Perception extérieure.

———————

A SA MÈRE

Poitiers, 6 juillet 1852

Où et comment achèverai-je l'année? Je n'en sais rien encore; j'ai reçu la réponse de Paris et l'on me fait des difficultés sur les conclusions de ma thèse; je n'aurai une décision complète que lorsque deux autres professeurs auront été consultés : l'un est M. Saisset, mon ancien maître. Je lui écris une lettre très polie, mais très vive, lui représentant que celles de mes idées qu'il trouve dangereuses sont déjà dans les philosophes les plus accrédités, que j'ai satisfait à tout le règlement du doctorat, que j'envoie deux théories entièrement originales et qui résolvent deux difficultés déclarées jusqu'alors inexplicables, surtout que la Faculté déclare en tête des thèses qu'elle n'approuve ni ne blâme les opinions des candidats; que par conséquent, sa responsabilité est à couvert, etc. S'ils me rejettent, j'ai ici une porte : je connais M. Bertereau, professeur à la Faculté de Poitiers, et peut-être parviendrai-je à passer! Mais tout cela est encore incertain, et sitôt que je saurai à quoi m'en tenir, sois sûre que tu en auras la première nouvelle.

Faire son chemin est bien difficile, n'est-ce pas? Je me souviens en ce moment d'une grande maxime que nous lisions l'an dernier dans Stendhal[1] : « Sous un gouvernement absolu, la première condition pour réussir est de n'avoir ni enthousiasme ni esprit. » J'admire ici de bon cœur nos grands hommes administratifs. Le recteur est un ancien professeur de grammaire, sec, étroit, pédant, dogmatique, vrai rouage qui grince et qui grogne, et voudrait que j'employasse ma classe à corriger les fautes de ponctuation. — Le proviseur a la même origine, mais ce n'est qu'une pâte molle, un tampon de coton ou de laine qui n'est rien par lui-même et cède à toutes les impressions sans en garder une seule. — Plus je vis et plus j'abaisse le niveau où ma pensée élevait les hommes, et je crois que j'aurai encore à baisser bien fort ma mesure pour arriver à leur juste hauteur.

Je travaille néanmoins à une chose qui dans quelques années pourra former un ouvrage[2]. C'est là ma vie, mon refuge, et peut-être mon avenir. — Je n'ai guère de chances favorables dans le grand chemin officiel ; on y va d'un pas de tortue, et les grands avancements ne s'achètent guère que par de grandes lâchetés ou une servilité naturelle. Le gouvernement déclare lui-même qu'il regardera moins le talent que les garanties morales ; c'est pourquoi il a supprimé le concours ; le concours qui subsiste n'est plus celui du mérite, mais de l'obéissance. Je ne veux pas de celui-là, et tu n'en veux pas pour moi. Reste un livre ; et, la politique étant

1. *La Chartreuse de Parme*, ch. VI.
2. La *Théorie de l'Intelligence*.

défendue, reste la science. Or, je me trouve une quantité d'idées, j'aperçois un champ inculte, j'ai de bons bras, je le défriche; j'espère commencer par des choses assez pratiques pour pouvoir être lu. Voilà l'avenir. Jetons-y les yeux, quand quelque contrariété m'arrive, et consolons-nous ensemble; je suis submergé un instant, mais cet espoir me remet à flot, et vive la galère, n'est-ce pas!

A ÉDOUARD DE SUCKAU

Poitiers, 17 juillet 1852

Cher Ed. Je me doutais de l'arrêt de mort. Merci de toutes tes peines et profite de la leçon pour ta thèse. L'intolérance est pire peut-être que tu n'imagines; M. Simon m'écrit qu'on vient de refuser une thèse de Caro [1] (le Catholique) sur saint Martin. Ils veulent que les candidats fassent des secondes éditions de leurs manuels.

Mon bonhomme, le charmant Saisset [2] a joué devant

1. Caro (Elme-Marie), de l'Académie française, né en 1826, entré à l'École normale en 1845, mort en 1887. Sa thèse fut reçue néanmoins et a pour titre : « Du mysticisme au xviii⁰ siècle. »

2. Lettre d'Édouard de Suckau du 16 juillet, après une visite aux juges de M. Taine : « M. Damiron avait lu ta thèse *un peu vite*, mais *dès le milieu* il avait vu qu'elle était insoutenable. Quand on s'adresse à une Faculté, on sait ses idées, on ne peut pas prétendre lui en faire accepter d'autres.... Il avait recherché les antécédents et avait appris tes idées sur la liberté, sur ceci, sur cela. Tu étais dans une voie d'idées malheureuse qui ne te mènerait jamais au doctorat par la philosophie. Il t'engageait à prendre un sujet littéraire.... — Je n'ai pu tirer de M. Garnier que ce mot : « Je ne souffrirai jamais qu'on parle du moi étendu; c'est

toi la comédie. Un professeur d'ici qui est allé il y a
dix jours à Paris a parlé de ma thèse au Doyen, qui lui
a dit qu'elle venait d'être lue par le petit homme, puis
remise à M. Damiron. Ils ne me l'ont pas encore ren-
voyée. Puisqu'elle est perdue, tire-la de leurs griffes et
lis-la. J'en ai un brouillon, mais affreusement sale, et il
faudrait dix jours pour le recopier. Il a trouvé ma lettre
inintelligible pour se dispenser d'y répondre. Tout mon
tort est d'avoir eu la bêtise de croire en leur enseigne,
d'avoir cru qu'en bonne foi ils demandaient « des découvertes » (texte du règlement). Avis aux curieux de
ne pas se laisser prendre à la parade de la porte.
Une fois entré, on vous tord le cou. C'est l'histoire du
dindon de La Fontaine :

> Petit, petit, petit.

J'aurais dû voir le cuisinier armé de son grand cou-
teau, et savoir que je serais mis par eux

> ...Fort à l'aise en un plat,
> Honneur dont la volaille
> Se serait passée aisément.

Bah ! Ouf ! Serrons-nous la main, et au diable les
Inquisiteurs !

trop grossier. » — M. Saisset avait reçu de toi une lettre à laquelle
il n'avait rien compris. Ta thèse n'avait pas été entre ses mains
et il n'avait pas cru convenable de demander à la voir.... A l'École
on avait le droit de tout discuter, cela se passait à l'ombre, à
l'insu de tout le monde ; mais à la Sorbonne il n'en est pas de
même ; tout le monde y a les yeux. Il n'y a pas de *bon sens* (tex-
tuel) de vouloir faire de la philosophie sans tenir compte de l'opinion publique.... M. Saisset pense que la ruine de l'Université et
le l'enseignement philosophique a été consommée par ta leçon
le la Sorbonne : *Inde iræ.* »

Il faut absolument que nous trouvions moyen d'être trois ou six jours ensemble. Songe donc : encore un an sans nous parler ; nous ne nous reconnaîtrions plus. Mes Ardennes sont tout près, et assez gentilles, vraiment. Si tu y venais, je t'aimerais comme tu mérites (superlatif). En tous cas ne pars pas avant le 15 août. La dernière composition ici est le 10, la distribution le 17 ; mais je me ferai exempter de la distribution, et je tâcherai de rassembler mon bureau sur place. (Imagine-toi qu'ici on fait corriger chaque composition par trois professeurs, qu'il faut envoyer trois textes au choix du recteur, etc. Ce sont les vétilles de l'absurde.) Comprends qu'il faut que nous nous communiquions nos produits philosophiques, et que ta *Liberté* a besoin d'embrasser ma *Sensation*. Les lettres sont des tables de matières. Il faut le livre, je veux te lire ; trouve un moyen. Tes nouvelles me désolent. Le pauvre M. Vacherot[1] ! Quoi, donner des leçons ! M. Simon précepteur ! Qu'un gouvernement est fort quand il tient les gens par l'estomac ! Si tu vois M. Vacherot, dis-lui mes sympathies ; je ne savais pas qu'on lui eût demandé ce serment ni qu'il eût refusé. — Notre promesse est donc une chose bien grave ; et avons-nous fait une saleté ? Sérieusement, je ne l'ai pas cru, et je ne le crois pas. Nous obéissons à la volonté nationale, nous promettons de ne faire ni complot, ni propagande. Est-ce là se déshonorer ?

---

1. Lettre d'É. de Suckau du 16 juillet : « M. Vacherot est un des plus malheureux, il n'est pas seul et le sort de sa famille l'inquiète. Ses amis le dissuadent d'un refus et lui donnent le meilleur

Rien d'Anatole. Où en est-il? A-t-il achevé ses chinois? — Crouslé m'écrit de l'École des nouvelles désolantes. On va en faire une fabrique de vers latins. Ici de même; la machine à compression fonctionne partout. J'ai pourtant une consolation, Saigey (Polytechnique, ancien Bourbon), un esprit qui est ouvert à tout, le contraire du bourgeois. C'est le mot, et notre philosophie est une Romantique de 1828 qui se bat contre La Harpe et Delille. Ajoute l'*Histoire des Religions*, par Hegel. Je fais de la psychologie historique. Cela nous fait sortir de M. Garnier. As-tu lu son livre[1]? On dit que c'est une copie des *Écossais*, avec une division à l'infini des facultés.

J'ai envie d'aller trouver M. Le Clerc et de lui tenir le discours suivant : « Monsieur, veuillez me donner un sujet de thèse et les conclusions. » — Accepteront-ils quelque chose d'esthétique, une théorie des genres, une étude sur La Fontaine, etc. ?

Mon recteur envoie sur nous un rapport où j'ai fait attester mes bonnes vie et mœurs, politiques et autres; il y adjoint nos demandes; j'ai désiré une ville où il y eût une Faculté des sciences[2]. Tu penses bien que j'effacerais d'abord ce désir, si par là je pouvais être envoyé dans la même ville que toi. Si tu vois les potentats, essaie, et choisis pour moi, si M. Lesieur t'offre quelque chose.

conseil, celui de l'exemple. Il n'a pas pu se décider,... il cherche des leçons.... »

1. Le *Traité des facultés de l'âme*, paru en 1852.

2. C'est sans doute par cette demande qu'on justifiait au ministère l'envoi dans une classe de sixième à Besançon.

J'ai appris bien des choses sur la vie depuis un an.
Et toi aussi, n'est-ce pas? — Merci encore, mon bon
ami.

A MADEMOISELLE VIRGINIE TAINE

Poitiers, 20 juillet 1852

... Mauvaises nouvelles de mon côté. Ma thèse n'est pas
encore refusée définitivement, mais c'est tout comme.
Louanges sur le travail, le style, etc.; mais les idées étant
nouvelles, et le règlement du doctorat demandant des
idées nouvelles, ma thèse n'est pas admissible. J'ai eu la
sottise de prendre à la lettre les proclamations, l'officiel,
la parade de la porte; ce sont des attrapes à niais, et
voici le vrai règlement du doctorat : écrire deux cents
pages nulles, analyser quelque vieil auteur oublié et qui
mérite de l'être; le juger d'après des idées convenues et
copier le manuel d'un de ces messieurs. — Au reste, il
en est partout de même; toutes choses ont un faux visage;
en vivant, j'apprends à vivre; on crie tout haut qu'il
faut être honnête homme : en pratique on en plaisante,
et l'honnête homme est celui qui met bien sa cravate
et friponne en secret. On demande tout haut des idées,
des découvertes; la vérité est qu'on veut des banalités,
des vieilleries, des copistes. — Je comprends maintenant
pourquoi presque tous les maîtres que nous avons ren-
contrés nous semblaient si nuls. Ils l'étaient, et étaient
parvenus par là. De là une bataille : les jeunes gens
méprisent leurs maîtres et les perruques emboursent
l'argent et le mépris.

Ceci n'est pas de la colère d'auteur tombé. Tous ceux qui valent quelque chose pataugent aujourd'hui dans le ruisseau. Le pauvre M. Vacherot a perdu son traitement de disponibilité et cherche des leçons. L'École est une Inquisition. M. Simon gagne sa vie en travaillant pour Hachette, et en donnant des leçons au fils de M. Goudchaux. Les autres tirent le diable par la queue. Heureux ceux qui, comme moi, peuvent vivre! Il m'écrit[1] que M. Caro son ami (très catholique, professeur à Rennes) vient d'être refusé aussi par la Faculté. Sa thèse lui avait coûté dix-huit mois et aux yeux des bons juges était excellente. M. de Suckau, qui allait leur donner la sienne, la remet dans sa poche pour des temps plus heureux.

Point de chance de rester ici l'an prochain. Le professeur reprendra sa place, et l'on m'enverra où il plaira à Dieu. — Le recteur a promis d'adresser pour moi au ministère un certificat de bonnes vie et mœurs, politiques et autres.

Je tâcherai de partir d'ici le 15; je n'aurai rien à faire à Paris que quelques visites d'intérêt et voir mes amis. Cela me sera nécessaire pour me mettre au courant des

1. Lettre de M. Jules Simon à H. Taine, du 16 juillet 1852: « On vient de refuser la thèse de Caro, qui y avait travaillé dix-huit mois. J'ose dire que la Faculté a reçu dernièrement plusieurs docteurs dont les thèses n'approchaient pas de celle-là, car je l'ai lue. Vous commencez à apprendre que la réputation, le succès et le talent sont trois choses qui n'ont entre elles aucune connexité naturelle. Je regarde sérieusement le talent et la noblesse du caractère comme deux obstacles à peu près insurmontables ; et c'est pourquoi, mon cher ami, il faut être honnête homme, et tâcher de n'être pas une bête. » — *Id.* sur M. Caro, p. 286, note 1.

affaires, et savoir où en est l'Université; ici c'est un marais, et les journaux, maintenant, sont muets comme des poissons. Ma vie n'est guère agréable : des polissons que je mets en retenue et dont les devoirs me donnent la nausée; solitude complète, sauf quelques conversations avec un ancien camarade de Bourbon. Je suis las et ne travaille plus guère. Mon plaisir est de rêver, assis sur mon fauteuil, ou d'aller me promener à quatre heures du matin sur les bords d'une petite rivière qui rafraîchit les prairies, et de regarder la lumière qui s'étale sur l'herbe et sur l'eau. Triste bonheur! Mais nous sommes infiniment plus heureux que tant de pauvres bêtes de somme qu'on appelle ouvriers et laboureurs, savetiers ou fruitiers. Et cela console. — Il n'est pas exact de dire que les femmes s'ennuient plus que les hommes parce qu'elles n'ont pas de métier : un métier est monotone comme un ménage et, de plus, asservissant. On n'imagine pas le dégoût que j'éprouve à corriger ces devoirs; ajoutez-y la couche de glace que la province met sur les épaules. Je ne surnage et je ne travaille qu'à force de volonté.

Tout est dans l'avenir. J'ai l'idée d'un ouvrage que j'ai commencé, qui durera dix ans[1], que je crois grand et nouveau. Le lira-t-on? Le méritera-t-il? Je suis chrysalide et je jouerai mes ailes de papillon à croix ou pile, quand je les aurai filées en silence dans mon cabinet.

1. Il s'agit de la *Théorie de l'Intelligence.*

A M. LÉON CROUSLÉ

Poitiers, 27 juillet 1852

Mon cher Crouslé, je serai probablement à Paris le 18
ou le 19 août. J'imagine que tu seras encore à l'École; j'y
passerai cinq ou six jours, et nous nous serrerons la main.

Tu sais sans doute ma seconde déconfiture[1]. Suckau
me dit qu'aucune décision définitive n'est prise; mais
tout est fini. Ils ont trouvé mes conclusions scandaleuses, et ton cher professeur de seconde année[2] a dit
« qu'il n'y avait pas de *bon sens* à présenter à une
Faculté des opinions qu'elle ne professe pas ». Avis à qui
de droit. — Arrivé à Paris, j'irai chez le Doyen, lui proposer une thèse de littérature (sur La Fontaine fabu-
liste; j'ai étudié cela pour l'agrégation[3]), lui demander
ses conclusions, etc.; au reste, je suis fort résigné et
même fort indifférent. L'important pour moi est de

1. Le refus des thèses.
2. M. Saisset. Voir p. 286, note 2.
3. Au commencement de l'année, quand M. Taine s'était remis
à préparer l'agrégation des lettres. Le cahier, de 30 pages petit
format, contient des notes sur la fable dans Babrius, Ésope, Phèdre,
La Fontaine, Lessing; Phèdre et La Fontaine; la différence de style
entre Ésope et La Fontaine; les principaux points à remarquer dans
La Fontaine; l'action et la composition dans La Fontaine; enfin
un plan et un *Résumé littéraire*. De nombreuses notes marginales
très brèves ont été ajoutées au moment où fut rédigée la thèse.
Voici le *plan*, qu'on pourra comparer avec le travail définitif :
« De la Fable, prise abstraitement, en général. En énumérer et
définir les parties, et dans chacune examiner ce qui y correspond
dans La Fontaine :
« 1° De l'élément primitif de la Fable : une allégorie avec des
animaux. Caractère gnomique, moral, scientifique d'abord, changé
par La Fontaine en genre poétique (opposition du Scientifique et

vivre dix ans, en dépensant à un métier quelconque deux heures par jour, dans une ville quelconque. Licencié ou docteur dans un lycée de premier ou de troisième ordre, la différence est nulle. L'Université pour nous n'est plus une carrière, mais un gagne-pain qu'on garde uniquement parce qu'il faut manger; mon seul ennui est d'être obligé de perdre quelques mois encore à ces examens ridicules. Tout mon bonheur serait d'avoir mon temps libre, et de pouvoir tranquillement adorer mes dieux. Ils ont quitté leur forme vague et universelle, et se sont condensés pour le moment en un travail qui durera quelques années[1], et dont je te parlerai là-bas. Je suis bonne mère et je vais couver mon œuf avec patience. Il me semble déjà entendre le poussin qui frappe du bec contre la coque.

Latonae tacitum pertentant gaudia pectus.

Il paraît, mon pauvre ami, que vous êtes médiocrement heureux à l'École[2], et que la cuistrerie gouverne-

du Poétique, de la formule et du drame). — (La suite du travail est une démonstration du mot : Poétique.)

« 2° Les conditions d'une fable poétique : Théorie générale de la poésie :

« A. Des caractères et des mœurs ;

« B. De l'action et de la composition ;

« C. Du style (procéder par comparaison avec Phèdre, Ésope et le Moyen âge) ;

« D. Caractère du poète. Qu'il fasse de sa poésie, son journal, sa vie ;

« E. Peinture du caractère particulier du poète, de ses mœurs ; antireligieux, antiaristocratique, etc.; malicieux, grec, gaulois. »

1. La *Théorie de l'Intelligence.*

2. Lettre de M. Crouslé du 24 mars : « Presque tout le monde est dégoûté, découragé. En troisième année, c'est un chômage

mentale vous fouette avec des verges trempées **de**
vinaigre. Votre consigne est-elle levée? Sais-tu qu'au
fond ils raisonnent bien, et que les études et l'esprit de
l'ancienne École étaient ce qu'il y a de plus contraire à
leur Université? Tu auras été le dernier des Romains.
Nous sommes gouvernés par des recteurs et proviseurs
dont beaucoup ont enseigné la grammaire, qui tous ont
vécu vingt ans en province et dix ans dans le professorat. Or, mon cher, tu n'imagines pas encore ce que la
province et le professorat font d'un homme. Perdre toute
verve, toute délicatesse, toute audace d'esprit, parler
littérature et science comme un laminoir fait du fer ou
un dévidoir du coton, substituer par une cristallisation
insensible une âme d'épicier à son âme d'artiste, n'être
plus qu'un débitant patenté d'instruction et de goût,
avoir cette odeur de rance et de moisi qui est la pire de
toutes, et ne pas sentir qu'on l'a : voilà nos moindres
maux; mes collègues m'effrayent et je suis comme cet
ivrogne qui, en rencontrant un autre couché sur une
borne, disait mélancoliquement : « Voilà pourtant
comme je serai lundi. » — Les gens qui sortent de
l'École bondissent et regimbent contre les lourdes mains
qui veulent les plier au trot ordonné; ils se débattent
dans le milieu moral, étouffant, où ils sont noyés. C'est

presque universel.... Il n'y a, selon J..., qu'une sorte d'exercice
qui apprenne à penser et à écrire : ce sont les dissertations de
licence et les vers latins.... En même temps, les épurations continuent à la bibliothèque. On retranche des volumes de Voltaire et
de Rousseau : il ne faut pas qu'on lise les *Confessions*. » — Voir
aussi p. 314, lettre à Édouard de Suckau.

pourquoi l'École est une institution mauvaise; et on doit, nécessairement, ou la supprimer, ou l'abrutir.

Je suis, j'espère, devenu universitaire; j'ai appris à mes dépens ce qu'est la vie; le recteur m'a promis un rapport favorable sur ma conduite; je me répète tous les jours que quand on meurt à Surate il faut tenir une queue de vache à la main. Encore une leçon dans mon voisinage : Treille, qui s'était présenté à l'École avec moi et qui professait la rhétorique à Loudun, vient d'être suspendu pour un article de journal où il louait une actrice de son endroit. Un professeur est un prêtre; et je conseillerais fort à quelqu'un qui voudrait réussir chez nous d'imiter Origène et Abeilard.

Vous n'avez plus de conférences, hommes heureux! Vous lisez et causez, je ne lis guère et ne cause plus. Mais nous causerons le mois prochain, n'est-ce pas?

Je voudrais bien avoir l'adresse de M. Magy. Édouard me dit qu'il est en Belgique. Je lui dois une lettre et si tu sais d'ailleurs quelque chose de lui, tu me ferais plaisir de me donner de ses nouvelles.

A SA MÈRE

Poitiers, 27 juillet 1852

Je partirai d'ici vers le 18 et je resterai probablement cinq ou six jours à Paris pour faire des visites, voir des amis, consulter la Faculté sur un nouveau sujet de thèse (thèse littéraire sur les fables de La Fontaine). Je

leur demanderai leurs conclusions, je ferai d'avance
délivrer à toutes mes idées un brevet de salubrité et de
platitude, je retrancherai toutes celles qu'ils n'admettront pas; et, s'il m'en reste encore assez, je tenterai
encore une fois fortune; un peu de travail ces vacances.
et la chose sera faite avant le milieu de l'an prochain.

Très sérieusement, je suis parfaitement tranquille, et
je ne pense plus à ma seconde déconfiture. Le mal n'est
pas fort grand, mon travail me reste, et c'est autant de
fait pour la grande machine que je veux construire
L'ennuyeux sera de perdre plusieurs mois à écrire des
niaiseries littéraires, et préparer les platitudes de l'agrégation. Je vous répète ce que je vous ai dit cent fois :
l'Université, aujourd'hui, n'est plus pour nous un avenir. C'est une tente où je me mets pour quelques années
à l'abri de la pluie, afin de pouvoir penser en liberté,
sans être mouillé ni gelé. Elle n'est pas jolie, mais enfin
elle suffit à son emploi, et j'essaierai pendant ce temps
de me tisser un bon manteau qui me permette d'affron-
ter le mauvais temps.

A PRÉVOST-PARADOL

Poitiers, 1er août 1852

Mon bon Prévost, tu es bon comme le bon Dieu.
Malheureusement tu es l'ami de l'auteur et de l'hérésie
qu'il expose. Ce qui fait que je rabats les deux tiers de
tes éloges[1]. Ce qui reste pourtant est assez aimable pour

1. Gréard, *ibid.*, p. 196, Prévost-Paradol à H. Taine, 30 juillet

me consoler, si j'avais besoin de l'être. — Mais tout est guéri, mon ami; il y a mieux, c'est que j'ai les matériaux et le plan complet d'un second mémoire (sur *la Connaissance*[1]), que j'écrirai à la rentrée, et qui vaudra mieux que le premier.

Tu y verras entre autres choses la preuve que l'intelligence ne peut jamais avoir pour objet que le moi étendu sentant, qu'elle en est aussi inséparable que la force vitale l'est de la matière, etc. De plus une théorie sur la faculté unique qui distingue l'homme des animaux (l'abstraction) et est la cause de la religion, de la société, de l'art et du langage; et enfin là-dedans les principes d'une philosophie de l'histoire. — J'ai même envie, si tes oreilles sont patientes, de te dire le plan d'une grande bâtisse scientifique[2] dont tout ceci est le commencement, et qui m'occupera pendant les cinq ou six années qui vont venir. Depuis que ma thèse est envoyée, j'ai lu presque tous les écrits de Hegel sur la philosophie de l'homme. — Es-tu rassuré? Et ceci ressemble-t-il à du découragement[3]? La machine est

1852 : « J'ai là ta thèse sur mon bureau, je viens de la lire et je te dis avec toute l'admiration et toute la bonne volonté imaginables : il fallait s'y attendre. Ni le moi étendu, ni le moi nerveux, ni le moi cérébral, ni rien en un mot de ce qui fait la science véritable, ne peut avoir droit de cité à la Faculté, surtout avec un passeport aussi sincère, aussi clair, aussi énergiquement adéquat au porteur que ton style.... »

1. C'est une partie du travail sur la *Théorie de l'Intelligence*. Il en sera question dans le volume suivant. Un fragment sur « la Volonté » a paru dans la *Revue philosophique* de novembre 1900.

2. La *Théorie de l'Intelligence*.

3. Gréard, *ibid.*, p. 197 : « Je ne te parlerais pas tant de toi-même,

montée, mon cher, et elle creusera jusqu'à la fin; advienne que pourra.

Mes ennuis viennent d'ailleurs. Le métier, la province, les tracasseries, la stupidité des élèves, etc., d'abord. La consolation, c'est que cela ne me prend que deux heures par jour. — Ajoute la certitude d'être et de rester petit, valet aux ordres des muphtis universitaires.

> Qui n'a pas dans la vie
> Un petit grain d'ambition?

Ce petit grain, on l'écrase, il germe toujours et il faut beaucoup de philosophie pour s'accoutumer à la pensée de passer sa vie à Poitiers ou Draguignan, parmi les contrariétés et dans la solitude.

D'avenir universitaire, point; je ne sais qu'un moyen d'en avoir : de trouver une madone qui me fasse un signe de tête, et de faire communion publique. Malheureusement, la madone ne s'est pas encore rencontrée. — D'avenir mondain, pas davantage. On lira ton beau style; mais qui s'occupe de philosophie? Et, parmi ceux qui y jettent les yeux, combien y en a-t-il qui n'en fassent pas une arme politique? Je trouverai en France six rats de cave comme moi et quatre curieux comme toi qui voudront me lire, et si j'écris c'est pour le plaisir de voir mes idées proprement enfilées les unes au bout des autres, et de faire la roue intérieurement avec mon nouveau collier. — Il faut supprimer en soi une foule de

si je n'avais eu vaguement de mauvaises nouvelles sur l'état de ton esprit. Cet esprit-là est à nous tous et il faut le garder, brillant et tranchant, comme notre meilleure épée. »

désirs que tu sais; et cela n'est pas l'affaire d'un jour.

Quant à ma thèse, mon ami, j'ai été trompé par trois choses : le règlement du doctorat qui dit que la Faculté ne répond pas des thèses; la thèse de M. Hatzfeld[1] qui avait soutenu audacieusement des opinions théocratiques; enfin l'enivrement de la rédaction. Je voyais mes syllogismes dans une clarté éblouissante, et je pensais qu'en rejetant les doctrines, ils l'accepteraient comme hypothèse conséquente. Je vais (qu'en dis-tu?) proposer à M. Le Clerc une thèse sur les fables de La Fontaine; j'ai étudié ce sujet-là pour l'agrégation, et il me semble qu'on peut dire là-dessus beaucoup de choses neuves[2]. (L'opposer aux autres fabulistes qui ne veulent que prouver une maxime; la fable devenue drame, épopée, étude de caractères; caractère du roi, des grands seigneurs, etc.; — opposer le génie de La Fontaine, grec et flamand, à celui du siècle.) — Nous trouverons ensemble quelque chose pour la thèse latine. — Je compte être à Paris, le 17 ou le 18, y rester cinq ou six jours et revenir le 1er octobre avec ma mère. Nous aurons le temps de nous voir. — Mais pourquoi me parles-tu tant de moi, sans me dire un mot sur ton travail? Où en es-tu? — Enfin nous allons causer.

Quant au mien, mon cher, corrige toi-même et sans attendre mon avis, ce qui te déplaira. Tu as bien raison pour *extériorisant*, *duperie*, etc.; mais à lire les physiologistes et Hegel, c'est miracle si on ne devient pas

1. Thèse sur Platon.
2. Voir p. 293, note 3, le premier plan de La Fontaine.

barbare. — Corrige, corrige. — Tu m'as fait rire en me parlant de la poésie de la page 122. (Je ne sais pas laquelle c'est). Mais j'ai eu pour modèle idéal d'un bout à l'autre le code civil, et il serait plaisant de trouver poètes M. Portalis et les autres rédacteurs. — A propos, tu as vu cette ignominie du concours, cette matière **de** discours français[1]?

Présentement je languis un peu, lisottant mes allemands, corrigeant les compositions des prix avec mes collègues. Les parents ici s'égorgeraient si l'on pouvait supposer la moindre faveur ou la moindre erreur dans une correction.

Aussi nous réunit-on trois, sous la direction du proviseur ou du recteur. La chose se passe comme au concours. Le recteur envoie, je crois, une bonne note sur mon compte. Je n'ai pas donné une matière de discours qui ne fût du XVIIe siècle ou antique, et je n'ai lu ni permis de lire un livre qui pût donner lieu à la moindre objection. — Exemple de la tolérance de ce pays : Hemardinquer[2] qui y a été suppléant de *rhétorique*, n'a pas pu y rester parce qu'il est juif.

Supplie Édouard, si cela ne lui est pas trop impossible, de faire en sorte que je puisse le voir ces vacances. Les Highlanders et les Bas-Bretons[3] ne seront pas plus amusants que nous. Nous imagines-tu tous trois dans ta

---

1. Le sujet était : *le Prince Jérôme Bonaparte.*
2. Hemardinquer (Mathias), né en 1822, élève de l'École normale en 1842, mort professeur de rhétorique à Nancy, en 1875.
3. M. de Suckau devait passer ses vacances en Écosse ou **en** Bretagne.

chambre, ou au théâtre? Ce sera charmant, et je vous embrasse d'avance.

Je vais être dans les ennuis des emballages. Autre amusement du professeur nomade et que tu ne connais pas. — Que décide Crouslé?

M. Simon ne sait pas le moi étendu, il ne connaît que vaguement mes conclusions. Je lui écris de temps en temps. Ne lui donne pas mes thèses. — Garde-les pour me les rendre dans quinze jours.

Ce pauvre M. Vacherot qui est à sec!

Amitiés, et merci encore une fois.

A MADEMOISELLE SOPHIE TAINE

Poitiers, 10 août 1852

Je vais revoir un instant le monde et vous apporter l'air de Paris. Il se passe dans le monde les comédies les plus plaisantes : un élève de l'École d'Athènes s'est mis à faire un trou au pied d'une colline, y a trouvé deux ou trois vieilles caves, plusieurs pierres sales sur lesquelles on distingue, à grand renfort de lunettes, trois ou quatre lettres illisibles, puis, derrière, un pan de mur pourri. — Aussitôt, trompettes, tambours et cymbales ; le *Journal de l'Instruction publique*, l'*Académie des Inscriptions*, le *Moniteur* élèvent aux nues le jeune helléniste, le patient investigateur des ferrailles et pots cassés antiques, et le roi de Grèce décore d'un ordre quelconque notre heureuse taupe universitaire. Voilà un homme illustre. La *Chartreuse de Parme* m'en a donné la raison. Il y a science et science, la dangereuse, l'importante, la scientifique qu'on met au fond du puits, qu'on envoie à Cayenne, ou qu'on relègue dans une mansarde au quartier Saint-Jacques ; l'inoffensive, la vertueuse, la patentée, qu'on méprise tout bas, qu'on admire tout haut et qui donne aux princes, dans les abrégés historiques du président Hénault, le nom de protecteurs des Lettres, etc. « D'habiles gens conviennent entre eux qu'ils savent et doivent enseigner le mexicain[1], et Ernest IV donne 4000 francs de pension et la croix de son ordre au père Rari qui a restauré dix-sept vers d'un dithyrambe grec. » Notre Ernest IV destitue M. Vacherot et vient en outre de lui ôter son traitement de disponibilité. Axiome plus vrai que ceux des géomètres : le seul moyen de réussir dans le monde, c'est de ne pas le mériter. Heureusement, on s'en passe ; les livres et les morts ont plus d'esprit que les vivants, on rêve ou on travaille dans sa chambre avec un bonheur charmant, après quoi on va vous retrouver aux Ardennes.

Ma thèse défunte a été recueillie à Paris[2] par les mains pieuses de mes amis, lesquels amis m'ont envoyé un hymne d'éloges, disant qu'il y avait là un livre, et qu'il fallait l'imprimer. Ce que je me garderai bien de faire avant dix ans d'ici ; j'attendrai d'abord qu'il y en ait sur mon bureau une douzaine de pareilles dont le

1. Stendhal, *La Chartreuse de Parme*, ch. VIII.
2. Voir p. 297, lettre à Prévost-Paradol.

total fera un bouquin respectable ; j'ai du plomb dans ma carnassière, mais je ne l'éparpillerai pas grain par grain ; j'en amasse de tous côtés pour faire une belle charge de mitraille, et alors, je tâcherai de mon mieux d'en éclabousser la figure de la vérité officielle. En attendant,

« Le soin de mon troupeau m'occupe tout entier, »

comme chantaient nos grand'mères :

> « Et du méchant l'abord contagieux
> N'altère point mon innocence. »

Ah ! que de saletés et de platitudes consacrées ai-je vues depuis deux ans ! Cela serait désolant, si cela n'était ridicule. — Aussi j'en ris et mon vrai souci est pour Vouziers.

> Et vogue la nacelle
> Qui porte mes amours !

Voilà ce que je me répète intérieurement. Vogue-t-elle ? M. le professeur, comme vous voyez, a la mémoire ornée de bouts de cantiques, chansons, complaintes, comme un virtuose du Pont-Neuf. Qui sait ? Ma destinée est peut-être d'y être campé un jour. Comment ? En statue de marbre, président de la République ? ou bien aveugle, armé d'une clarinette, d'une sébile et d'un chien ? Lequel vaut mieux ? Un honnête homme peut hésiter aujourd'hui.

QUATRIÈME PARTIE

RETOUR A PARIS
SOUTENANCE DES THÉSES

Nomination à Besançon. — M. Taine demande un congé.
— Son installation à Paris. — Son cours chez M. Carré-
Demailly. — Études de Zoologie et de Physiologie. — Cor-
respondance.

I

Une nouvelle déception atteignit le jeune professeur à la
fin de l'été de 1852 : ne pouvant rester à Poitiers dont la
rhétorique n'était plus vacante, il avait, comme nous l'a-
vons vu[1], demandé à être transféré dans une ville où il y
eût une Faculté des sciences afin d'y continuer ses études
de physiologie. Il désirait rester professeur de lettres : « Il
me serait impossible d'enseigner la philosophie », avait-il
écrit à M. de Suckau, « la gangrène hérétique croît en moi
tous les jours ». Mais il espérait au moins l'équivalence de
sa suppléance de Poitiers. La réponse du ministère fut une
nomination de professeur de *sixième* au lycée de Besançon.
Il était évident qu'on ne voulait plus de ses services. Il
adopta aussitôt le plan de vie qu'il avait entrevu au lendemain du Coup d'État : il vint à Paris, demanda un congé
de disponibilité, et chercha des répétitions pour compléter
le très modeste budget qui était indispensable à ses be
soins. Il voulait aliéner le moins possible sa liberté, réser-
ver son temps pour écrire ses nouvelles thèses et suivre les

1. Voir p. 289.

cours de l'École de médecine. Il régla donc sa vie de la façon la plus simple et s'installa dans un tout petit hôtel de la rue Servandoni.

Il s'était arrêté définitivement, pour le sujet de sa thèse française, aux Fables de La Fontaine : il ne considérait plus cette dernière épreuve universitaire que comme une ennuyeuse corvée et une assurance pour l'avenir. Tout son effort et toutes ses pensées étaient absorbés par le traité de la *Connaissance*[1] qu'il commençait à rédiger. — Nous avons vu que le travail sur La Fontaine était presque fait ; il en avait rassemblé les éléments en préparant l'agrégation des lettres, et ses études pour l'agrégation de philosophie devaient également lui fournir les matériaux de sa thèse latine : *De personis Platonicis*.

Ce ne fut pas sans regrets qu'il renonçait au professorat officiel ; il aimait à communiquer ses idées à de jeunes esprits et à leur exposer ses méthodes. Aussi fut-il heureux de retrouver un cours à l'institution Carré-Demailly ; il eut la grande joie d'y compter parmi ses élèves l'homme éminent qui devint plus tard le plus intime et le plus cher de ses amis, M. Émile Boutmy[2]. Il donnait en outre quelques leçons particulières et il put, comme il le souhaitait, affranchir sa vie et sa pensée moyennant un sacrifice quotidien de deux heures.

Il donnait à ses études scientifiques une large part de son temps. Il suivit à la Sorbonne les cours de physiologie de M. Fano[3], au Muséum, le cours de botanique de M. de Jus-

---

1. Voir p. 298, note 1.

2. M. Boutmy, qui n'était pas élève régulier de l'Institution Carré-Demailly, avait été attiré par la renommée naissante du jeune maître, ainsi qu'un autre élève très distingué enlevé trop tôt aux lettres, M. Deville, élève de l'École normale en 1854, mort en 1867.

3. Il en a conservé la rédaction dans 4 cahiers petit format (1852-1853).

sieu[1] et le cours de zoologie de M. Isidore Geoffroy-Saint-Hilaire[2]. — A l'École de médecine, il assistait aux cours d'anatomie et de physiologie ; enfin il était assidu à la clinique de la Salpêtrière, dont le médecin en chef, le docteur Baillarger[3], était un de ses parents. — Ces études se continuèrent pendant plusieurs années ; elles furent le solide fondement de ses travaux psychologiques, et l'on peut faire remonter jusqu'à elles l'évolution philosophique qui, en 1867-1869, aboutit à *l'Intelligence*.

A ÉDOUARD DE SUCKAU

Paris, 15 octobre 1852

Mon cher ami, j'ai vu M. de Suckau deux jours après ma dernière aventure[4] et j'ai pensé qu'il te tiendrait au courant. Voilà pourquoi je ne t'ai pas répondu plus tôt. Mon congé est obtenu, et je viens de parcourir le cercle entier de mes relations pour trouver des leçons. Aucune ne s'est encore rencontrée, et j'attends, sans espérer beaucoup, me demandant si j'ai bien fait de céder à un mouvement d'amour-propre et aux conseils de tous mes amis. La nécessité est une haute maîtresse, et quand il s'agit de vivre, il est ridicule de songer aux piqûres de sa vanité. J'ai été trop heureux au collège et à l'École ; j'aurais dû songer que je ne suis rien, que je n'ai droit à

1. Notes conservées, un cahier petit format. M. Adrien de Jussieu, né en 1797, mourut en 1853.

2. *Id.*, deux cahiers petit format.

3. Baillarger (Jules-Gabriel-François), membre de l'Académie de médecine, né en 1806, mort en 1890.

4. La nomination à Besançon. Voir p. 307.

rien, qu'on me fait une grâce en m'employant, que c'est un bonheur que de vivre moyennant vingt-cinq heures par semaine et que s'il est sale de faire une sixième, il est plus dégoûtant encore de balayer les ruisseaux ou de rapetasser les souliers.

Enfin dans deux mois je saurai si j'ai bien fait. Je vais d'abord rédiger mon travail sur la Connaissance, puis faire mes thèses, et en même temps suivre des cours d'anatomie. La volonté ne manque pas ; je compte qu'elle ne manquera jamais ; mais peut-être y a-t-il quelque chose de cassé dans ma machine morale ; ce quelque chose est l'espérance. Je commence, mon ami, à voir la vie telle qu'elle est, à comprendre ce qu'il en coûte pour entrer soi-même dans le monde, ou pour y faire entrer une idée ; je juge du second par le premier ; et les réflexions détruisent peu à peu le moi militant. Je ne regarde plus guère l'étude que comme une sorte d'opium, bonne pour panser l'amour-propre, tuer l'ennui, et épuiser l'activité surabondante du cerveau. Je vais en prendre, j'espère, plus que jamais, et j'en ai besoin. Je vis dans un monde de réflexions tristes quand je ne vis pas dans un monde de pensées sérieuses ; j'ai besoin d'assembler autour de moi un nuage d'idées abstraites pour m'ôter la vue de ma petitesse et de ma nullité.

Gréard est en seconde à Metz ; il le méritait, puisqu'il avait été classé le premier dans les examens de sortie. Mais ce pauvre Dupré[1], suppléant de troisième dans un

---

1. Dupré (Louis-Ernest), né en 1829, entré à l'École normale en 1849, mort en 1896.

communal, est désolé. — Prévost travaille le matin, fait des courses l'après-midi, et aspire à devenir bibliothécaire quelque part. — M. Vacherot a deux élèves pensionnaires chez lui.

Je vais loger hôtel Servandoni, rue Servandoni, jusqu'à ce que mes leçons, si j'en trouve, m'appellent autre part. Je te verrai souvent, j'espère, puisque maintenant tu n'es plus qu'à six heures de Paris[1].

Adieu, mon cher, mon vieux camarade; à demi noyé, je suis heureux de voir mes amis qui voguent, et je leur serre la main en leur souhaitant bon vent et bonne mer.

AU MÊME

Paris, 28 novembre 1852

Mon cher Ed., j'ai le rhume et je ne peux pas allumer mon feu.

Et sous ces deux malheurs ma grande âme affaissée ne sait que te dire. Bah! la première chose venue, et en avant! Je vais relire ta lettre pour revenir à la conscience du monde sublunaire.

En premier lieu, mon ami, je conclus de tes récits que je suis fort heureux d'avoir évité Besançon. Si toi, illustre professeur de logique, tu as ces dégoûts, qu'aurait-ce été pour moi, chien de cour de sixième? Je me hérisse d'horreur en pensant à dix classes par semaine au milieu de cinquante enfants qui grondent,

---

1. M. de Suckau venait d'être nommé professeur de philosophie au lycée de Bourges.

grognent, grattent du pied, etc. Je ne suis pas né dompteur d'animaux féroces, et, avec la permission de notre Seigneur Dieu, je ne le serai jamais.

Mais la vie que j'ai prise à la place ne vaut pas grand'chose. J'ai six leçons par semaine, total 33 francs, juste de quoi vivre, si cela dure, en y joignant mes pauvres ressources[1] ; et tout est plus cher à Paris. Ajoute la nécessité de s'habiller, de courir au loin chez la pratique. On perd beaucoup de temps pour peu d'argent.

Les courses à Paris sont infinies ; et pour suivre tranquillement sa pensée, la province vaut mieux ; si j'avais eu seulement une troisième à Bourges, j'y serais allé avec grand plaisir. Ne quitte pas ton perchoir. Chaque année te fera monter d'un barreau. Tu avances sans te mouvoir par le simple mouvement des choses. Ici on reste en place, et tout l'effort aboutit à ne pas mourir de faim.

Je suis un cours d'anatomie et un de physiologie[2], que je repasse au Muséum de l'École[3]. Ce peuple de professeurs et d'étudiants est curieux, et leurs charognes intéressantes. Bouchers et savants, quel dévouement à l'homme et quel mépris de l'homme ! Le premier jour, avec mon éducation spiritualiste, je restai dans la stupeur. Mais pas un nuage de dégoût. Ces lois qui répètent dans tous les corps les mêmes organes aux mêmes places, sont magnifiques. On dissèque mainte-

1. M. Taine avait environ 1 200 francs de rentes de sa part d'héritage de son père.

2. Le cours de physiologie de M. Fano.

3. L'École de médecine.

nant devant nous les muscles du dos d'une jeune femme.
C'est une pensée terrible et grandiose que celle du
somnambule éternel, la nature. Quelle prodigalité de
génie, et comme tout cela est bien mort! Ah ! mes pauvres Cartésiens !

Je profite à écouter leurs méthodes, mais pure
pratique. Nul philosophe. Des sceptiques et des cara-
bins.

Pour te donner une idée de mon peu de loisir,
apprends que je n'ai pu encore lire Esquirol[1]. Mes amis
d'amphithéâtre me disent qu'il est arriéré, qu'en fait on
ne sait rien là-dessus, et que tout le monde aujourd'hui
ajourne les généralités pour les monographies.

J'ai écrit 70 pages de mon *La Fontaine*. J'avais rédigé
un bout de ma *Théorie de l'Intelligence*[2], mais j'ai
enrayé de fatigue. Ma thèse n'est guère plus aisée. Écrire
en français et en littérateur, quelle charge! Moi qui
depuis trois ans ne vis que dans les preuves et suis desséché par les abstractions, j'en ai terreur. Cela est bien
joli pourtant. Je viens d'écrire la galerie des gens du
siècle, en les comparant à La Bruyère et Saint-Simon.
Cela fait plaisir de voir un peintre de tant d'esprit. Il y
a de quoi faire un volume sur son compte. Il faut bien
que je m'enveloppe d'une peau littéraire; pour quitter
ce misérable état de donneur de leçons, j'ai besoin d'un
titre. Docteur d'abord, je concourrai peut-être ensuite

1. Esquirol (Jean-Étienne-Dominique), né en 1772, mort en 1840.
s'agit sans doute du traité *Des maladies mentales*.
2. *De la Connaissance.*

pour l'Académie, qui propose une critique historique et littéraire de Tite-Live. Mais tout cela est incertain ; le réel est que j'ai eu la fièvre hier, et qu'aujourd'hui j'ai mal à la tête et froid aux pieds.

Ma mère vient de revenir de chez ses frères et nous cherchons depuis huit jours un logement pour elle, sans pouvoir le trouver. J'ai vu une ou deux fois ton père qui souhaite passionnément que tu restes dans ta niche universitaire et philosophique. Eh ! mon cher, nous comprenons tous qu'un métier est une machine d'avilissement par les complaisances, et d'abrutissement par la monotonie. Mais nous en faisons tous un, et l'important est qu'il nous laisse du loisir, et nous permette pendant ce temps de redevenir hommes. Crois-tu amusant de corriger des versions comme je fais, ou de faire des analyses d'affreux bouquins, pour des gens qui se donnent, moyennant argent, la gloire de les avoir lus ?

Mon bonheur est de voir le soir Paris mouvant, lumineux, infini ; cela fait penser, et je n'avais pas cela à Poitiers. Mais nous n'avons plus l'École. La conversation manque, et nous ne retrouverons jamais le mouvement d'esprit où nous avons été nourris. Dans quel état est-elle maintenant ? Silence imposé aux réfectoires, aux études, au dortoir, en montant aux conférences ; des thèmes et versions accumulés pour empêcher de lire ; les trois quarts des livres refusés à la Bibliothèque. Mon pauvre Ed., embrassons-nous et disons : « Seigneur, sauvez-nous, nous périssons ».

A SA MÈRE [1]

Juvisy, 18 décembre 1852

ai vu Mme About [2]. About veut quitter Athènes et l'Université. Il a dégoût de la boutique et a envie de passer à l'étranger. — Ce sont coups sur coups. Les deux professeurs de seconde à Bourbon, qui sont depuis vingt ans en place, viennent d'être suspendus. L'un d'eux, le plus simple et le meilleur des hommes, M. Hubert, qui passait sa vie à faire collection de poèmes latins, est sans traitement et sur le pavé avec sa famille. Il paraît qu'il s'était permis quelques mots sur les deux conférences gratuites dont on avait surchargé les professeurs.

Mon élève de Saint-Louis passe son baccalauréat demain; je crois qu'il sera refusé. S'il reprend des leçons, je le saurai bientôt; sinon je recommencerai ma chasse aux élèves et mes razzias dans Paris. Je vois toute sorte de gens; hier, par exemple, M. Dubois [3] qui a causé trois quarts d'heure avec moi sur le trottoir et m'a montré toute sorte de bienveillance. — Je vais aller chez M. Petitjean [4].

Mon brouillon français est à peu près fini [5]. Je vais le nettoyer, l'habiller, lui faire sa toilette pour le pousser

1. Mme Taine était retournée à Vouziers après un court séjour à Paris.
2. Mère de M. Edmond About.
3. L'ancien directeur de l'École normale.
4. M. Petitjean, depuis premier président de la Cour des comptes, était le beau-frère de M. Adolphe Bezanson.
5. La thèse sur La Fontaine.

dans le monde. Plaise à Dieu et à la Faculté qu'il ne se casse pas le nez comme son frère aîné ! — L'affaire de M. Mignet[1] est tombée à l'eau : M. Mignet avait déjà pris un autre homme. Du reste, c'était seulement 65 francs par mois et deux heures tous les jours.

Ma médecine m'amuse, ce grand monde vivant et parisien me distrait, j'ai bonne santé et cela vaut certainement mieux que les boulettes de papier mâché et les pommes cuites de Besançon.

Sophie me parle de deux acquéreurs pour la maison; réfléchissez bien avant de venir ici : mon avenir est trop incertain pour régler le vôtre. — A Juvisy, je suis accueilli avec une extrême amitié[2]. Nous allons sortir, la matinée est charmante : s'il ne faisait pas si froid, j'engagerais Virginie à dessiner des paysages d'hiver. Les arbres nus sont si élancés et de forme si légère, les horizons ouverts sont si jolis sous la brume que j'aime autant la campagne qu'au printemps.

———

A LA MÊME

Paris, 28 décembre 1852

Bonne année, chère mère.... Je ne sais vraiment quoi choisir pour faire le frère aîné; pourtant que les Italiennes daignent accepter le Manzoni qu'elles ont semblé désirer. Elles le liront ensemble. Je l'enveloppe avec

1. Il avait été question pour M. Taine d'un travail de secrétaire chez M. Mignet.
2. Par M. Alexandre Bezanson et sa femme.

deux ou trois romans que je t'engage à lire et relire pendant les longues soirées d'hiver. Ce sont des détails de mœurs et de passions en style simple, en bon français, chose rare et qui fait toujours plaisir.

J'ai manqué de travailler avec M. Augustin Thierry. L'affaire n'est pas désespérée, mais elle est remise. Libert et son patron, M. Maury, me promettent de me servir de ce côté si l'occasion revient. Mon futur bachelier s'est cassé le nez contre la version exigée, selon ma prévision. Il est probable qu'il reprendra des leçons ; en tous cas et par précaution je cherche un autre élève. — Mes leçons chez Mme D... m'amusent. J'ai le plaisir de lire haut de belles choses et d'inventer mes idées en parlant. — Prévost n'aura pas sa place de répétiteur à l'École polytechnique. — M. N..., que j'ai vu, approuve fort mon séjour ici, et mon travail pour le doctorat et l'Académie[1]. « Vous êtes à Paris, il ne faut plus le quitter. » Voilà mot à mot sa phrase. C'est bien là l'ambitieux qui me disait quand je redoublais ma rhétorique . « Vous faites le premier pas, visez maintenant un fauteuil à l'Académie. » Très joli, mais il ne suffit pas de souhaiter pour avoir. Que de gens voudraient un fauteuil et restent sur leurs jambes !

Sois parfaitement tranquille sur mon compte ; j'ai une bonne santé, je ne m'ennuie pas, je suis beaucoup plus heureux qu'à Poitiers et à Nevers, je ne sens plus autour de moi commérages, calomnies, tracasseries, surveillance ; je n'ai pas pour entourage quarante imbé-

---

1. M. Taine s'était décidé à concourir pour Tite-Live.

ciles qui s'aident de leur nombre pour être rebelles, et de leur ignorance pour autoriser leur paresse. L'École de médecine est charmante, son musée et ses préparations font ma joie, et quand j'ai mal à la tête, j'ai à ma porte le Luxembourg qui vaut le bois d'Un An[1], ou toute autre campagne de province. J'ai repris un peu ma philosophie, je lis aux bibliothèques des livres sur la folie et le sommeil, enfin je vis librement de l'esprit, et je n'ai pas sur la tête la calotte de plomb que j'ai portée l'an dernier.

J'ai revu M. Guizot; son fils[2] m'a promis de venir me voir : ce sera peut-être une relation, et la relation peut-être tournera en liaison. Je le souhaite moins parce qu'il est le fils de son père que parce qu'il est lui-même; je le sais capable, instruit, hardi de caractère et d'esprit.

Aucun événement dans ma vie si tranquille et si monotone. Je suis allé deux fois au théâtre, j'ai entendu *Norma* aux Italiens. Mme Cruvelli fait admirablement la phrase musicale, mais elle n'a pas cette pureté et cette largeur de voix de Mme Alboni que Virginie a entendue. Le petit Metzu[3] était très joli et j'aurais grand plaisir à avoir chez moi le Christ de Rembrandt. Ce Christ est le Christ des pauvres, des misérables accroupis dans leur taudis, laid, sale comme eux, mais plein d'une douleur et d'une tendresse infinies.

1. Aux environs de Vouziers.
2. M. Guillaume Guizot.
3. Copié par Mlle Virginie Taine.

A MADEMOISELLE VIRGINIE TAINE

Paris, 14 janvier 1853

Ma chère enfant, la vie qu'on mène ici rend les lettres rares; pardon, et si dorénavant je manque au jour fixé, ne vous inquiétez pas.

J'ai une leçon à ma porte, de une heure trois quarts, cinq fois par semaine, à 100 francs par mois. C'est une maison particulière où il y a quatre élèves; M. Libert y est aussi; j'y fabrique un bachelier, etc. — Un ancien professeur fonde le mois prochain près de l'École de médecine une maison de baccalauréat; il m'offre un cours de logique et de composition pour 100 francs par mois. Enfin M. Polonceau, qui va peut-être mettre son fils dans la maison où je vais, me demande pour lui trois leçons par semaine. — Ouf! je serai obligé d'en refuser une partie : tout est donc pour le mieux dans le meilleur des mondes.... Es-tu contente et sais-tu tout au long mes affaires? — Imagine quelle masse de visites j'ai dû faire! les jambes m'en font mal encore. On n'a pas un moment; je rencontre partout d'anciens camarades, etc. — J'ai causé longuement avec mon oncle : il nous reproche de ne pas voir les choses en gens positifs et de ne pas savoir être heureux. Peut-être a-t-il raison, mais n'est pas heureux qui veut, et j'ai besoin pour l'être d'étouffer la pensée de moi-même dans la lecture et le travail.

Croirais-tu que les plus belles choses en fait d'art que je voie ici, ce sont les rues de Paris? Ces longues rues,

quand le soleil s'y lève, à travers les brouillards bleuâtres
qui les terminent, sont d'une beauté extraordinaire. —
Je comprends la poésie des vieilles cités flamandes et
toute la lumière que les Hollandais ont répandue sur
les marchés et leurs échoppes. — Mon oncle dit vrai
quand il trouve du beau partout. Seulement il faut être
de bonne humeur pour le sentir, ou peintre, comme toi.

A MADEMOISELLE SOPHIE TAINE

Paris, ... janvier 1853

.... Jamais mon temps n'a été si fort occupé, je n'ai
pas un instant pour écrire à mes amis, et pourtant ma
vie n'a pas d'événements. Mes leçons, ma médecine,
mes thèses et mes recherches vont leur train, petit train
fort tranquille. Cela t'amusera-t-il beaucoup de savoir
que j'ai fait faire des vers français à mes élèves de
Bourbon[1] pour la Saint-Charlemagne, que je viens de
voir les artères du cerveau, que j'écris la 50e page de
ma thèse latine sur Platon. — Je suis allé dernièrement
voir les fous à la Salpêtrière. M. Baillarger, le médecin
en chef, est notre parent (par les Fournival). J'ai fait
quelques visites à Mme Seillière[2] sans jamais la rencontrer seule ; j'y ai dîné dimanche. — J'ai dîné aussi
chez M. Carré-Demailly mardi dernier, avec plusieurs
professeurs à Bourbon ; il embouche toutes ses trompettes pour faire mon éloge. — Enfin, dernière nouvelle,

1. A la pension Carré-Demailly.
2. Mme Ernest Seillière, née Guillaume, cousine de Mme Taine.

le pauvre Sarcey n'est pas admis à l'École d'Athènes. Tout le monde dit qu'il était un des premiers à l'examen. Mais il eut le malheur, en causant à voix basse avec un de ses voisins, de dire un mot qui faisait allusion à une aventure ridicule d'un de ses juges. Celui-ci l'entendit, et, dans la délibération, s'opposa formellement à ce qu'il fût reçu. Il retourne à Chaumont, désolé, ne sachant que devenir, mal avec son recteur, furieux de toutes les classes et conférences dont il est chargé. Pour vous donner une idée de l'état des études, apprenez qu'au dernier trimestre le premier professeur de physique de Bourbon a dû donner des notes sur 614 élèves. Ils sont accablés, dégoûtés, excédés, et maudissent la galère.

Tu penses bien que parmi tant d'occupations et de tracas, la musique est un peu négligée. J'en fais pourtant tous les soirs, mais ce n'est plus étudier. Je ne puis pas même aller au théâtre, j'espère dimanche pourtant aller à la salle Sainte-Cécile, s'il y a un concert. Mais au fond, je suis heureux, bien plus heureux que l'an dernier, parce que ma vie a un aliment et que j'agis librement. Sa Majesté l'Empereur et Roi est exactement pour moi comme si elle n'était pas; et n'ayant plus sur le dos un recteur et l'espionnage de la province, je suis gai et content.

Je juge en enseignant que tu aurais besoin pour ton histoire de faire des résumés. — Ainsi, à mesure que tu rédiges tes anciennes notes, je te conseille de faire très en abrégé de grands tableaux avec des chiffres, lettres indi-

catrices, accolades et autres procédés sensibles de classification, d'écrire ainsi les principales dates et les grands
faits. Ce sera une sorte de cadre qui arrangera dans ta
tête toutes tes lectures et aidera ta mémoire. — Sais-tu
maintenant la grammaire italienne? Tu pourrais, pour
l'apprendre, prendre une phrase italienne que tu comprends et, à mesure que tu trouveras un nom ou un
verbe, décliner l'un et conjuguer l'autre. — Ce serait en
même temps une étude de mémoire et une étude de
raisonnement.

A SA MÈRE ET A SES SŒURS

Paris, 9 février 1853

.... La masse d'occupations que j'ai ici m'absorbe, et
je ne puis causer avec vous autant que je voudrais. En
ce moment je griffonne comme un chat, tant j'ai la main
fatiguée ; je viens de recopier ma thèse française, et j'en
ai rempli deux mains de papier ; cet affreux gribouillage
m'étourdit, et il me semble que je n'ai plus dans la tête
que pages, lettres, lignes, ratures, etc.

J'ai pris une nouvelle leçon. Je dépense en moyenne
deux heures par jour à ce métier qui ne m'ennuie pas,
et je gagne environ 200 francs par mois ; cela vaut une
place en province. Je ne sais pas au reste pourquoi diable
je donne deux heures par jour. Une heure suffirait à
mes besoins. Aucun moyen de dépenser son argent :
quelques spectacles, deux ou trois concerts ne coûtent
pas grand'chose ; pour dépenser, il faut sortir, employer

son temps, et je n'ai pas le temps. Je vais accumuler pour le roi de Prusse; quand je dînerais à trente sous au lieu de vingt, en serais-je plus heureux? Cela m'est si parfaitement indifférent que je n'y ai jamais songé. La seule chose que je désire, c'est d'être débarrassé du doctorat et autres niaiseries universitaires, de recevoir par décret le bonnet et autres friperies officielles, et de rentrer dans la philosophie et la médecine que j'oublie depuis quelque temps par force, et vers lesquelles mon cœur s'élance avec concupiscence. Je n'ai jamais, au reste, été si heureux. N'ayant pas le temps de réfléchir sur moi-même, je n'ai pas le temps de broyer du noir, de penser à l'avenir ou au passé, de me demander ce que je deviendrai. Je suis actif, et il faut agir, et rien qu'agir pour être content.

J'ai parmi mes élèves une jeune fille à qui je fais lire Don Quichotte, Augustin Thierry, et les lettres de Racine à son fils. Je lui ai commenté Corneille et Racine que tu devrais bien étudier, ma chère Sophie; et je vais lui distiller en leçons ma thèse sur La Fontaine. Parle-moi aussi de tes lectures, de tes études. Dis-moi si tu fais les résumés en tableaux dont je t'ai parlé.

Ma chère Ninette, j'ai découvert que j'avais été un imbécile pendant tout mon séjour à Paris, j'ignorais l'hôtel des Jeûneurs; il y a là des expositions fréquentes de tableaux pour les ventes. J'ai vu la galerie de la duchesse d'Orléans, et les tableaux de la révolution romantique, la *Bataille des Cimbres*, de Decamps, *Françoise de Rimini*, de Scheffer, le *Meurtre de l'évêque de*

Liège, de Delacroix, etc. Cela confirme ce que nous avait enseigné le Salon. Les modernes sont moins peintres que les anciens, mais plus poètes en peinture, plus philosophes, plus saisissants. La bataille des Cimbres est cent fois plus terrible que celle de Salvator (qui inclinait déjà au romantisme). Imaginez-vous une plaine immense, à perte de vue, avec des nuages cuivrés ou couleur d'airain qui s'enfoncent à l'infini, d'immenses rochers qui la parsèment, une sorte de gorge sur le devant, qui aboutit au fleuve. La masse des femmes, des enfants sur les chariots barbares s'entasse, s'étouffe dans la gorge; les bras tendus, les cheveux épars, ils se précipitent dans le fleuve, séparés de leurs guerriers qui gisent en tas, ou fuient vers le fond. Au milieu et au second plan, les lignes régulières des massives légions romaines, la pique en avant, en nombre énorme.... On voit Marius à cheval, avec ces traits durs et terribles de l'histoire, vêtu de pourpre, et faisant signe pour qu'on fonce sur la horde qui roule dans le gouffre. Alors, plus loin et à l'infini, au dernier plan, se déroule une cohue gigantesque, un peuple entier fuyant et égorgé, un pêle-mêle obscur et monstrueux de poussière, d'hommes, de chars, tournoyant à travers les roches; une masse épaisse, vivante, engouffrée et s'écrasant elle-même, de figures et de vêtements sauvages, une nation de bêtes farouches du Nord rugissantes et sanglantes, tout cela indistinct comme un seul corps qui se roule et se tord et s'agite d'un mouvement intérieur, enfin 300 000 hommes dans quatre pieds carrés. Jamais je n'ai vu chose si grande. Je ne sais pas comment j'ai pu voir, on s'étouffait.

J'étais allé pour voir, sinon le mariage de Sa Majesté au moins la cathédrale le lendemain. J'ai trouvé une queue d'environ trois quarts de lieue : il était une heure, on m'a dit que j'entrerais peut-être vers cinq heures, et que les portes fermaient à cinq heures; j'ai mis mes mains dans mes poches et je suis retourné rue des Jeûneurs.

Procurez-vous donc les livraisons de l'*Oncle Tom*. J'en ai lu vingt pages et, d'après ce qu'on m'en a dit, je suis sûr que cela vous fera plaisir, à ma mère surtout.

AUX MÊMES

Paris, 19 février 1853

J'ai fini mes thèses; M. Petitjean va parler à M. Saint-Marc-Girardin qui, j'espère, sera mon correcteur. — J'ai été voir une opération chirurgicale. — Le reste comme à l'ordinaire; le pot-au-feu bout toujours, doucement et sans trop d'ennui. Depuis hier je me dorlote, je lis, je fume, je jouis de l'idée que mes thèses sont finies; mais la grande misère est d'allumer du feu. Il le faut bien, on gèle; mais cela noircit les doigts, il faut souffler, c'est le diable.... j'interromps ma lettre de cinq minutes en cinq minutes pour travailler du soufflet et des pincettes.... Grâce à Dieu et à saint Éloi je crois que j'ai partie gagnée. Je vous dirai à la fin de ma lettre si j'ai réussi....

.... Mais, ma chère Virginie, si tu veux causer de Bernardin[1], qui t'en empêche? mets sur une petite note, en lisant, tout ce qui te semble singulier, et bavardons sur le papier comme nous le ferions au coin du feu. Il est donc bien imbécile, ce pauvre homme? Tu le connais mieux que moi maintenant. Tout ce que j'en sais, c'est que sa physique et sa physiologie sont confites en Dieu et que le Dieu-maçon et tournebroche joue un rôle un peu plat dans toutes ses explications. Mais j'ignore ses idées morales et je sais que j'ai trouvé beaucoup de choses ingénieuses, et, sous la sensiblerie du siècle, un bon et noble cœur. — Tu as, ce me semble, d'autres choses encore à lire : Robertson (*Histoire de l'Amérique*) est très utile; méthodique, raisonnable, modéré, instruit, consciencieux; ni artiste, ni politique, ni philosophe, mais le reste est excellent. C'est bien le frère de Walter Scott et l'historien de toute cette École écossaise qui ne fera jamais, en mettant tous ses auteurs les uns au bout des autres, la moitié d'un Lord Byron. — Gibbon est plus sceptique et un peu francisé, mais il a les mêmes mérites. J'aimerais aussi te voir jeter les yeux sur Froissart et m'écrire sur tout cela.

Je vois dans ta lettre un mot souligné : *Insignifiante*. Puisque tu me demandes mon avis sur ton style épistolaire, je vais te le dire. Le mieux à ce sujet est de n'avoir pas d'avis à donner, parce que le vrai style d'une lettre est d'écrire ce qui vient, comme on le

---

1. Bernardin de Saint-Pierre

pense, sans s'inquiéter de le dire bien ou mal. Pour le vôtre, je dirais plutôt qu'il mérite le reproche contraire à celui du mot souligné. Il me semble quelquefois voir plutôt la main d'un homme que d'une femme et quelques personnes le trouveraient peut-être un peu trop expressif, parce qu'il est convenu qu'une jeune fille doit avoir des manières de sensitive et une âme de soie et de satin. Il est probable que cette franchise un peu vive et un peu originale de langage a frappé votre oncle et vous a valu le jugement favorable et les quelques restrictions que vous savez. Ma pauvre amie, qui crois n'avoir montré aucun bout d'oreille, sois sûre qu'on en laisse toujours passer. Une phrase est une révélation. En voici une de ta lettre : « Il faut te forcer à t'amuser ; c'est un travail comme un autre. Enfin il faut se conserver jeune le plus longtemps possible ». — Trois ou quatre mots comme ceux-là tranchent sur le ton ordinaire à notre âge. Mais tant pis. L'affaire est d'être le moins bête, le moins ennuyeux, le moins ennuyé possible. — Il faut prendre garde à l'opinion, mais ne pas se mettre à la torture pour elle.

Mon feu va ! O gloire et victoire !

A SA MÈRE

Paris, 17 mars 1853

Ma thèse latine[1] m'est rendue avec un permis d'imprimer. M. Saint-Marc-Girardin a la française et me

1. *De personis Platonicis.*

promet de m'en rendre compte avant la fin du mois. — Rien d'intéressant nulle part; je donne pacifiquement mes leçons. Je vais aux bibliothèques, je travaille le soir chez moi, je m'ennuie parfois quand j'ai mal à la tête. J'ai été cinq ou six fois au théâtre[1] depuis six mois; tout est donc passable si tout n'est pas bien. Je vois quelquefois l'avenir en noir, mais une tasse de café ou une petite trouvaille médicale ou philosophique le rassérènent. Somme toute, je suis plus heureux que l'an dernier. — Au fond, le grand mal de la vie est l'ennui; quand on l'échange contre des occupations sérieuses, et sans chagrins, on a tout gagné. Peut-être même, quand on a un talent certain, est-ce un tort de sortir des voies communes; le coin du feu est le meilleur siège, et, si j'avais en ce moment devant moi une place universitaire supportable, même en province, je l'aimerais mieux que ma vie de chevalier errant. Celle-ci sera cependant la plus heureuse si vous venez habiter ici. Qui sait l'avenir? Et quels singuliers changements peuvent se faire! Je ne compte plus sur mes combinaisons. Le hasard fait plus que le calcul et si je réussis un jour ce sera peut-être parce que je serai sorti de l'Université.

Probablement la semaine prochaine j'irai à une consultation de magnétisme[2]. — Hier, en soirée chez Mme Seillière, nous nous sommes amusés deux heures

1. Billet à Édouard de Suckau (1853) : « Rends-toi libre ce soir pour venir voir *Adrienne Lecouvreur* avec Rachel. Je l'ai vue, c'est admirable. Nous bavarderons à la queue. »
2. Chez Alexis, voir p. 330, note.

durant à *ne pas* faire tourner des tables et des chapeaux ; mon scepticisme a gâté toutes les expériences.

A ÉDOUARD DE SUCKAU

Paris. 11 avril 1853

Mon cher Édouard, que fais-tu? J'ai sur le cœur ton histoire[1]; t'es-tu mis à étudier quelque chose pour l'oublier? Mon pauvre ami, nous sommes deux tomes du même ouvrage; j'ai eu de plus que toi le malheur d'avoir fait en vain une thèse latine, et il faut pour te consoler que tu trouves comme moi une thèse littéraire. Et encore que de chicanes, d'ennuis! M. Saint-Marc-Girardin m'a fait ôter la comparaison du *Lion et de Louis XIV*, les *Amourettes de La Fontaine*, etc. Il tolère, mais tolère seulement la partie philosophique.

Enfin c'est un homme poli, spirituel, et il y a quelque plaisir à être griffé par lui. Mais M. Le Clerc! Conseils contraires à ceux de M. Saint-Marc-Girardin. Le chapitre des portraits est d'un ton trop léger, supprimez la moitié de vos citations enchâssées, etc. Le mot *grivois* n'est pas français. Prenez garde de scandaliser les enfants et les demoiselles qui lisent La Fontaine, etc. — J'essaie de corriger et je gâche. Le texte français ne m'est pas encore rendu, je ne sais quand viendra l'impression, en attendant je suis lardé de coups

---

1. M. de Suckau avait dû renoncer à présenter à la Sorbonne une thèse philosophique sur la Liberté.

d'épingles. De plus il faut être modeste, humble, docile, obséquieux, flatteur, quand au fond du cœur on envoie les gens au diable. Prie Dieu pour moi, comme je le prie pour toi.

Cher Ed., il faut nous enfoncer dans notre science et mettre le moins possible le nez à la fenêtre. Je lis Gall, et je réfléchis sur les caractères. Quelles sont leurs causes, et les causes des passions? Spinoza a montré que ce sont les idées; alors pourquoi certaines gens ont-ils une prédisposition à nourrir exclusivement une série d'idées, par exemple l'avare à considérer dans les choses le gain, l'homme bon à songer en tout au bonheur des autres, etc.? Faut-il croire aux types? Qu'est-ce que nos analyses nous disent là-dessus? Qu'est-ce que tu dis toi-même? Je n'ai guère le temps d'y travailler; les heures passent trop vite. De la langueur, de l'ennui, puis des bouffées de passion et de volonté, voilà ma vie, notre vie, je crois. Tu vas voir, heureux homme, le premier sourire du printemps, et je vais jouir du plâtre chauffé, et des rues poudreuses de notre bien-aimé Paris. Réfléchis à ma demande, et tâche de trouver quatre jours aux vacances pour aller avec nous faire le lézard à Fontainebleau.

As-tu vérifié si la dame, ton hôtesse, était à sa toilette au moment indiqué par Alexis[1]?

Je suis décidé pour Tite-Live, j'ai commencé à le lire

1. Alexis était un célèbre somnambule que M. Taine avait été voir. M. de Suckau dit, dans sa réponse, que le fait mentionné est exact.

aujourd'hui ; il faudra que je parcoure une série d'horreurs allemandes, et que je m'aveugle sous ce poudreux pédantisme. Enfin, puisque je suis un *out-law*, il faut bien que j'accepte les bénéfices de mon métier. Ce Tite-Live n'est guère amusant ; c'est un phraseur, qui ne cherche ni le vrai, ni la vie, mais qui est moraliste et orateur. Il va falloir le louer plus qu'il ne le mérite. Toujours se contraindre ! Quel divin mot que celui-ci : « La parole a été donnée à l'homme pour cacher sa pensée ! »

Encore a-t-on l'air casseur de vitres. M. Le Clerc m'a fait entendre que je passais pour révolté, et son rire académique m'a fait l'honneur de s'exercer sur mes aventures. Je suis en négociations pour avoir le droit de dédier ma thèse à M. Vacherot.

On ne peut être reconnaissant qu'avec patente. Au diable la vie, et vivent les amis ! Mon bon Ed., une réponse et un bon serrement de main.

AU MÊME

Paris, 25 avril 1853

Mon cher Édouard,

Voici, ce me semble, un beau sujet de thèse et philosophique. Il faudrait demander auparavant à la Faculté si elle permettrait de le traiter d'une manière purement historique.

La Physique d'Aristote.

Le livre n'est pas traduit en français[1]. Personne n'y a touché, sauf quelques mots de Ravaisson. Je l'ai lu à l'École; il est magnifique, c'est une simple généralisation de l'expérience, avec interprétation des généralisations. Une simple exposition tendant à le rendre clair. C'est un service rendu à la science, sans danger pour ces messieurs.

Si cela te plaît, écris-m'en, je leur en parlerai.

Cela sera plus amusant qu'une insipide analyse de quelque imbécile inconnu du Moyen âge, ou une thèse sur Florian. Tu restes dans le cercle de tes études et tu combats avec toutes tes forces. Et surtout c'est *nouveau*.

On imprime mon bouquin. Que de courses, visites à M. Le Clerc, corrections! Enfin j'approche du port, j'espère. Demain on doit m'apporter les premières épreuves. Je suis si chargé d'occupations, que je ne sais si j'aurai le temps de t'emplir ces trois pages. Ma mère est encore à Paris, j'ai fait plusieurs voyages avec elle à Poissy; je suis intermédiaire dans une affaire délicate et importante[2]; je passe mes soirées avec elle; le reste est pris par mes leçons et mes cours.

On m'a [fait] sentir indirectement que je ne devais pas dédier ma thèse à M. Vacherot. En conséquence je ne la dédie à personne, et je lui en ferai l'hommage de vive voix, puisque cela est impossible autrement. J'ai appris bien des choses dans mes entretiens avec M. Le

1. La traduction de M. Barthélemy Saint-Hilaire n'a paru qu'en 1862.
2. Le mariage de sa sœur aînée.

Clerc. Je passe dans l'Université « pour un esprit ingouvernable, qui se perdra, quelques conseils qu'on lui donne ». En somme je suis à la tête de la plus monstrueuse réputation qu'on puisse avoir. Quelqu'un de haut placé, dont on ne m'a pas dit le nom, s'est même étonné de ce qu'on m'eût envoyé à Besançon; il me croyait en sixième dans un communal. Ce qui fait que certainement je resterai à Paris l'an prochain. Tout cela vient de l'École. Outre les notes qu'on nous a lues, il y a eu les notes secrètes; et je porte la peine de nos conversations. Mon bon Ed., ta douceur t'a sauvé; tu peux avoir maintenant quelques libertés sans qu'on en prenne ombrage. Pour moi, j'aurai beau être inoffensif désormais, la prévention est acquise et je suis proscrit. — La liberté sur la montagne.

Edmond quitte la Grèce, part en mai, passe trois mois à Rome et revient ici en novembre. Il dit qu'Athènes est une petite ville de province à cancans et dévotion et qu'il en a déjà trop. Nous allons courir le cachet ensemble.

J'achève Gall; et je t'assure que cela remue bien des idées. C'est la négation de la théorie de Spinoza sur les Passions. Mais je ne philosophe qu'à bâtons rompus, en courant à mes leçons. Tranquillement enfoncé dans les loisirs du professorat, tu psychologises. Va de l'avant, mon cher bonhomme, et au diable les Inquisiteurs qui nous ont brûlés tous les deux. Nous ressusciterons, je te le jure. En ce moment je te serre bien affectueusement la main dans notre commun tombeau.

AU MÊME

Paris, 31 mai 1853

Cher Ed. Je suis docteur. Six heures de discussion, une charge à fond de M. Wallon sur le paganisme de ma thèse latine. Personne n'a parlé du panthéisme de la française. On m'a fort tracassé sur le plan; et surtout sur les caractères d'hommes qu'on m'a accusé de construire arbitrairement. M. Garnier a beaucoup attaqué l'Être, l'action, l'unité, la variété, a fait allusion à ta thèse, etc. J'ai battu en retraite sur la philosophie; j'ai été grave comme un chat qui boit du vinaigre, à ce point que M. Vacherot trouve que je n'ai pas porté assez haut ni assez franchement le drapeau de la philosophie. — Du reste tout s'est passé convenablement et j'en suis hors. Restent les visites de remerciements. Je fais mon Tite-Live, etc.

Plus j'y réfléchis et plus je pense aux Wallons et autres catholiques de Sorbonne, plus je tremble que tu ne te noies dans les sources du Nil. Relis Marc-Aurèle, je t'en prie, et aie le prix de morale à l'Académie. Tu as cent chances, puisque personne n'en fait, et que les livres couronnés sont une Psychologie, une Histoire de la Littérature, un Traité sur Bodin, etc. Ce sera d'une pierre deux coups.

Prévost m'a assisté dans le suprême passage. On avait autorisé l'École à y venir. Enfin tous mes amis ont embelli la cérémonie. Cher Ed., j'ai regretté autant que toi la nécessité de la classe de Bourges. Au fond,

mon bonhomme, tu aurais fait une fameuse corvée.
Quel dégoût que d'assister six heures durant à des coups
d'épingles. Point de moyen d'élever la discussion. Je l'aurais pu avec M. Havet, mais c'était me perdre. Enfin j'ai
passé les Fourches Caudines. A toi maintenant, et vite.

Cela te fera revenir à Paris, ou t'enverra dans une
Faculté. Moi je reste out-law.

A SA MÈRE

Paris, 31 mai 1853

Chère mère, je suis docteur après une discussion de
six heures, à l'unanimité. Mes amis sont contents de
ma thèse et les critiques de ces messieurs étaient
emmiellées de compliments. Mon oncle était là[1], avec
la plupart de mes anciens maîtres. Il me reste à faire
des visites de remerciements, etc. L'impression a coûté
577 francs, j'en vendrai peut-être pour une centaine de
francs[2] et présentement je gagne assez d'argent.

Voilà la dernière épine hors de mon pied. Il faut
maintenant que j'aie un prix d'Académie. J'y travaille
ferme. J'espère avoir fini pour les vacances et alors
pousser vigoureusement mon grand bouquin philosophique, que j'abandonne temporairement. Ma vie est
très occupée, mes leçons d'abord, puis mes cours[3], mes
visites, etc. L'excellent est que tout cela m'empêche de

1. M. Adolphe Bezanson.
2. L'édition fut enlevée en quelques semaines.
3. Voir p. 320.

m'ennuyer. L'ennuyeux est que je pourrai à peine rester
quelques jours avec vous, lorsque, le mois prochain,
viendra le grand jour[1].

Il y a trois ou quatre belles choses à l'Exposition : je
vous servirai de guide.

A M. HATZFELD

Paris, 10 juin 1853

Comment se porte Shakespeare, et que dites-vous des
Poitevins[2]? Vous devez commencer à goûter la vie de
province, qu'en dites-vous? Je ne sais à Poitiers qu'une
ressource, ce sont les bains. Deux mots, je vous prie,
pour me dire comment vous vous trouvez de votre nouvelle vie, et que vous vous souvenez de moi.

J'ai fait le saut périlleux, et me voilà docteur. Vous
m'avez promis vos critiques et vos conseils; ne m'épar-
gnez ni les uns, ni les autres. Soyez débiteur fidèle,
comme je suis créancier exigeant.

Vous verrez dans les deux livres une méthode littéraire que depuis longtemps j'enseigne, et des traces
d'une philosophie qui diffère de la vôtre; mais vous
l'excuserez un peu, j'espère, en rencontrant par tout
l'ouvrage des souvenirs de vos conférences. J'ai passé

---

1. Le mariage de Mlle Virginie Taine avec le docteur Hippolyte
Letorsay.
2. M. Hatzfeld avait été nommé professeur de littérature étrangère à la Faculté de Poitiers.

par bien des mains, mais mon premier maître a laissé sa marque dans ma pensée et dans mes écrits.

Je vous fais là sans doute un mauvais compliment, quand j'ai à vous remercier de tant de choses, et entre autres de la leçon que vous m'avez procurée. Elle est utile, sinon amusante, et la grammaire fournit le pot-au-feu de la philosophie. Du moins, j'espère que vous êtes plus heureux que moi; vous enseignez la philosophie de la littérature, et je fais faire des thèmes grecs.

Croyez, mon cher Monsieur, à l'amitié sincère de votre tout dévoué.

A M. F. GUIZOT

Paris, 14 juin 1853

Monsieur,

On me dit à la Sorbonne qu'un docteur a le droit d'envoyer ses thèses à un professeur honoraire de la Faculté; mais j'ai bien d'autres raisons pour vous prier d'agréer les miennes. Cornelis [1] vous a raconté sans doute ce que vous avez fait pour moi et pour tant d'autres jeunes gens. Enfermés au collège, et tâtonnant parmi les thèmes latins, les grammaires grecques, les tables de chronologies et de généalogies historiques, nous avons vu pour la première fois la lumière à travers vos livres, et, grâce à vous, nous sommes entrés dans le monde moral, guidés par la méthode exacte des sciences. Le livre que je vous offre est un effort vers ces idées et

----

1. M. Cornelis de Witt, gendre de M. Guizot.

un essai de cette méthode, malheureux peut-être, mais qui témoigne, je l'espère, du désir de penser. Vous avez encouragé ce désir, lorsqu'à mon triste début dans l'Université vous m'avez tendu la main[1] avec une obligeance si bienveillante. Croyez, Monsieur, que je me souviens de ce service et de l'autre, et que j'exprime des sentiments anciens quand je vous parle du respect et de la gratitude avec lesquels je suis votre obéissant serviteur.

RÉPONSE DE M. GUIZOT

Val Richer, 14 juin

J'ai voulu vous lire avant de vous répondre, Monsieur, et je vous ai lu, votre thèse française du moins, avec un vrai et vif plaisir. C'est de la très bonne littérature, ni routinière, ni excentrique; les idées abondent et elles se présentent sous une forme vivante et agréable. Vous avez beaucoup puisé dans la philosophie; vous venez de là; cela se voit. La Fontaine n'y était pas entré aussi avant que vous, et j'ai été souvent frappé, en vous lisant, de l'extrême différence de point de départ et de point de vue entre vous et votre auteur. Vous en avez d'autant plus de mérite à être pour lui un si intelligent interprète. Je sais que la discussion de votre thèse en a valu la rédaction. Je vous en fais mon compliment. Je suis très touché des sentiments que vous m'exprimez et je vous prie de croire à tous les miens.

GUIZOT.

Je lirai votre thèse latine.

1. Voir p. 133 et 142.

A SA MÈRE

Paris, juin 1853

Je suis accablé de courses, visites; ajoutez tant de leçons, l'obligation d'aller aux bibliothèques pour mon Tite-Live, de remercier mes examinateurs, mes amis et professeurs, etc., qui ont assisté à ma thèse. J'ai écrit une multitude de lettres à M. Guizot, etc.... Un de mes juges[1] qui connaît beaucoup Béranger, m'a demandé ma thèse pour lui, j'y ai joint une lettre que je vous copie ici pour vous donner une idée de mes progrès dans le genre serpentin. Probablement il y aura un mot sur moi dans les *Débats*; j'aurai, je crois, jeudi, un article dans les deux journaux de l'*Instruction Publique*.

Mon livre m'a mis en relation avec une foule de personnes, il a fallu en offrir un exemplaire à MM. Cousin et Villemain. Tout le monde me donne des espérances pour l'avenir. Si j'ai le prix pour Tite-Live, ma disgrâce aura été fructueuse. Enfin tout va bien. Voici mon épître à Béranger :

MONSIEUR,

C'est pour un étudiant du quartier latin une grande hardiesse d'offrir à Béranger La Fontaine. Mais M. Arnould m'encourage et me dit que, quelle que soit la main qui les présente, les grands parents sont toujours bien reçus. Recevez donc un de vos ancêtres. Il a été naturel et poète, au temps de Boileau et des gens solennels. Il a

1. M. Arnould.

fondé un genre auquel nul n'osera toucher après lui ; il
a loué en toute occasion la liberté, et, s'il n'a pas senti
le roussi, ce n'est pas sa faute. Vous voyez bien, Monsieur,
qu'il est de votre famille. J'ai philosophé sur son compte,
peut-être à ses dépens, et, à côté de ce charmant esprit,
mes syllogismes auront une mine bien rébarbative ;
mais en qui trouveront-ils plus d'indulgence qu'en celui
dont les refrains sont des théories et qui a donné à la
philosophie les ailes de la chanson ?

RÉPONSE DE BÉRANGER

21 juin 1853

Je ne me figurais pas, Monsieur, qu'une thèse fût chose
aussi divertissante et qui pût être d'un si grand intérêt
pour des ignorants de ma sorte. J'ai bien changé d'idée
depuis que j'ai lu l'exemplaire de la vôtre, que vous avez eu
la bonté de m'envoyer par mon ami M. Arnould. Non seulement, Monsieur, vous avez changé mon opinion sur les
thèses, mais même celle que je m'étais faite de messieurs
vos juges. Ces gloires de la Pédagogie m'apparaissaient
comme de grands fantômes, éternellement graves, qui se
mettaient à l'amende entre eux, quand un sourire venait
effleurer leurs lèvres. Ce que c'est que l'ignorance ! Je parle
de la mienne, bien entendu. A combien d'amendes les avez-
vous exposés, Monsieur, en leur étalant avec tant de science
réelle et d'ingénieux esprit toutes les beautés de notre
poète le plus parfait !

Vous avez fait un beau travail sur la langue, dont nos
académiques (*sic*) ne peuvent tous s'arranger ; en général,
ils aiment mieux la resserrer que l'étendre, il y a toujours
assez de place pour leurs idées.

Votre œuvre n'en est que plus méritoire et j'en suis d'autant plus fier que vous ayez daigné penser à moi dans la distribution de vos exemplaires. Recevez-en mes remerciements; je vous dois le commentaire de mon Bréviaire.

Agréez, Monsieur, l'assurance de ma bien cordiale considération.

Votre tout dévoué serviteur.

BÉRANGER.

A ÉDOUARD DE SUCKAU

Paris, 18 juin 1853

Mon cher Ed. Je t'écris deux mots en courant, je vais partir dans quelques jours pour les Ardennes, et j'ai aujourd'hui des courses, visites, achats, qui vont me tenir tout l'après-midi sous le soleil parisien.

Je suis tout à fait de ton avis pour ce qui est de faire une simple exposition historique, sans jugement dogmatique. Mais je ne te conseille pas de faire une exposition de la morale stoïque en général [1], pas même de celle qui est commune à Arrien, Épictète, Marc-Aurèle, parce que :

1º C'est fait (Ravaisson, Vacherot, etc.).

2º C'est très philosophique, très dangereux, on exigera de toi que tu *juges*.

3º Ce ne sera pas assez amusant. Il faut à tout prix aujourd'hui s'envelopper d'une peau littéraire.

Mon conseil est que tu fasses une étude à la Sainte-Beuve (avec philosophie et Edwardisme, bien entendu), sur

---

1. Comme sujet de thèse. La thèse de M. de Suckau est en effet sur Marc-Aurèle.

Marc-Aurèle lui-même, sur l'individu. Il n'y a que deux
choses agréables à faire, mon cher : les monographies,
l'étude des caractères, de la vie, le détail d'une âme, ce
qui [est] de l'art; et la haute philosophie, les généralités dont les bras sont grands comme le monde. Les
choses moyennes manquent de grandeur ou d'intérêt.
Tu peux faire de Marc-Aurèle un livre charmant, qui
sera lu, qui fera des honnêtes gens, des païens (c'est la
même chose), des philosophes (encore la même chose).
Tu séduiras des gens du monde, des historiens, tu
pourras avoir un prix d'Académie. Un exposé de la morale stoïque en général, même avec des caractères
transcrits d'Arrien, ne plaira qu'aux rats de grenier
comme moi. Ces caractères-là sont, comme ceux de
La Bruyère, des satires morales, sous forme de portraits
trop généraux pour être vrais et vivants. Marc-Aurèle,
à demi découragé, triste, sceptique, écrivant dans sa
tente chez les Quades, au bord d'un fleuve de Germanie,
ou parmi les orgies de Rome, sentant le craquement
des choses, avec Commode pour fils, le pourceau Verus
pour frère, une prostituée pour femme, Avidius Cassius,
un traître, pour ami, est un Jésus-Christ païen. Ajoute
comme précédents un bout d'introduction sur Thraséas,
Helvidius, et à la fin les jurisconsultes et Julien. Tu as
le droit de traiter tout cela en raccourci et d'être
ému, de prêcher les bonnes doctrines, sans avoir l'air
d'être dogmatique, etc.

Il paraît que tu travailles comme César combattait.
Gagne de l'argent; nous disséquerons ensemble l'an

prochain l'homme moral et l'homme physique. Je lis
Dezobry pour voir le paysage de ma chose d'Académie [1].
Je vais aborder Machiavel.

Tu m'apporteras ton discours de distribution. Je te
conseille d'y faire de l'esprit, n'y pouvant faire autre
chose ; cette monnaie-là, en France, a toujours cours.

Je suis à sec de thèses. Albert [2] m'a écrit pour m'en
demander, je n'ai pas encore répondu.

1. Tite-Live.
2. M. Paul Albert.

APPENDICES

1

NOTES DE PHILOSOPHIE[1]

(Août 1849)

Plan de ce travail.

« Nous ne faisons ici rien de plus ni rien de moins qu'une géométrie métaphysique.

Nous considérons d'abord les lois de la Pensée. Nous posons ensuite certains concepts de la Pensée. Rapprochant ces lois et ces concepts, nous faisons voir quelles déductions en suivent nécessairement. Car les lois de la Pensée ne sont rien autre chose que les modes d'action généraux et necessaires de la Pensée. De sorte que sachant comment la Pensée agit, et supposant qu'elle agit, si nous appliquons cette action déterminée aux concepts dont nous avons parlé, nous saurons ce que la Pensée en tirera nécessairement.

Notre travail se réduit donc à ceci : supposant l'existence d'une Pensée ou Raison agissante, déterminer quelles seront les différentes affirmations qu'elle posera successivement. Ces affirmations sont ce qu'on appelle des vérités absolues.

On voit qu'il n'y a ici nulle part faite à l'expérience. Nous nous tenons uniquement dans la région de la raison pure. Nous prenons, non une raison individuelle, mais la raison idéale et en soi. Nous ne partons pas d'un fait déterminé et particulier. Nous ne posons que les différentes affirmations et les différents concepts de cette raison idéale,

1. Voir p. 115.

lesquels suivent de sa nature. Ainsi fait le géomètre qui pose l'étendue idéale et des figures idéales, et montre ensuite les conséquences de ces concepts idéaux. Nous ne ferons pas un seul pas hors de la région des idées.

Remarquez que ces lois de la raison, nous les trouvons aussi *à priori*. Car nous les tirons du concept de la Pensée considérée en soi. En d'autres termes, nous disons que concevoir la Pensée, c'est concevoir qu'elle a telles et telles lois, c'est-à-dire tels et tels modes d'action. La raison, se concevant elle-même, nous donne ses propres lois.

Ce n'est donc pas un Moi qui écrit ce travail, c'est la Pensée.

Il suit de tout ceci que toutes les vérités que nous poserons ici seront non seulement des vérités de fait, mais des vérités nécessaires, et que les existences que nous affirmerons, non seulement existent, mais encore ne peuvent pas ne pas exister.

Car on appelle chose nécessaire, ce que la Raison *ne peut pas* ne pas concevoir [1]. »

PREMIÈRE PARTIE

Axiome. *Agir, pour la raison, c'est affirmer; en d'autres termes, poser.*

Observation. Quand je parle de la raison et de ses actes, je n'entends pas ces conceptions incomplètes et obscures qui sont dans l'esprit de la plupart des hommes. J'entends les idées claires et complètes. De sorte que si le vulgaire nie mon axiome, tous les philosophes l'admettront.

---

1. Note de novembre 1850 . « Ceci est de l'Idéalisme pur, je n'avais pas encore fait la distinction entre *percevoir* et *concevoir* »

Propositions[1].

« 1. La Raison, à son premier acte, pose l'existence de quelque chose.

2. Ce quelque chose est la substance.

3. La Raison conçoit la substance comme constituée par une infinité d'attributs.

4. La Raison ne peut concevoir deux choses absolument identiques.

5. La substance se manifeste par un nombre de manifestations aussi grand que le comporte la loi des coexistences; en d'autres termes, en un nombre de manifestations aussi grand qu'on peut concevoir en elle de manifestations diverses et capables d'être distinguées.

6. Il n'y a qu'une substance.

7. Les actes ne sont autre chose que les attributs eux-mêmes posés comme existants, soit en totalité, soit en partie.

8. Rien n'existe, excepté la substance déjà posée, ses attributs et ses actes.

9. Rien n'existe (excepté la substance) qui ne soit conçu comme existant dans la substance.

10. La Raison ne peut concevoir dans la substance que deux manifestations diverses, ou, en d'autres termes, capables d'être distinguées.

Ces deux manifestations sont :

Dieu ou la substance, en tant qu'elle se manifeste par un acte immédiat.

Le monde ou la substance, en tant qu'elle passe par une

---

1. Nous ne pouvons donner ici que l'énoncé des propositions : elles sont suivies de démonstrations, observations, corollaires, scholies, remarques, etc. Les notes complètes, y compris celles de novembre 1849 — mars 1850, formeraient un petit volume. Pour qu'on puisse se faire une idée de ce travail nous ajoutons en entier les propositions 13 et 14, choisies parmi les plus courtes.

série infinie d'actes finis et progressifs, pour arriver à un acte adéquat, c'est-à-dire qui exprime complètement son essence.

11. Dieu et le monde existent.

12. Tout a une cause, hormis la substance et ses attributs.

13. Dieu est antérieur au monde en nature, en d'autres termes il est logiquement conçu avant le monde.

14. Dieu n'est point cause du monde.

15. Tout ce qui est conçu est posé.

16. La série des actes du monde contient la totalité de tous les actes distincts et subordonnés qui peuvent être conçus.

17. (Manque : elle a été effacée).

18. Tout acte déterminé est *un.*

19. Tout acte *un* est déterminé.

20. L'acte indéterminé existe.

21. L'acte indéterminé est non-un ou divisible.

22. Cet acte est illimité ou infini dans son genre

23. Chaque terme contient le précédent et n'est que ce terme même devenu plus adéquat. En d'autres termes les actes posés subsistent et à la fois se développent.

24. L'acte indéterminé et étendu devient déterminé et un.

25. L'acte déterminé et un n'est autre chose que l'acte ndéterminé et étendu devenu déterminé et un. »

DEUXIÈME PARTIE

De la Pensée.

Axiome. *La Pensée est conçue par soi.*

1. La Pensée est un attribut de la substance.

2. La Pensée est infinie, en d'autres termes elle a pour objet la totalité des choses existantes.

3. L'acte déterminé dans l'ordre de la Pensée, en d'autres termes la Pensée claire et déterminée, existe.

4. Cette Pensée entre autres objets distincts a pour objet la Pensée.

5. Cette Pensée n'est autre chose que l'acte indéterminé et étendu devenu un et pensant.

Proposition 13.

Dieu est antérieur au monde en nature, en d'autres termes il est logiquement conçu avant le monde.

Démonstration. Dieu étant l'acte immédiat de la substance n'a d'autre cause que la substance elle-même.

Au contraire, les actes finis par lesquels passe le monde n'ont point la cause de leur limitation dans la substance, mais (*Prop.* 4) dans la nécessité d'un moyen différentiel. Ce moyen différentiel (*Prop.* 10) a pour effet de rendre le monde distinct d'avec la manifestation immédiate. Le concept du monde implique donc le concept de la manifestation immédiate ou de Dieu.

Scholie. Les actes finis du monde ayant une cause, (*Prop.* 12) et ne l'ayant pas dans la substance qui pose l'acte plein et immédiat, l'ont dans l'existence antérieure de Dieu, laquelle les implique comme moyens différentiels.

Observation. Remarquez que nous n'entendons pas par là que Dieu soit cause du monde, car nous allons prouver le contraire. La cause des actes finis du monde est la substance en tant qu'on la considère comme ayant déjà produit Dieu. Sa puissance de production, modifiée par cette première production, cause le monde. Le monde est contenu en puissance dans la substance, non pas dans la substance considérée purement et simplement, mais dans la substance considérée comme ayant déjà produit Dieu.

Proposition 14.

Dieu n'est point cause du monde.

Démonstration. En effet il n'est point de l'essence du monde. Car cette essence est la substance même qui est le premier concept de la raison (*Prop.* 2) et qui par conséquent n'a point de cause (*Définition* 4 et *Prop.* 12).

Il n'est point cause de l'acte du monde. Car (*Définition* 5) cet acte n'est que l'existence même de cette essence. C'est cette essence qui est la cause du monde. A la vérité, c'est cette essence non plus posée simplement, mais posée comme ayant déjà produit Dieu (*Prop.* 13).

Mais, hors l'essence et l'acte, il n'y a rien (**Prop.** 8). Donc Dieu n'est cause de rien dans le monde.

Corollaire. On démontre en général de la même façon que nulle chose en acte n'en produit un autre, mais que la cause de tous les actes, quels qu'ils soient, c'est l'essence absolue, considérée comme ayant produit le terme immédiatement précédent.

Novembre 1849-Mars 1850.

Idée de la Science.

« *Définition.* L'idée vraie ou parfaite est celle qui s'accorde avec son objet.

Proposition. La science parfaite est celle qui reproduit exactement dans ses concepts la nature et l'ordre des choses.

La première proposition de la science a pour objet la substance...,

---

1re *Définition.* Par substance j'entends ce qui est conçu par soi comme existant en soi.... »

« 2ᵉ *Définition*. Par chose existant nécessairemen j'entends une chose qu'on ne peut concevoir comme non existante.

Proposition. La substance existe nécessairement. »

« 1ʳᵉ *Proposition*. Il y a une substance déterminée existante....

Observation. Les démonstrations antérieures sont imparfaites : la première proposition ne doit pas poser l'existence de la substance, mais de l'Être. J'entends par Être ce qui est.

L'Être, ou ce qui est, existe. »

Ce travail se continue par une série de démonstrations sur l'absolu, l'existence de l'être absolu, des preuves de cette existence, etc.

Ceci n'est qu'un très court extrait de ces cahiers métaphysiques. Ce n'est qu'un moment de la pensée de M. Taine, mais c'est son premier moment, son premier effort personnel et prolongé. C'est le travail spontané d'un esprit constructif qui, tout de suite, s'emploie à édifier une théorie des choses avec les matériaux tels quels qu'il possède. Ces matériaux (substance, attributs, cause, infini, etc.) sont ceux que lui a fournis l'École, et l'on sait par quelle analyse il les dissoudra plus tard en leurs éléments, en expliquant leur genèse psychologique. En tous cas il était intéressant de montrer par cet exemple l'aptitude native à l'abstraction pure, à la déduction, à la construction *à priori* qu'avait le philosophe qui, dans son œuvre, et par système, a procédé par induction, mettant le particulier au commencement et le général à la fin de tous ses raisonnements, les nourrissant de faits classés et d'images colorées, nous présentant l'abstrait comme un extrait, un extrait dont on voit encore les prolongements qui le continuaient dans le concret, et nous conduisant toujours à l'idée du philosophe par la sensation de l'artiste (A. C.).

II

HISTOIRE DE LA PHILOSOPHIE[1]

(fragments).

(Juillet 1850)

. . . .

« L'Histoire de la Philosophie ressemble entièrement à l'Histoire naturelle. Les types organiques comme les idées philosophiques ont leur développement, leurs connexions, leur progrès, leurs conditions d'existence, leurs causes de dépérissement.

Un point surtout mérite considération préliminaire. L'idée philosophique, livrée à elle-même, de même que l'idée organique, irait d'un mouvement droit et continu vers son but fixé. Mais l'une est soumise à une température morale de même que l'autre l'est à une température physique. L'État moral, religieux, artistique, passionné du pays, détermine la production spéciale de telle idée philosophique. Il faut en tenir grand compte pour expliquer, à tel moment donné, le pourquoi de telle lacune, de tel avortement, de tel développement.

Avant d'aller plus loin, il faut rendre raison de cette comparaison entre l'histoire naturelle et la philosophie.

Soit donné une puissance de produire des systèmes. Cette puissance existe par hypothèse chez la nation en question. Maintenant cette puissance est déterminée par les circonstances où elle se trouve. Il y a toujours là un élément étranger, qui est comme la matière pour l'idée organique. Ce sont les préjugés, l'habitude, l'entourage, l'éducation, la religion, les croyances du Philosophe en question.

1. Voir p. 120.

. . . .

La Philosophie a quatre époques : l'Inde, la Grèce, la Scolastique, la Philosophie moderne. Nous ne pouvons connaître l'ordre chronologique des systèmes de l'Inde. J'ignore la Scolastique. Tous les deux, du reste, sont des mouvements non libres et 'la religion dominante a dû contraindre et faire dévier le mouvement de l'esprit humain.

Reste donc l'École moderne : mais j'en ignore la première partie, l'École du xvie siècle. Je remets donc cet examen à un temps plus éloigné. Je vais seulement examiner la situation morale de laquelle est sortie l'École moderne.

I. — 1° Une philosophie théologique antérieure existait, la Scolastique. — 2° Toute l'antiquité, Pythagoriciens, Alexandrins, Platoniciens, Stoïciens, Épicuriens, était retrouvée. Il y avait un mouvement actif contre l'Église, la puissance de l'autorité ecclésiastique avait faibli, il y avait un essor rapide, universel et désordonné de l'esprit humain après une longue prison.

Au xviie *siècle.*

II. — 1° Toute-puissance de l'Église, qui empêche la philosophie de donner une solution personnelle sur l'absolu objectif, et l'incline au subjectif. — 2° Esprit de régularité, d'ordre, de clarté, qui pousse à chercher la méthode.

Au xviiie *siècle.*

III. — 1° Progrès des sciences physiques, qui incline au sensualisme et au matérialisme. — 2° Inimitié contre le Christianisme, et par suite contre l'idéalisme antérieur qui l'a défendu. — 3° Influence de l'Angleterre libre en politique et en pensée et qui, par nature, est sensualiste pratique

Au xixe *siècle.*

IV. — 1° Scepticisme universel, qui produit la tentative **et** le scepticisme de Kant. — 2° Besoin de croyances qui produit les systèmes objectifs d'Allemagne. — 3° Renaissance du spiritualisme qui donne à la philosophie son caractère idéaliste. — 4° Sentiment de l'indépendance et du progrès de l'homme (Hegel).

De plus, cause générale. développement du subjectif : influence chrétienne, analyses psychologiques des sermons, de la direction, des œuvres dramatiques, des romans. Développement du sentiment du moi.

De plus, partout Dieu, immortalité, Providence, morale, libre arbitre, dogmes chrétiens....

Telles sont à peu près, je crois, toutes les causes extérieures qui ont modifié la loi du mouvement philosophique, sans le fausser, car il est libre....

. . . .

Caractère subjectif du Christianisme.

La température ambiante morale dans laquelle la philosophie grecque s'est développée est le moment de la sensation et de l'objectif.

Celle où la philosophie moderne s'est développée est le moment idéaliste, subjectif : c'est le christianisme.

1° Caractère moral et subjectif de l'Évangile. Aimer, être pur, se rendre intérieurement agréable à Dieu.

2° Influence de saint Augustin dans tout le Moyen âge, influence presque exclusive. *Deum et animam tantùm scire cupio.*

3° Organisation pratique de l'Église pour moraliser et spiritualiser. Sermons, couvents, règles de direction, messe.

4° Caractère de Dieu qui est homme moral. De plus Jésus Dieu. Les analyses de Dieu sont par là des analyses de l'homme.

5° Spiritualisme chrétien : le salut étant la seule chose importante, il faut s'occuper uniquement de son âme.

6° Contraste entre la grossièreté du monde réel et l'idéalité

de cette doctrine. D'où reploiement intérieur, amour, développement de la partie affective, sentante, passive en nous.

Le caractère du Christianisme est donc de porter la réflexion de l'homme uniquement sur l'homme. Ce qui est
précisément la tendance subjective.

Quant à la doctrine subjective, elle est en germe dans
saint Augustin qui commence comme Descartes par le
cogito, qui justifie les sens en posant qu'ils ne nous révèlent
que leurs modifications.

Voilà par quels caractères le Christianisme est le troisième
moment de la seconde période. Mais son caractère antiphilo-
sophique, son asservissement aux textes sacrés, ses mystères, sa nature religieuse et pratique, sa théorie de la foi,
ses incohérences innombrables l'empêchent d'être un système philosophique. Il est simplement une conciliation entre
diverses tendances et doctrines et une machine d'action.

Pour sa nature, en raison de ces incohérences, elle est
difficile à préciser et varie suivant les âges.

Cependant voici les principaux caractères :

1° Antiréalisme. La terre est un exil.

2° Moralité, et élévation idéaliste. Dieu est la souveraine
perfection, et le souverain bien. « Dieu, dit Joinville, est
chose si bonne et excellente que rien n'est au-dessus. »

3° Moralité fondée sur des rapports entre des personnes
et non sur les rapports entre une personne et le bien abstrait. Il faut aimer Dieu, non le bien, faire la volonté de
Dieu, non le bien. Partant développement de la foi et de
l'amour (côté féminin et passif), faiblesse de la raison et de
la liberté (côté viril et actif).

Il y a maintenant deux interprétations différentes de Dieu
et de sa volonté.

1° Dieu roi. Fonder son royaume sur la terre en soumet-
tant tout à l'Église (côté de la Bible). C'est l'esprit papal,
ecclésiastique, jésuite, ultramontain.

2° Dieu idéal. S'unir à lui par l'amour, s'ôter toute volouté, toute personnalité, se fondre en lui (côté de l'Évangile). C'est l'esprit mystique, franciscain, moliniste. Nouveaux catholiques par l'amour, socialistes-catholiques. »

Mouvement général historique.

« 1° L'Orient : Égypte, Perse, Syrie, Asie Mineure, Phénicie et Judée. Quelques traces de l'Inde.

Foi, mysticisme. Panthéisme idéaliste. Mystères. Prosélytisme. Élément *religieux*.

2° Grèce : Arts, philosophie, science, culte de la force et du plaisir, culte de l'homme. Génie du fini.

Élément *scientifique et philosophique*.

3° Rome : Politique, conquête, administration, législation, organisation, génie du fini.

Élément *pratique et politique*.

Le résumé des trois est le Christianisme.

4° Les Barbares germains : la Féodalité, le Moi indépendant, l'esprit laïque. Élément de *réalisme et de liberté*.

4° *bis*. La bataille contre l'Église commence dès Philippe le Bel, Jean de Meung, etc.

Le résumé des deux est l'esprit moderne, manifesté par la science allemande, la Révolution française, l'art allemand et français, l'industrie anglaise.

Ce que je sais de l'Orient et des autres pays me fait croire qu'ils sont des isolés, ou des préalables du mouvement universel, qui ont quelquefois un mouvement propre ; mais ce mouvement n'a point d'effet sur le nôtre qui est le vrai. »

Principe de classification des Systèmes.

« 1° *Métaphysiciens* : Avoir la définition de l'Être (du Tout) et l'ordre de ce qu'il contient.

2° *Psychologues* : Avoir la définition de l'âme et l'ordre de tout ce qu'elle contient.

(La solution intermédiaire serait : 1° Donner une métaphysique où soit une psychologie ; 2° arriver à la métaphysique par la psychologie.)

Voilà le principe que j'ai posé, et il est certain que les Académiciens, Pyrrhoniens, Sceptiques, Stoïciens, Épicuriens d'un côté, et de l'autre Locke, Hutchinson, Ferguson, Smith, Reid, D. Stewart, Hamilton, Brown, Condillac, Helvétius, Tracy, Laromiguière, ont été de la seconde classe. Il est certain, de plus, que les Néoplatoniciens, les Allemands, et M. Cousin, sortis de là, sont rentrés dans la métaphysique à travers la psychologie.

Cette classification est donc bonne.

Il est à remarquer néanmoins :

1° Que les systèmes (subjectifs) sont un amoindrissement de la philosophie causé par le désespoir de faire la métaphysique objective.

2° Que la psychologie existe dans tous les systèmes objectifs, qu'elle y est seulement subordonnée à la science du tout.

3° Qu'il y a quelque métaphysique dans les systèmes subjectifs (question de la certitude, Dieu et l'immortalité de l'âme, matérialisme, etc.) que nous classons seulement d'après la prédominance.

4° Qu'il faut bien qu'il en soit ainsi, pour qu'on ait une philosophie, à savoir une science générale, le résumé des sciences.

Cela me conduit à corriger ce que j'ai écrit l'an dernier[1].

L'essence de la philosophie est d'être la science, la science totale, le résumé des autres, le système du savoir. Ce système embrasse l'objectif et le subjectif.

1° Ou bien le subjectif est enveloppé dans le système de l'objectif comme partie, sans distinction.

2° Ou bien il en est séparé, et considéré presque exclusivement.

Ceci est le principe de leur classification comme systèmes passagers et transitoires.

Le progrès doit consister à 'préparer un système non transitoire. Cette préparation consiste à proclamer l'observation directe, personnelle, analytique. Les hypothèses peuvent avoir une histoire et se succéder en se renversant: ce qui a été jusqu'ici le mode de développement de la philosophie. Étant donné une conception ou hypothèse, on l'applique aux divers cas, et on fait un système; c'est là son développement. Puis elle manifeste des 'contradictions qui jettent dans une autre hypothèse et ainsi de suite.

Or, nous pouvons remarquer que depuis trois siècles les sciences sortent une à une de cette voie et passent à l'observation directe ; que la psychologie et les sciences morales viennent d'y entrer, et que les faits qu'elles observent ne sont plus contestés.

Reste à savoir si la philosophie générale ou métaphysique peut elle-même trouver une pareille méthode.

Or, il est clair que le moyen le plus naturel, qui est de généraliser les résultats des autres sciences, ne ferait pas d'elle une science. Elle n'aurait point d'objet propre, et les derniers résultats de chaque science étant toujours des hypothèses contestées, elle ne serait elle-même qu'une hypothèse plus contestée : ce qu'elle a toujours été. Ainsi elle changerait à peine sa nature.

1. Voir p. 115 et 347.

Pour ôter cette difficulté, il suffit de remarquer : 1° qu'elle est la science du possible et non du réel. Ce qui la conduit à trouver sa méthode dans l'analyse des *idées*, dans leur définition, dans leur comparaison, d'où il résulte des théorèmes. Comme telle, elle est une sorte de mathématique abstraite ; 2° qu'elle est la science du nécessaire, non de l'accidentel. Ce qui la conduit, quand elle s'occupe du monde réel, à chercher le moyen de le déduire et lui défend de l'observer.

Il est à propos de remarquer que toutes ces tendances se trouvent dans notre temps.

Rapprochons de cela ce que nous avons dit sur les causes d'erreur de la philosophie.

1° Son progrès consiste à substituer l'observation et la déduction *à priori* à l'hypothèse.

2° Son progrès consiste à substituer à la définition partielle de l'absolu la définition totale.

Ces deux propositions pouvaient déjà se déduire de l'idée même de la philosophie. Quelle est la vraie définition du tout ? *Vraie définition* implique la forme analytique déductive. *Tout* implique l'absolu total.

Comparez les époques correspondantes des deux périodes analogues :

1° Les Ioniens, Abdéritains, etc., aux philosophes de la Renaissance.

2° Les Éléates, Pythagoriciens, Platon, aux Cartésiens.

3° Aristote à Leibnitz.

4° Locke, Condillac, Rousseau, les Moralistes anglais, Hume, aux Épicuriens, Stoïciens, Académiciens, Sceptiques.

5° Les Néoplatoniciens aux Allemands. Par exemple pour le 2°, pourquoi une échelle d'intelligibles dans l'antiquité, et Dieu, Individu, total des intelligibles pour les modernes ?

Les conséquences de ce fait sont très graves ; le panthéisme allemand de nos jours est fondé tout entier sur le principe suivant : Dieu est la forme une du monde. Ayant considéré la formule « Ens realissimum », ils ont admis qu'elle possédait toutes les propriétés d'immensité, éternité, unité, nécessité que les théistes lui attribuaient. Mais ils ont jugé qu'il fallait voir ce que contenait cet être, et quelle est la nature ou les diverses espèces de cette réalité qu'il contient. Car réalité, réel, être, etc., sont des abstraits, de simples points de vue, des concrets déterminés doués d'une forme propre. D'où il suit que l'Ens realissimum n'est que la totalité des concrets déterminés possibles. Il suivait de là qu'il est le monde. Cela fait, les Allemands ont cherché à construire le monde en cherchant *à priori* quels sont les concrets déterminés possibles, et en les liant entre eux. »

Théorie générale des Systèmes.

« Un système est **un être** organisé dont l'âme est une idée générale, une proposition générale : c'est cette proposition qu'il faut trouver. Le moyen est d'énumérer les différentes propositions du système, de trouver les propositions générales d'où elles dépendent, et la proposition plus générale d'où celles-ci proviennent.

(Ex. : M. Ravaisson, exposition du Stoïcisme.)

Remarquez que c'est là la marche de toute science ; chaque science étudie une chose une, le corps humain, la série animale, le corps chimique, etc. Sa méthode est de recueillir les propriétés et de remonter jusqu'à la définition ou proposition générale ; et la philosophie qui est la science du Tout cherche de même la définition du Tout.

1° Remarquez d'abord que tout système n'est pas un, que très souvent l'auteur a deux ou plusieurs principes, lesquels au fond sont contradictoires, et que son effort est de les concilier.

Par exemple Malebranche : Il a une théorie des idées qui devrait le conduire droit au Spinozisme; et une théorie du moi et de la conscience qui l'en éloigne.

2° Outre les principes et forces philosophiques, il y en a d'autre espèce qui agissent. Par exemple la religion.

Malebranche a pour Dieu l'Être universel. Son christianisme le force d'en faire une personne, un homme, distinct du monde.

3° Le principe du philosophe n'est pas toujours une définition explicite de l'Être. Toutes les philosophies ne s'élèvent pas jusqu'à cette hauteur; d'un autre côté toutes ne dégagent pas nettement leur principe : par exemple Descartes.

Aristote, les Néoplatoniciens, Spinoza, et les Allemands sont les seuls qui aient compris pleinement l'idée de la philosophie.

4° Le principe posé, par exemple comme dans Malebranche, on n'en fait pas de déduction complète. Par exemple Spinoza et lui posent comme modes généraux de l'Être, et seuls modes que nous connaissions, l'étendue et la pensée.

Ce défaut est général dans les systèmes modernes chrétiens. Il choque surtout quand on sort de la lecture des anciens. La grande raison en est que notre Dieu étant créateur et son acte étant incompréhensible, on ne peut rien déduire de lui. Ce qui fait que le système est coupé en deux et formé de deux morceaux mal collés.

Il est clair que cette opposition de la pensée et de l'étendue, du spirituel et du matériel, vient de la longue opposition instituée par le christianisme entre l'âme et le corps.

(Voir à la fin de chaque cahier particulier.)

La fin de la philosophie est une définition du **Tout** considéré comme un indivisible.

Le travail de l'historien de la philosophie est de dégager de chaque système la définition du Tout, et de l'en déduire.

« Opposition de la période moderne à la période antique. »

J'ai déjà touché cette question, mais il faut y revenir.

On voit ici la même loi que dans l'embryogénie ; toute espèce nouvelle traverse les Phases ou États qu'ont traversés les anciennes, mais en apportant un élément différentiel personnel. Ainsi l'embryon humain a des analogies frappantes avec le polype, le radiaire, le mollusque, le poisson, le reptile, l'oiseau. Il est tout cela successivement, mais avec un caractère spécial propre qui le fait embryon humain, caractère supérieur qui lui donne des destinées que les autres n'avaient pas.

Ainsi chaque individu reproduit en soi une suite de systèmes et de civilisations, mais avec ce caractère supérieur d'être aidé par la civilisation supérieure de son siècle.

Le monde est une collection d'individualités en ordre ascendant, chacune ayant parcouru pour se former tous les degrés inférieurs, mais leur ayant donné son caractère personnel.

Ainsi la philosophie moderne traverse les mêmes états et systèmes que la philosophie antique, mais avec un élément personnel et supérieur.

Pour connaître cet élément, il faut observer : 1° le point de départ ; 2° les actions simultanées extérieures.

La philosophie moderne est sortie :

1° De l'antique par la Scolastique ;

2° De l'antique par la Renaissance ;

3° De l'antique par le Christianisme.

Elle a vécu sous l'influence de l'antique par le christianisme.

Ceci est très grave. Il est clair qu'on ne va pas recommencer entièrement sur de nouveaux frais, que l'antique transformé sert, que la combinaison nouvelle sera partout supérieure à la première. Nous partons d'un point de départ plus élevé que l'antiquité.

La première philosophie (celle de la Renaissance et le Protestantisme) n'est pas sérieuse. Une philosophie sérieuse proclame un principe, une méthode, le tire de soi, l'invente, et produit un individu organique, qui est un système. La Renaissance n'a pas un principe à soi. C'est une copie des anciens, un pastiche. Le Protestantisme est grand comme moment historique et nul comme moment philosophique. Il n'a ni méthode, ni dogme.

Le seul homme qui ait un système original, c'est Hobbes. Il représente le moment de la matière. Il est matérialiste et mathématicien. Bacon, Galilée, Torricelli, Harvey, Copernic, etc., rentrent dans ce mouvement.

Le premier philosophe, vraiment sorti de la société moderne, est Descartes. Il sort du christianisme, comme Thalès du paganisme. Il procède du fond commun de l'esprit d'alors, le christianisme, et il s'y oppose en proclamant un principe personnel libre et une méthode. L'esprit moderne prend la forme philosophique. Descartes est un christianisme philosophique. Sa philosophie vit, se transforme. forme un moment réel dans l'esprit humain.

Les philosophes de la Renaissance, au contraire, ne laissent point d'École; il n'y a point de polémique contre eux. Ils sont des points isolés, de pures curiosités, des accidents. Ce sont des morts évoqués qui disparaissent aussitôt.

On peut dire en général qu'une philosophie vraie et vivante se forme, lorsque le système métaphysique pratiqué dans le monde d'alors a besoin de se traduire sous sa forme philosophique. La philosophie est une forme, un mode d'exister de l'esprit humain. Elle n'existe vraiment que lorsqu'elle exprime à sa façon l'esprit humain d'alors. Sinon elle n'existe pas, ou bien, manquant de force personnelle, elle reproduit un ancien système. Mais alors elle manque encore d'un principe de vie. La première condition, pour être compté dans l'histoire à titre de moment réel du développement, est d'être par soi.

———

Il est à remarquer que l'esprit matérialiste de la première période, exprimé par Pomponace, Vanini, Montaigne, Sanchez, la littérature du xvi⁰ siècle, Bacon, les sciences physiques, et Hobbes, se propage en Angleterre et en France par Gassendi, Bernier, la société de Ninon de Lenclos et des libertins, et rejoint Locke et le xvii⁰ siècle, après avoir filtré sous terre. »

———

III

PLAN DES LEÇONS DE PHILOSOPHIE
professées à Nevers en 1851-1852.

(Voir p. 146 et 161)

1ʳᵉ *Leçon* : De l'objet de la philosophie.

2ᵉ *Leçon* : Méthode et division de la philosophie.

3ᵉ *Leçon* : Objet et légitimité de la psychologie.

4ᵉ *Leçon* : Théorie des facultés de l'âme.

5ᵉ *Leçon* : De la conscience (objet, certitude, étendue).

6ᵉ *Leçon* : Des divers sens : analyse des faits (et ajouté ultérieurement : De la perception extérieure).

7ᵉ *Leçon* : Nature de la perception extérieure.

8ᵉ *Leçon* : Des perceptions extérieures.

9ᵉ *Leçon* : De l'éducation des sens et des perceptions acquises.

10ᵉ *Leçon* : De l'imagination proprement dite.

11ᵉ *Leçon* : De l'association des idées.

12ᵉ *Leçon* : De la mémoire.

13ᵉ *Leçon* : De l'induction.

14ᵉ *Leçon* : Attention, comparaison, abstraction

15ᵉ *Leçon* : Généralisation, combinaison.

16ᵉ *Leçon* : De l'imagination créatrice.

17ᵉ *Leçon* : Jugement, raisonnement.

18ᵉ *Leçon* : Raison : exposition du sujet, opinions sensualistes.

19ᵉ *Leçon* : Raison : opinions idéalistes.

20ᵉ *Leçon* : Raison : réfutation de l'opinion idéaliste.

21ᵉ *Leçon* : Analyse des idées et des axiomes de temps et d'espace.

22ᵉ *Leçon* : Analyse de l'idée d'infini (mathématique) et des axiomes de cause, de substance, d'identité.

23ᵉ *Leçon* : Analyse de l'idée du Parfait.

24ᵉ *Leçon* : Théorie de la raison.

25ᵉ *Leçon* : État actuel de l'esprit. Nature des idées, leur origine.

26ᵉ *Leçon* : Progrès de la connaissance.

27ᵉ *Leçon* : (Sensibilité) Du plaisir et de la peine.

28ᵉ *Leçon* : De la sensation.

29ᵉ *Leçon* : Des divers sens.

30ᵉ *Leçon* : Des images (en note : *Voir la théorie de l'Intelligence*).

31ᵉ *Leçon* : Du désir.

32ᵉ *Leçon* : Désirs excités par les sensations.

33ᵉ *Leçon* : Sentiments et désirs causés par les idées (sentiments et désirs causés par l'idée de nous-même sans regard à l'extérieur).

34ᵉ *Leçon* : Sentiments et désirs causés par l'idée de nous-même avec regard à l'extérieur.

35ᵉ *Leçon* : Sentiments et désirs causés par l'idée d'un autre être sans égard à un troisième.

36ᵉ *Leçon* : Sentiments et désirs nés de l'idée d'un autre être avec égard à un troisième.

37ᵉ *Leçon* : Sentiments et désirs causés par les idées de la raison (du Beau, du Bien, du Parfait).

38ᵉ *Leçon* : Progrès des passions.

39ᵉ *Leçon* : Volonté.

40ᵉ *Leçon* : Volition.

41ᵉ *Leçon* : Liberté de la volition.

42ᵉ *Leçon* : Influence de la volition sur l'action.

43ᵉ *Leçon* : Mouvement.

44ᵉ *Leçon* : Mouvements déterminés par des idées.

45ᵉ *Leçon* : Mouvements volontaires et acquis.

46ᵉ *Leçon* : De l'habitude.

47ᵉ *Leçon* : Spiritualité de l'âme.

48ᵉ *Leçon* : Rapports du physique et du moral.

49ᵉ *Leçon* : Théorie générale.

TABLE DES MATIÈRES

TROISIÈME PARTIE

L'ANNÉE DE PROFESSORAT

74950. — Imprimerie Lahure, 9, rue de Fleurus, à Paris.